JN029390

野外教育学の探究

-実践の礎となる理論をめぐる14章-

土方　圭・張本文昭 編著

株式会社 杏林書院

編著者

土方　　圭　明治大学法学部准教授（1章，3章，4章1-2，4章4-5）

張本　文昭　沖縄県立芸術大学全学教育センター教授（5章2，8章5）

著　者（50音順）

井上真理子　森林総合研究所多摩森林科学園教育的資源研究グループ長（4章3）

伊原久美子　大阪体育大学スポーツ科学部教授（14章）

遠藤　知里　常葉大学短期大学部教授（7章）

岡田　成弘　東海大学体育学部准教授（6章）

小森　伸一　東京学芸大学芸術・スポーツ科学系教授（5章1）

髙橋　　徹　岡山大学学術研究院教育学域講師（9章）

瀧　　直也　信州大学教育学部准教授（2章）

多田　　聡　明治大学法学部教授（10章1）

永吉　英記　国士舘大学体育学部教授（8章1-4）

野口　和行　慶應義塾大学体育研究所教授（10章2）

前田　和司　北海道教育大学岩見沢校教授（13章）

吉松　　梓　明治大学経営学部准教授（12章）

渡邉　　仁　筑波大学体育系助教（11章）

序　文

　編著者らは 2018 年より野外教育学の全体構想について検討してきた．本書は
その成果に基づいている．野外教育に関連するテキストは，杏林書院発行の「野
外教育入門シリーズ」をはじめ，活動内容や指導法そして安全管理等の実践に関
するノウハウについて既刊のものも多い．他方で，それら実践の理論的な背景と
なりうる学術的内容の整理については，知見が十分に積み上げられているとはい
えない．今回の刊行はこの空白地帯に一石を投じ，学問分野としてのさらなる発
展と認知を目指している．具体的には，なぜ野外なのか，なぜ自然であり体験な
のか，についての論拠を提示することになる．これにより，たとえば，野外教育
を実施する意義についての説明や野外教育に関するさまざまな議論の端緒の提供
を可能にする．また，自らの実践を振り返る機会としての活用も有効であろう．
　ところで，野外教育の実践や研究に携わり自然とかかわる読者のなかには，欧
米由来とされる野外教育に，日本という場所で育まれた身体的感性が違和を感じ
ることがなかっただろうか．たとえば，自然の位置づけや他者とのかかわり方等
において．日本は地理的にも言語的にも，そして地政学的にも辺境・辺縁であり，
時に「ガラパゴス」との指摘を受ける．しかし同時に，災害に慄きつつも豊かな
自然と調和し暮らしてきた歴史をもつ場所でもある．近年，環境問題の深刻化も
その要因と考えられるが，国際的にも先住民の叡智としての自然とのかかわり方
に注目が集まっている．元来，人類は自然との関係こそが生活・人生のすべてで
あった．そして，そのようにして現在に生をつないできた時間は気の遠くなる程
に長い．そんな自然に適応し進化した結果としての身体に拠り，私たちは，今，
存在している．本書が立脚する人間観・自然観である．
　次ページに示した図は野外教育学の全体構想図である．野外教育の再定義と分
野の軸としてのプラットフォーム原則に基づいている．プラットフォーム原則を
共有しつつ指針の設定や教育実践が行われる．これらは基礎理論としての野外学，
教育学そして自然科学に支えられる．同時に，基礎理論はメタ理論により常に省
察の対象となる．結果として，野外教育学は領域の拡大や刷新の可能性に終始開
かれることになる．詳細は「3 章　野外教育学の全体構想」を参照されたい．
　これらの試みが人間と自然とのかかわりに資するものとなり，さらには，野外

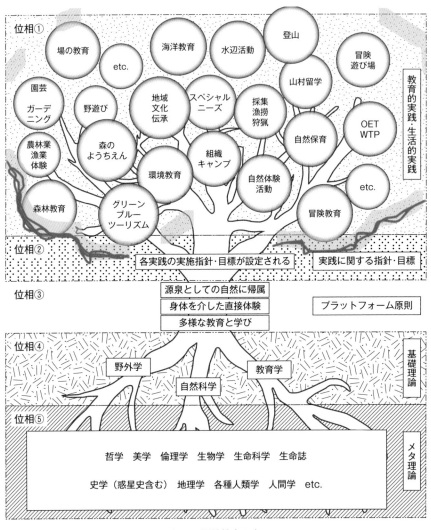

位相①

場の教育

etc.

海洋教育

水辺活動

登山

冒険遊び場

園芸ガーデニング

野遊び

地域文化伝承

スペシャルニーズ

採集漁撈狩猟

山村留学

農林業漁業体験

森のようちえん

組織キャンプ

自然保育

OETWTP

森林教育

グリーンブルーツーリズム

環境教育

自然体験活動

etc.

冒険教育

教育的実践・生活的実践

位相②　各実践の実施指針・目標が設定される　実践に関する指針・目標

位相③　源泉としての自然に帰属　身体を介した直接体験　多様な教育と学び　プラットフォーム原則

位相④　野外学　自然科学　教育学　基礎理論

位相⑤　哲学　美学　倫理学　生物学　生命科学　生命誌　史学（惑星史含む）　地理学　各種人類学　人間学　etc.　メタ理論

シン・野外教育の木

教育分野の発展につながることを願う．さまざまな場面でご活用いただきたい．

　　2024 年 5 月

　　　　　　　　　　　　　　編著者　土方　圭・張本文昭

contents

序 文……………………………………………………………………… i

1章　自然とかかわり合う野外教育−生態学的な野外教育学− ………… **1**

1．人間とは何か ………………………………………………… 1
2．自然を教育の中心に据える ………………………………… 3
3．野外教育を取り巻く現代的課題 …………………………… 4
4．温故知新−旧くて新しい野外教育へ− …………………… 5

2章　野外教育の歴史−過去，現在そして未来− ………………… **7**

1．海外における野外教育史概略 ……………………………… 7
2．国内の野外教育史 …………………………………………… 11
3．これからの野外教育学へ …………………………………… 17

3章　自然を源泉とする教育・学びの全体像を捉える ………… **23**

1．自然とひとの体験的関係から構想される野外教育学 …… 23
2．野外教育の学問体系の構築 ………………………………… 24
3．越境する学際領域としての野外教育学 …………………… 26
4．野外教育学の全体構想への歩み …………………………… 29

4章　野外教育における野外学−野外教育の基礎理論 1− ……… **41**

1．野外とは何か ………………………………………………… 41
2．野外学を構成する要素 ……………………………………… 42
3．野外学を構成する具体例としての森林科学 ……………… 44
4．野外学の核となる学問的前提とその周辺 ………………… 50
5．人間にとっての野外の意義とは …………………………… 59

5章　野外教育における教育学－野外教育の基礎理論2－ 62

1．一般的な教育学 62
2．野外教育の特性に応じた教育学理論 71

6章　野外教育における科学と体験－野外教育の基礎理論3－ 82

1．科学・科学技術とは 82
2．科学技術の発展 84
3．科学技術と身体 87
4．科学技術と自然観 91
5．野外教育における体験と科学技術 93

7章　源泉としての自然－野外教育のメタ理論1－ 99

1．野外教育的環世界としての自然 99
2．時間という自然 102
3．生命という自然 105
4．野外教育の源泉としての自然 107

8章　野外で生き延びてきた人類－野外教育のメタ理論2－ 111

1．人類の誕生，そして狩猟採集から農耕へ－森から離れる人類－ 111
2．大地を耕す＝文化（cultivate）の成立ち－森から離れた理由－ 115
3．不確実な自然から安定した社会へ－自然から離れる人類－ 118
4．野外で生き延びてきた人類の脳と身体 122
5．人類史から野外教育をみつめる 126

9章　野外教育学をささえる叡智−野外教育のメタ理論3− ……… 137

1. 哲学とは何か …………………………………………………… 137
2. 自然環境のなかに存在している人間という考え方を
   証明したダーウィン …………………………………………… 140
3. ダーウィンの学説を発展させたプラグマティズム ………… 143
4. 生物の進化の過程に基づく人間の成長と教育 ……………… 145
5. 自然に対する美的感覚 ………………………………………… 147
6. 自然保護の倫理観を支える思想 ……………………………… 150

10章　ノルウェーとアメリカの野外教育−比較文化論的考察− ……… 155

1. ノルウェーにおける野外教育 ………………………………… 155
2. アメリカにおける野外教育 …………………………………… 167

11章　動き：野外運動−理論と実践の往還に向けて1− ……… 182

1. 野外運動と新たな関心テーマ ………………………………… 182
2. 自然環境下の動きの主体性 …………………………………… 187
3. 自然環境と動きの関係 ………………………………………… 189
4. 自然環境における動きから生まれる創造性 ………………… 192
5. 野外と動き ……………………………………………………… 195

12章　癒し：野外療法−理論と実践の往還に向けて2− ……… 199

1. 野外教育と野外療法 …………………………………………… 199
2. 自然と身体性 …………………………………………………… 204
3. 野外療法における事例研究の意義 …………………………… 208

13章　場所：野外教育と場所−理論と実践の往還に向けて3− ………… 215

1．場所とは ……………………………………………………… 215
2．場所を意識する ……………………………………………… 217
3．場所に感応する野外教育 …………………………………… 218
4．地域に根ざした野外教育 …………………………………… 221
5．都会の野外教育 ……………………………………………… 224

14章　野外教育学における研究とその展望 ……………………… 229

1．国内の研究動向と課題 ……………………………………… 229
2．海外の研究動向と課題 ……………………………………… 236
3．野外教育学における研究の展望 …………………………… 238

索　引………………………………………………………………… 244
あとがき……………………………………………………………… 254

自然とかかわり合う野外教育
－生態学的な野外教育学－

　本書の主旨は，野外教育を支える理論を提示することにあり，そこでは主に人間と自然の教育的な関係を説明することが主題となる．ところで，ここでいう自然とは何で，人間とは何であろうか．

　本章では，野外教育を考えるにあたっての前提となる人間観を提示する．それは人間にとって野外（自然）が教育的だということを論じるための前提を示すことにもつながる．加えて，それらを端緒とした野外教育の概要や現状，そして課題についてもここで簡単にふれる．

　本書の全体は，これらの前提が示す方向性を緩やかに共有しながら書き進められていることをあらかじめ申し添えておく．

▌1．人間とは何か

　野外教育の研究は，統計的な分析で得られた数値を教育効果の根拠とすることによって客観性を担保したり（定量的研究），他方で教育実践の参加者へのインタビューなどにより主観的データを解釈したり（定性的研究）するといったように，分野や立場を横断しつつさまざまな方法を用いながら実施されてきた（詳細は3・14章を参照されたい）．関連する学会においても，人文科学から自然科学まで広範に渡る発表がなされ，実に多様な状態といえる．いずれにしても野外（自然）が人間にとって不可欠だということはさまざまな研究者によって共有されているのだろう．それでは，その手前にある野外教育を必要とする人間とはいったいどのような存在であるかといった問いや議論，そして共通理解はなされてきたのであろうか．

　ここで，多くの人が自明のこととして普段はあまり口にしないことを表明する．

　なぜ，人間には野外教育が不可欠なのか．その答えは，人間は動物だからである．言い換えれば，人間は生物だからなのである．詳細は4章と8章にゆずるとして，野外教育の全体像を構想するにあたり，本書が貫く最も基本的な前提は「ニンゲンはセイブツである」という事実である．

　ここまでの野外教育に関連する書籍との大きな違いはこの点にあり，野外教育の意義を考え，野外教育学の学問体系の全体を構想する起点にもなっている．こうして改めて主題化されると，人間が生物であるということや，人間が進化の産物であることを否定する人は少ないのではないだろうか．しかし，高度に発達した情報化社会では，合理性を追求し，時間に追われ，時にその人間＝生物という事実を忘れてしまう．そして，自然のなかで実施する野外教育について思案するときでさえも，霊長類のなかでも特別な存在として，他の生物とは隔絶した存在として営まれる教育という視座から構想することが多かったのではないだろうか．私たちは，自然を中心に据える教育，すなわち野外教育について，この人間は生物であるという前提から出発してみたいと思う．

　ところで，人間が生物であるという前提のもと，人間の心理や行動について研究する学問分野として進化心理学や人間行動生態学があげられる．これらは総じて人間行動進化学とも称される[1]．この学問分野の前提とする人間観は，たとえば進化心理学においては以下のようになる[2]．

　①ヒトは生物である，だとすれば②ヒトは進化の産物である，となると，③ヒトは，他の生物と同様に，主に適応的な進化の過程によって形作られてきた，のであれば，④生物に共通の進化と適応の原理を考慮することは，人間理解に大きく貢献するだろう，という一連の命題を前提にしている．そして，心や行動も生物学的性質の例外ではなく，ゆえに⑤ヒトの心や行動の成り立ちを説明するうえで，進化理論が不可欠な基本原理，との説明を展開している．

　本書では，特に上記①〜③を，野外教育を実施する意義や価値の前提として援用したいと考えている．つまり，なぜ野外教育なのか，の前提である．これは，人間という存在が，過去から現在に至る進化の過程において，自然と交感し適応することにより形作られてきたことを指摘する前提なのである．これにより，身体をはじめとする人間という存在の変性，つまり成長は，自然状況とのかかわりによって促進されることが推察される．なぜなら，その理由は単純で，長きにわたって自然環境に適応することが生き延びることのすべてだったのであり，人間

の身体（精神を含む）は，おそらく「適応を強いられた自然環境においてこそ」能力を発揮するような機能（形質）を有していると考えられるからである．

さらに，野外教育の意義の説明のみならず，この前提を起点とすることにより，学問体系としての野外教育学の全体像について，誰もが共有できる形で示すことが可能になると考えている．また同時に研究の議論も促進されることが期待される．

本書では，この人間観を，野外教育を実施する理由の前提としながら野外教育学の全体像を描き出していきたいと考えている．

▎2．自然を教育の中心に据える

著者らが所属する日本野外教育学会は「自然・ひと・体験」（自然と人の体験的関係）をキーワードとする学術団体である．それら要素に教育的な可能性を見出した人々が集い，研究や実践についての知見を共有している．また，本書を手に取った読者も，学会等に参加していなくとも，人間と自然そして野外教育について関心を抱いているのではないだろうか．そして，先に示した前提とも相まって，当然のことともいえるが，野外教育学は自然を中心に据えた学問ということになる．では，私たちはなぜ自然を教育の中心に据える野外教育に関心をもつのだろうか．

1つは，繰り返しになるが，人間は生命・生物・動物の系譜にあり，その源泉は自然にある．自然（環境）と相互作用しながら適応し現在に至る存在である．そうであるがゆえに，生命誕生に始まる人類の長い歴史において醸成されてきた身体は，自然環境に身を置いてこそ，その適応的な潜在能力が発揮されると推察できる．ここでいう潜在能力は肉体的な能力に限ったことではなく，精神や知性，その他の多くの能力も含んでいる．自然に曝され交感するということは人間の生にとって不可欠な営みなのであり，私たちの適応的な身体には，現在もさまざまにその痕跡が刻印されている．この点については，野外教育の野外学的側面への着目といえる．

他方で，自然環境で活動することは真の意味で課題解決（問題発見，課題設定，判断と行動）の連続である．そのような状況を喚起する自然環境には，さまざまな学びのエッセンスが集約されているといっても過言ではない．こちらは教育学

的側面への着目といえるだろう.

　加えて，これは「仮説」とされているが，エドワード・O. ウィルソン（Edward Osborne Wilson）によると，人間には生命（生物）を愛でる生得的な傾向である「バイオフィリア」が備わっているという[3]．もしかしたら，このような特性が影響をしているのかもしれない.

　その他にもさまざまに理由は考えられるが，源泉としての自然を中心に据え，人間との関係に着目したのが野外教育である．自然とのかかわり・交感・相互作用を本書では「生態学的」と称し，その視座から，整理された学問体系を目指して後章が展開されていく.

▌3．野外教育を取り巻く現代的課題

　野外教育に対する現代社会からの要請としては，どのようなものが考えられるだろうか.

　現在，地球全体の問題として気候変動をはじめとした環境問題の深刻化をあげることができる．この状況は，私たちが生態学的な存在としてかかわり合う自然環境それ自体を棄損しかねない段階に入っている．環境問題により野外教育が実施できなくなる以前に，私たちの存在そのものの基盤が揺らいでいる状態ともいえる．快適・安全を志向する科学技術（テクノロジー）由来の利便性とのトレードオフの帰結ともいえ，人間と自然の距離が離れたことに由来している．この距離を縮め，この事態を私事として受け止め行動に移していくためにも，野外教育における体験的な教育実践が重要である.

　さらにテクノロジーについては，その開発・普及のスピードはすさまじく，とてつもない勢いで発達を遂げている．近年までは，身体機能の補助や拡張のためのテクノロジーであった．しかし最近では，バーチャルリアリティの普及や AI，ICT 等の急速な広まりにより，人間の「身体からの離脱」という新たなステージへと突入している．当然ではあるが，これらは自然環境などでの直接体験や身体運動の機会とトレードオフの関係にある．テクノロジーとの共存は現代社会におけるきわめて重要な問題となっており，野外教育を考えるうえで避けて通ることのできない課題といえよう（詳細は 6 章参照）.

　最後に，現代における教育ならびに教育観はどのようなものであろうか．人口

が多く利便性の高い都市部が価値観を牽引する傾向にあり，特に，その価値観は一昔前と異なりデジタル技術により広く瞬時に拡散してしまう．基本的には都市の成り立ちそのものが自然性の排除と関係しており，また，市場原理やそれと関連する利益追求の論理が大きく影響する場所でもある．そこでの教育は，機能主義や成果主義，そして経済合理主義からも強く影響を受けていることが容易に想像される．特に，そのような状況・場所で，子どもの自然性をどのように担保しながら育んでいくかは，先の環境問題やテクノロジーとの関係とも直接的につながる問題である．しかしながら，現代の野外教育は，都市に限らず合理性・効率性等が隅々までいきとどいた社会のなかにあるため，この社会の潮流に野外教育自体がからめとられる可能性も十二分にある．その点については警鐘を鳴らしておく必要があろう（教育の詳細は5章参照）．

　現代社会において自然とのつながりを意識・維持した生活を送ることは難しく，教育・啓発活動として野外教育を積極的に周知・実施していく必要がある．都市・グローバル・AIの論理にのみ収まらない価値を提示することが求められている．

　昔も今も身体はローカルに存在し，そして日本には自然とともに暮らしてきた歴史がある．それらの意味や価値は見直される必要があり，これにより，自らの身体ならびに感性から主体的に思考するという方向性が生じることになる．

▌4．温故知新－旧くて新しい野外教育へ－

　日本における野外教育のルーツはアメリカにあるとされている．しかし，日本においても自然とのかかわりにおける教育は少なからず行われていた．また豊かな自然があり，日常と自然の近さにおいて日本には特筆すべき関係が存在していたと思われる．当該分野においても，自らの足元をしっかりと見つめ，脱輸入学問としての野外教育学を構築する時期にきている．読者のなかには，日本という場所や風土，文化によって育まれた感性により，欧米由来の野外教育に違和感を抱く方がいたのではないだろうか．自然観や宗教観，人間観などは地球上に多様に横たわっている．現在では，環境問題や人権問題と関連しながら，地球上の各地域における先住民の土地に根差した叡智を再考する動きも起こりつつある[4]．

　したがって，生態学的な視点からの野外教育学では，当然，わが国における自

然とのかかわりの智慧の集積＝文化などについてもふれることになる（詳細は8章参照）．日本語という特殊な言語状況や島国という地理的条件も相まって，極東の自然観は未だに残存していると感じている．

　複雑かつ急速に変化していく困難な時代に，辺境の地から，その人間観や自然観について省察を加えながら，旧くて新しい野外教育をグローカルに発信していければと願う．

📖 注・文献

1）中尾央（2015）：人間進化の科学哲学 – 行動・心・文化 –，名古屋大学出版会，愛知．
2）長谷川寿一，長谷川眞理子，大槻久（2022）：進化と人間行動 第2版，東京大学出版会，東京．
3）エドワード・O. ウィルソン著，狩野秀之訳（2008）：バイオフィリア – 人間と生物の絆 –，ちくま学芸文庫，筑摩書房，東京．
4）国際連合（2007）：先住民族の権利に関する国際連合宣言，国連総会第61会期，（https://www.un.org/esa/socdev/unpfii/documents/DRIPS_japanese.pdf，参照日：2024年1月10日）

📖 さらに学びたい人のための参考文献

・真家和生（2007）：自然人類学入門 – ヒトらしさの原点 – 第2版，技報堂出版，東京．

野外教育の歴史
－過去，現在そして未来－

　野外教育はアメリカで始まったとされている．しかし教育という人類に共通する営みは，思想や方法は多少なりとも違っていたとしても，間違いなく日本にも存在していた．本章では，海外における野外教育史を概観するとともに，国内における変遷について紹介する．また，野外教育を再定義することにより，「海外から由来したもの」というこれまでの野外教育史の刷新を経て，これからの野外教育の展望についてふれる．

1．海外における野外教育史概略

1）野外教育という用語

　野外教育という用語は，1943 年にシャープ（Lloyd Burgess Sharp）[1] が論文のなかで Outdoor Education を用いたのが最初といわれている．それまで使われていた Camping Education や School Camping に代わるものとして論文で使い始めたものであり，星野敏男[2] はシャープの主張を次のように紹介している．

　　　室内（クラスルーム）において有効に教えることのできるものは室内で教えられるべきであり，反対に，自然の物や自然の環境を直接体験することによってより有効に学ぶことができると考えられるものは，そこ（Outside the School）で教えられるべきである（星野[2]，p65）．

　後の 1955 年，全米保健・体育・レクリエーション協会（American Association for Health Physical Education and Recreation）内に，指導者養成・教材の提供・出版を目的とする野外教育プロジェクトが設置され，その委員長に J.W. Smith が

任命された[3]．人口の都市集中や産業のオートメーション化，余暇の増大，国民の野外レクリエーション活動に対する要求の増加，生活テンポの急速化，単調化，規格化等の社会問題が設置理由としてあげられ，これらに積極的に対決する教育の方法として，野外教育が強調されるようになった[4]．

また，1957年に刊行された『Outdoor Education』において，野外教育は次のように説明されている[4]．

> 野外教育とは，野外での学習をいうのであり，天然の諸資源および野外という場で見いだされる生活の場と直接結びつく，教師と子どもの学習活動を包括するものである．換言すれば，教育の目標を達成するために，自然環境を楽しみ，理解し，賢明に利用することを含むところの直接的な学習経験により，野外教育は構成される（江橋[4]，p11）．

翌年の1958年，ドナルドソン（George Warren Donaldson）[5] が野外教育をより簡潔に「Outdoor Education is education in, about, and for the outdoors.」と定義し，この言葉は多くの文献で引用されることとなった．

加えて，1987年にHammermanら[6]は，『Teaching in the Outdoors』において野外教育を「学習の場としての野外を用いる教育の一方法（教育法・アプローチ法）」であると定義している．教室の外や戸外（out-of-door）での体験型教育を行うときに，それぞれの立場の人が，その教育（の内容や手法）をどう解釈しているか（考えているか）によって，その捉えられ方は千差万別であり，自然保護系の人々やレクリエーション系の人々，学校教員や理科系の教員，福祉系の人々など，それぞれ野外教育の意味や用いられ方は当然違ってくるのである．

2）キャンプ活動の始まり[7]

アメリカにおいて野外教育の初期的形態である組織キャンプが出現したのは，F.W.ガンによって1861年に行われたガナリースクールの全校キャンプが最初であるとされている．主なプログラムは，野外生活をしながら，ボート，ヨット，釣りやハイキングといった自然のなかでのレクリエーション的活動を主に行ったと報告されている．これ以降，私設キャンプや教会キャンプ，YMCAキャンプ，女子キャンプ等のさまざまなキャンプが行われるようになった．

　ヨーロッパにおいては，ドイツのワンダーフォーゲル運動がはじまりとされている．1896 年に K. Fischer により青年運動として自然発生的に集まり，自然のなかで仲間との友情や協力，地方の文化や伝統などを根底にしながら，歩くことを主体として登山や旅行，野営，演劇，唱歌，民謡・民話・民踊の収集などを行い，政治，教育，歴史，文化等，さまざまな分野と関連しながら展開した．1910年，ワンダーフォーゲル運動に共鳴した R. Schirrmann がユースホステル運動を起こし，ワンダーフォーゲル運動とともに広まっていった．

　ヨーロッパにおけるもう 1 つの流れは，イギリスのボーイスカウト活動である．1907 年に B. Powell によって設立され，1910 年にはガールスカウトが誕生した．スカウト活動は，青少年の教育やキャンプの発展に貢献してきた．

3）環境教育・冒険教育の潮流

　野外教育は 1960 年代以降，その目的や実践の場によって，大きく環境教育と冒険教育という 2 つの流れができたとされる[2]．

　環境教育は[8]，環境に対して責任のある行動をとることができる市民の育成を目標とし，その達成のために，批判的思考法，問題解決能力，および効果的な意思決定能力の向上が必要とされている．レイチェル・カーソン（Rachel Louise Carson）の『沈黙の春』（1962 年）や S. Udall の『静かな危機』（1964 年）によって環境問題や自然保護の必要性が市民に啓発された．J. Kirk は，1960 年代から1970 年代中盤にかけて環境問題が悪化してきたことを歴史的に分析し，環境教育の台頭は，環境問題の悪化を契機としたそれまでの野外教育運動と自然保護教育運動の融合によるものだとしている．

　また永吉は，「野外教育を安易に環境教育の概念で包括させることは，野外教育独自の役割（中略）を見失うことともなる．」と述べており，これからの環境教育と野外教育の関係は，「多様な機能と役割をもつ野外教育の個々の学習内容に，環境教育の理念が，自然と人間を，さらに人間がつくりだした環境との望ましい調和という視点を与えることによって，野外教育の成果をより実り多いものにするものである．」と述べている（江橋[9]，p24）．

　一方，冒険教育は[10]，主に自然環境を活用し，冒険の要素を特定の教育目標をもって体験学習として組織的に行う活動であり，1941 年にクルト・ハーン（Kurt Hahn）がイギリスに設立したアウトワード・バウンド・スクール（OBS）

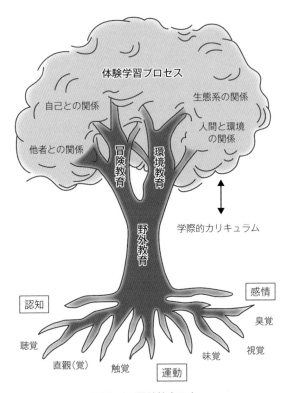

図2-1 野外教育の木
(Priest, S.(1986)：Redefining outdoor education: a matter of many
relationships, The Journal of Environmental Education, 17(3), 13-16)

が起源とされている．アウトワード・バウンドは世界各国に広がり，自然環境を
舞台とした挑戦的で冒険的な遠征登山やロッククライミング，ソロ，沢登り，乗
馬，カヌー，ヨット等のプログラムを通して，自己発見と性格形成を目的として
展開されるようになった．その後，1962年アメリカにコロラドOBSが設立され
たことにより，野外教育のなかに急速に普及していった．また派生するように，
全米野外教育指導者学校（National Outdoor Leadership School），ウイルダネス
教育協会（Wilderness Education Association），体験教育協会（Association for
Experiential Education），プロジェクト・アドベンチャー（Project Adventure），
などの冒険教育関連団体が設立された．
　Priest[11]は，野外教育，環境教育，冒険教育の関連を木のモデルを用いて表現し，

野外教育は環境教育と冒険教育の2つのアプローチの融合体であると説明している（図2-1）．この木の葉は体験学習プロセスを示し，太陽からエネルギーを受け，土壌（感覚と学習領域）から養分を吸い上げ，体験学習過程と学際的なカリキュラムの間で相互に影響しあうことを示している．

2．国内の野外教育史

1）日本における野外教育
（1）『野外教育の考え方』

　日本における野外教育は，欧米由来の Outdoor Education の訳語として定着している．野外教育の概念をはじめてわが国に紹介した江橋[4]は，「野外教育という言葉は，まだ，必ずしも熟している言葉ではない」と述べている．その後，多くの教育者や研究者がさまざまな解釈を行っているが，成熟されたものとはなっていないのが現状である．

　先にあげたドナルドソンの「Outdoor Education is education in, about, and for the outdoors.」に関しては，野外における教育（in outdoor），野外についての教育（about outdoor），野外のための教育（for outdoor）と訳されている．さらに日本社会と教育の現状を踏まえ，子どもたちに健全な市民意識（自他の正しい相互理解に基づく人間価値−友情・正義・奉仕など−の理解，民主的な課題解決能力の育成など）を涵養することを目的とし，野外による教育（by outdoor）を加えた4つを野外教育の主要な内容とすべきとした．この in, about, for, by はその後の日本における野外教育分野において広く用いられることとなった[9]．

　1990年代には野外教育活動を行う民間団体が出現し，野外教育は多様化・複雑化した．この状況を鑑みて星野[12]は以下のように再解釈している．
　①体験を通して五感に直接働きかける「野外における教育」
　②共同生活やさまざまな活動で個人を伸ばすような「野外を用いての教育」
　③教科にこだわらず自然について総合的に学ぶ「野外についての教育」
　④人間と自然との望ましい関係やあり方について学ぶ「野外を理解するための教育」
　⑤野外を楽しむ技術を学ぶ「野外を有効に利用するための教育」
　さらに星野は，野外教育の目標は被指導者の知識・技術・態度の育成並びに変

化向上としている．知識・技術・態度のどこに重点を置くか，着目する観点（自然についてや人間関係について）の違いにより，その概念はさまざまであり，野外教育はこの3要素を含んでいなければいけないと主張している．

（2）『青少年の野外教育の充実について』[13]

日本において野外教育という用語が公的な文書の中で初めて用いられたのは，1996年に「青少年の野外教育の振興に関する調査研究協力者会議」が文部省生涯学習局長に提出した「青少年の野外教育の充実について」の報告書である[13]．このなかで，野外教育とは「自然の中で組織的，計画的に，一定の教育目標をもって行われる自然体験活動の総称」と定義されている．また，自然体験活動については，同報告書のなかで「自然の中で，自然を活用して行われる各種活動であり，具体的には，キャンプ，ハイキング，スキー，カヌーといった野外活動，動植物や星の観察といった自然・環境学習活動，自然物を使った工作や自然の中での音楽会といった文化・芸術活動などを含んだ総合的な活動である」と定義されている．

（3）『野外教育の理論と実践』[8]

2010年代には国内の野外教育がさらに多様化・複雑化していった．多様なニーズに適応し，その様相を変化させながら発展してきた野外教育を，小森は以下のようにまとめている．

> 野外教育とは自然の中で組織的・計画的に一定の教育目標をもって行われる野外活動・自然体験活動の総称で，①自然，②他存在，③自己についての創造的，調和な理解と実践を直接体験を通して育む統合的・全人的な教育である（星野・金子[8]，p3）．

また同時に，野外教育における3大学習観点（要素）について，個人と地球・自然環境とのかかわり，個人と周囲出来事（他存在）とのかかわり，個人とその人自身（自分自身）とのかかわりの3要素を付言し，野外教育の目的についての理解を促している．

Outdoor Education は日本において野外教育と訳され，普及してきた．前述の通り多様化・複雑化した野外教育は，その裾野を段階的に広げてきたといえるだろう．今日においても野外教育は多くの実践者により行われており，ハンマーマ

表2-1　日本の野外教育に関する主な出来事

年	事　項
1880（明治23）年	東京YMCA設立.
1908（明治41）年	日本にボーイスカウト伝来.
1911（明治44）年	乃木希典，学習院生徒にスカウト式臨海キャンプを実施.
1916（大正　5）年	最初のボーイスカウト（京都少年義勇団）のキャンプが琵琶湖畔にて実施.
1920（大正　9）年	大阪YMCA，六甲山麓にて少年キャンプを実施.
	最初のガールスカウトのキャンプが猪苗代湖畔にて実施.
1922（大正11）年	日本YMCA同盟少年部，日光中禅寺湖畔にて中学生キャンプを実施.
1923（大正12）年	東京YMCAが山中湖畔に組織キャンプ場を開設.
1929（昭和　4）年	世界YMCA主催の第1回国際年長少年キャンプを長崎県雲仙にて実施.
1931（昭和　6）年	最初の組織キャンプ指導者講習会を神戸にて開催.
1932（昭和　7）年	東京YMCAが野尻湖畔にて最初の長期少年教育キャンプを実施.
1947（昭和22）年	YMCA山中湖キャンプで戦後初の「キャンプ指導者養成講習会」開催.
1951（昭和26）年	読売新聞社，戸隠にて最初の全日本学生キャンプを開催.
1952（昭和27）年	日本YMCAキャンプ・コミッション設立.（キャンプ運動推進）
1953（昭和28）年	文部省，『青少年キャンプ指導の手引』刊行.
	神戸YMCA，最初の肢体不自由児キャンプを実施.
	朝日新聞大阪厚生文化事業団，アサヒ生駒キャンプセンターを開設
1955（昭和30）年	文部省，「青少年の野外旅行の奨励について」の中で「野外活動」を公文使用.
	文部省，「教育キャンプ指導者中央講習会」開催.
1956（昭和31）年	文部省，『教育キャンプ指導の手引』刊行.
1959（昭和34）年	国立青年の家の設置がはじまる.
1960（昭和35）年	文部省，「第1回教育キャンプ指導者講習会」開催.
1961（昭和36）年	「スポーツ振興法」が制定.（野外活動の普及奨励）
1963（昭和38）年	大阪府総合青少年野外活動センター設置.
1966（昭和41）年	日本キャンプ協会設立.
1975（昭和50）年	国立少年自然の家の設置がはじまる.
1984（昭和59）年	文部省，自然教室推進事業を実施.

（日本野外教育研究会[7]，星野・金子[8]，江橋[9]より作表）

ンが述べたように個人によりその見解が異なると考えられる.

2）野外教育実践史

（1）組織キャンプと学校登山

　わが国における野外教育実践の歴史は，組織キャンプの実践により進められてきている．表2-1は文献を参考に日本の野外教育に関する主な出来事をまとめたものである[7-9]．戦前において，野外教育の発展に大きく貢献したのは，YMCAやボーイスカウト等の民間の青少年団体である．国内のYMCAは1880年に初めて設立され，またボーイスカウトは1908年に伝わっている．ボーイス

カウト初のキャンプは，1916年に琵琶湖畔において京都少年義勇団が13人参加
して行われた．YMCAは1920年に大阪YMCAが兵庫県六甲山麓で簡易天幕を
設営して実施した組織キャンプや，1922年に東京YMCAにより日光中禅寺湖畔
で実施された中高生を対象としたグループワーク中心の組織的少年キャンプを，
その源流としている．一方，組織キャンプの始まりは，1911年に学習院院長の
乃木希典が神奈川県片瀬海岸において実施した学習院のスカウト式臨海キャンプ
であるという説もある．

　他方，長野県では登山経験のある教師が赴任先の学校で登山を取り入れ，長野
県尋常師範学校が1889年に白根・浅間登山を行っている[14]．井村[15]は『長野県
教育史』および『長野県尋常師範学校生徒第三修学旅行概況』から，この登山が2
年生以上の男子生徒を対象に博物学的な観点や心身の鍛錬を目的とした，修学旅
行のなかに組み込まれたものであると述べている．さらに古くは，1876年に寺
子屋師匠那須竜洲が門弟18人と西駒ヶ岳（木曽駒ケ岳）に登ったものが最も古い
記録と紹介されているものもある[16]．1887（明治20）年前後から小・中学校にお
いて，児童・生徒らの体力向上が課題とされ，体育の授業で行われていた「隊列
行進」が「遠行運動」に発展し，さらに明治20年台後半には「遠足」へと発展し，
長野県の地理的環境や自然環境という資源を活かす登山が注目され始めた．この
流れに貢献したのが長野県師範学校を卒業した教員であった．「隊列行進」や「遠
行運動」といった体力強化のみの体育授業に疑問をもち，地理や理科教育などの
博物学も取り入れた「直感教育」を推奨する新たな教育手法が取り入れられ，団
体行動を学びの場とする「徳育教育」も相まって，現在の学校登山の原型が形作
られていった．

　学校登山の発展に大きく貢献した人物として渡辺敏があげられる[17]．1902年，
渡辺は長野高等女学校（現長野西高等学校）の生徒を引率し2泊3日の戸隠山登
山を行った．以降，同校では十数年にわたり，飯縄山や北信五岳などへの学校集
団登山が行われた．その主な目的は，博物学の実地指導であったが，それに加え
剛健心や困難に耐えて克服する自信などを得ることも目的としていた．

　宮下[18]は，「明治期の野外教育と深い関連をもつ諸行事は国家主義思想を背景
にし，教育目標を達成させる努力をしながらもやはり軍事教育や鍛錬学習の色彩
が強く，心身の鍛錬にそのねらいがおかれ野外教育が維持されてきた傾向が強い
（p99）．」と述べている．

（2）野外活動の普及

戦後，民間の青少年団体が全国で活動するようになるなかで，野外活動の教育的役割が次第に認められるようになった[9]．たとえば1951年には読売新聞社主催により高校生対象の全日本学生キャンプが戸隠高原で行われている．

1955年には文部事務次官通達「青少年の野外旅行の奨励について」の中で「野外活動」が初めて公文に使用され，定義された．さらに1957年には文部大臣の諮問機関である保健体育審議会が「保健体育の振興，国立競技場の将来の展望，青少年野外活動の振興，地域職域における体育の振興について」（答申）を出している．1961年にはスポーツ振興法が制定され，その第二条においてスポーツを「運動競技及び身体運動（キャンプ活動その他の野外活動を含む．）であって，心身の健全な発達を図るためにされるものをいう．」と定義した．このように野外活動が公文で用いられ，スポーツの一分野として法律上でも位置付けられたことにより，野外活動は広く普及されるようになった．

（3）青少年教育施設[19]

戦後の焦土と混乱のなかで，郷土復興を掲げる公民館と青年団が新しい時代を目指して学ぶ青年学級がはじまった．活動は拡大し，宿泊型の研修会が盛んに行われるようになり，活動する施設が整備されていった．1957年の保健体育審議会の答申を受け，文部省は青少年野外活動施設の整備に補助を行う制度を実施した．青年学級が共同利用する職業訓練施設として，青年の家を構想し，補助金による整備が行われ，公立の青年の家が誕生した．1959年，富士山麓の米軍キャンプ地の一部が返還されたことを契機に，政府は皇太子殿下ご成婚を記念して国立中央青年の家を設置することとした．その後，阿蘇，磐梯，大雪，江田島，淡路，赤城，能登，岩手山，沖縄，大洲，乗鞍，三瓶に国立青年の家が設置され，青年たちの研修および交流の場が拡大していった．

1960年には，文部省が高度経済成長に伴う自然環境との断絶を懸念し，子どもたちを自然に親しませつつ団体宿泊訓練を行う公立少年自然の家の整備に対する補助をはじめた．公立少年自然の家の成果に鑑み，文部省は学制百年記念事業として，1975年から室戸，那須甲子，諫早，花山，曽爾，日高，吉備，立山，若狭湾，大隅，夜須高原，山口徳地，信州高遠，妙高に国立少年自然の家を順次整備した．

2018年，国立の青年の家と少年自然の家，さらにオリンピック記念青少年総

合センターがあわさり，国立青少年教育振興機構として発足し，野外教育事業の
発展・普及に寄与している．

（4）学校が実施する野外教育事業

①自然教室推進事業（1984〜1997年度）

これまで，小・中学校では「林間学校」「臨海学校」「集団宿泊活動」「移動教室」
などの名称のもと，宿泊を伴う野外教育事業が広く実施されてきた．これらを背
景とする文部省の国庫補助事業「自然教室推進事業」（1984〜）によって，実施
期間がそれまでの1〜2泊から3泊以上の集団宿泊学習を実施する学校が増加し
た．自然教室推進事業は，1997年まで継続され，年間1,000〜1,600校がこの事
業により自然教室を実施した．

②豊かな体験活動推進事業（2002〜2012年度）

2001年の学校教育法改正に伴い，小・中学校，高等学校において，ボランティ
ア活動などの社会奉仕体験活動，自然体験活動等の体験活動の充実に努めること
等が規定された．このような体験活動の推進を背景に文部科学省が実施した「豊
かな体験活動推進事業」では，「自然宿泊体験事業〜子ども農村漁村交流プロジェ
クト〜」として，3泊4日以上の宿泊体験を通じて自然体験活動等を行う小学校
の取り組みに対する補助を行った．

（5）地方自治体の教育委員会や民間団体の野外教育事業

①フロンティアアドベンチャー事業（1988〜1991年度）

文部省の「自然生活へのチャレンジ推進事業」は，小学5年生から高校1年生
を対象に，冒険的活動を中心とした10泊以上の野外教育事業を実施する地方自
治体への国庫補助事業である．この事業をきっかけに，夏休みを利用した10泊
以上の野外教育事業が全国に広まることとなった．

②青少年体験活動総合プラン（2008〜2012年度）

この事業は「小学校長期自然体験支援プロジェクト」「青少年の課題に対応し
た体験活動推進プロジェクト」の2つからなり，前者は，小学校が実施する1週
間の自然体験活動を支援するための指導者養成事業と，小学校が実施する特色あ
るプログラム開発事業に分類されている．この事業により，各地で指導者養成講
習会が開かれ，この取り組みは後に自然体験活動指導者（NEAL）制度の創設へ
とつながっていった．また後者は，さまざまな困難を抱える青少年の自立支援，
社会性や意欲の向上，体験活動の機会と場の開拓など，青少年の課題に対応した

体験活動を総合的に支援し，社会全体での取り組みを推進するものであった．この事業により，現代的な教育課題に対応した野外教育事業の推進につながった．

③子どもゆめ基金（2001年〜現在）

2001年，現在の独立行政法人国立青少年教育振興機構に，子どもの健全育成を目的とする民間団体が実施するさまざまな体験活動や読書活動等へ助成事業を行う「子どもゆめ基金」が創設された．この助成を受け，全国の民間団体が野外教育事業を展開している．

（6）近年の動向

1980年代になり，民間の野外教育や環境教育にかかわる団体が独立し，自然学校などの形態をとりながら野外教育を実践するようになっていた．そして2000年代に入り，特定非営利活動法人（NPO法人）制度ができたこともあり，民間の青少年教育団体が各地に設立されるとともに，それらの団体の連携をはかるための「自然体験活動推進協議会（CONE）」等が設立され，その活動は広がりをみせている．

時代や社会情勢により青少年が抱える問題はさまざまであり，これらの問題に対応すべく，多種多様な野外教育活動が展開されている．不登校や問題行動などの悩みを抱える青少年対象のキャンプをはじめ，障がい者や病児，高齢者を対象としたキャンプ，ユニバーサルキャンプ，グリーフキャンプ等，対象に合わせたスペシャルニーズ・キャンプが行われるようになってきた．また，ひとり親家庭や経済的支援が必要な青少年を対象とした支援事業も広がりをみせている．

3．これからの野外教育学へ

1）地域の自然を中心に据えた野外教育

北アルプスなどの山岳地帯を抱え，県土の約8割を森林が占める長野県においては，古くから自然にかかわる豊かな教育が展開されてきた．学校登山の発展に大きく貢献した渡辺は，1883年に近代登山者として初めて白馬岳に登り，その後，博物学に通じた教育者である河野齢蔵らとともに白馬岳登山を行い，その記録が発表されたことで博物学者や山岳愛好家に白馬岳が知られるようになった．河野らは「信濃博物学会」を結成し，博物学に通じた教育者が生徒を引率し，授業での遠足や学校登山等の学校行事を積極的に行っていった．河野のほか，矢澤米三

郎，保科百助，志村寛といった植物・動物や岩石・鉱物などに通じた教育者が学術登山や学校登山を実践していった[17]．

　また，1918年に淀川が長野県師範学校附属小学校の研究学級において，児童を連れて郊外の自然のなかに頻繁に赴き学習を行い，この取り組みが現在の生活科や総合学習につながったと報告されている[20]．この淀川による総合学習の学習原理は「Learning by doing」であり[20]，これはシャープが重きを置いていた野外教育の原点でもある[1]．

　このように国内でも地域の自然を中心に据えた野外教育活動が確実に行われてきており，それが現在の野外教育にもつながっている．

2）修験道や信仰

　わが国の野外教育の源流について，井村[15]は「世界でも稀な山に登ることを宗教行為とした修験道とその考え方が，広くわが国に浸透していたことから，自然な形で野外教育の手段として登山が取り入れられていった．（p90）」と述べている．あわせて修験道の普及は，宗教活動にとどまらず，さまざまな文化・医療・習俗等を形成し，庶民のなかに深く浸透し，わが国の精神文化の基礎の形成に多大な影響があったと分析している．また山岳信仰の強い地方では，通過儀礼として成人登山・元服登山が取り入れられており，明治以降の学校制度が成立して間もない時期から学校登山が実施された要因であると述べている．さらに学校登山に関しては，心身の鍛錬といった目的だけでなく，山岳の博物学的な観点からも実施されていたことを報告している．

　また田中[21]は，修験道における自然は，単なる自然ではなく聖なる場所であり，山を畏れ，神を畏れ，地を畏れ，神聖な場所としての自然であると述べ，日本人が古来より自然そのもののなかに聖なるものを見出し，自然とかかわってきたことを述べている．また，日本の家庭には仏壇や神棚があり，お宮参りや教会での結婚式，仏前の葬式を例にあげ，日本人の多神教的精神文化の特異性を述べている．

　このような修験道の存在や宗教観は，自然とかかわり合いながら暮らしてきた日本の精神性を象徴しているものと考えられる．

3）野外教育の再定義

1930年代にアメリカで産声をあげ，1960年代に日本に伝わったとされる野外教育は，1996年の「青少年の野外教育の充実について」の定義以降も，多くの研究者，実践者により論及されている．

高野[22]は，野外教育と環境教育の接続領域を意識しながら「地域に根差した教育（Place-based Education）」について概観し，自然や人との関係性を包括する「場」と，そこでの体験を取り上げ考察することの重要性を指摘している．また前田[23]は，それまでの野外教育が「場所」を考慮せずに展開してきたことを批判し，「場所に感応する野外教育」を提案している．さらに近年，「風土」「教育」「体験」といった概念の再整理から土方ら[24-28]は野外教育を「野外における直接体験を通した学びを生起させる社会・文化・歴史的な営みで，自然を源泉とする」と再定義した．これらの論考は，日本の風土や自然観を軸として，アメリカ発とされている野外教育を捉え直したものであるといえる（詳細は3章を参照）．

4）日本の風土に則した野外教育学

星野[2]は，「野外教育すなわち野外活動であり，ある特定の野外活動プログラム（中略）を消化しさえすれば野外教育になる．（p68）」といった考え方が根強く残っていると指摘している．日本に伝わった活動が本来の教育目的と離れ，飯盒炊爨，登山，ハイキング，キャンプファイヤーといった，ある一定の形をもったキャンプや林間学校といったものが，カリキュラムとはかなり距離を置いたところで定着していったことを危惧している．大きく改善されているものの，この状況は2020年を超えても完全には払拭できていない状況にある．

日本野外教育学会第10回大会の分科会「日本型野外教育を考える」のまとめとして大石[29]は「自然と人のかかわり，人と人のかかわり，人と社会のかかわり」の重要性を述べ，さらに「野外教育を考えるとき，特定の場所や特定の人を区別して，その場所や人のことだけを考えるのではなく，自分とその場所やその人のつながりに目を向けなければならない．つながりを築くには，その地域の地理や独特な環境，伝統や文化，暮らし方が重要な意味をもつ．他を排除するということではなく，個人のアイデンティティを持った上で他との共通点を見出すというようなものが，日本における野外教育には必要なのではないだろうか．（p.36）」と問題提起している．決められた活動を単に実践するのではなく，対象や場所，

その文化に密接な活動を実践していく必要がある．

　また，野外教育の源流にふれた井村[15]は，「野外教育の要素である冒険教育と環境教育は，わが国の野外教育の源流である修験道に備わっており，またこれからの野外教育のあり方に対しても基本的な考え方を示してくれる．（p95）」と述べている．修験道に立ち返るのではなく，日本古来の多神教的精神や修験道の教えを，今日的意義をもって，野外教育が今の社会に対応できるように援用していく必要があるのかもしれない．

　多くの野外教育の実践の場が確保されつつある現在，野外教育が次のステージに進むためには，日本の風土に則した教育をふりかえり，その場に応じた野外教育のあり方を検討していく必要がある．そして，活動によって非日常でできるものは非日常で，日常でできるものは日常で実践していくことを認め，時には非日常と日常を往還しながら教育的意義を見出していく仕組み作りやマインドが必要となってくるであろう．

　さらに付言するならば，これは日本に限ることではなく，世界各国で行われている野外教育実践にもいえることではないだろうか．グローバル化は教育や社会のあり方まで画一化，標準化してしまう懸念が指摘される．各国，各地域においてそれぞれの実践と研究が図られる必要があると考える．

注・文献

1）Sharp, L.B.（1943）: Outside classroom, The Educational Forum, 7（4），361-368.

2）星野敏男（1986）：アメリカにおける野外教育の歴史と展望，レクリエーション研究，第16巻，62-69.

3）飯田稔（1992）：森林を生かした野外教育，全国林業改良普及協会，東京.

4）江橋慎四郎（1964）：野外教育，杏林書院，東京.

5）Donaldson, G.W., Donaldson, L.E.（1958）: Outdoor education-a definition, Journal of Health Physical Education Recreation, 29, 17-63.

6）Hammerman, D.R., Hammerman, W.H., Hammerman, E.L. 著，日本野外教育研究会監訳（1989）：ティーチングインザアウトドアーズ-なぜ教室の外で学ぶのか-，杏林書院，東京.

7）日本野外教育研究会編（1989）：キャンプテキスト，杏林書院，東京.

8）星野敏男，金子和正監修，自然体験活動研究会編（2011）：野外教育の理論と実践，杏林書院，東京.

9）江橋慎四郎編（1987）：野外教育の理論と実際，杏林書院，東京.

10）星野敏男，金子和正監修，自然体験活動研究会編（2014）：冒険教育の理論と実践，杏林書院，東京．

11）Priest, S.（1986）：Redefining outdoor education: a matter of many relationships, The Journal of Environmental Education, 17（3），13-16.

12）星野敏男（1991）：野外教育の定義とその考え方について-フィリス・フォードの野外教育論を中心として-，明治大学人文科学論集，第37・38輯，17-24.

13）青少年の野外教育の振興に関する調査研究協力者会議（1996）：青少年の野外教育の充実について，文部省．

14）地方史研究協議会編（2001）：生活環境の歴史的変遷，雄山閣，東京．

15）井村仁（2006）：わが国における野外教育の源流を探る，野外教育研究，第10巻第1号，85-97.

16）菊地俊郎（2014）：ウェストンが来る前から山はそこにあった，信濃毎日新聞社，長野．

17）大町山岳博物館編（2020）：博物学と登山-対象登山ブームと信州理科教育のさきがけ-，大町山岳博物館，長野．

18）宮下桂治（1982）：我国における野外教育の歴史的考察-野外教育の変遷と今日的課題-，順天堂大学保健体育紀要，第25号，96-107.

19）国立オリンピック記念青少年総合センター（2003）：青少年教育施設職員の手引き，国立オリンピック記念青少年総合センター，東京．

20）信濃教育会出版部編（1988）：信州総合の源流-淀川茂重『途上』から生活科・総合的な学習へ-，信濃教育会出版部，長野．

21）田中利典（2004）：修験道に学ぶ，野外教育研究，第8巻第1号，1-12.

22）高野孝子（2013）：地域に根ざした教育の概観と考察-環境教育と野外教育の接合領域として-，環境教育，第23巻第2号，27-37.

23）前田和司（2016）：「場所に感応する野外教育」は何を目指すのか-「地域に根ざした野外教育」の理論家を見すえて-，野外教育研究，第19巻第2号，27-40.

24）土方圭（2016）：野外教育における「野外」概念の再解釈-風土概念を手がかりとして-，野外教育研究，第19巻第1号，14-26.

25）張本文昭，土方圭（2016）：「教育」および「体験」に関するレビューと野外教育における課題と展望，野外教育研究，第19巻第1号，27-40.

26）土方圭（2016）：風土概念により再解釈された野外教育の原理と明文化，野外教育研究，第20巻第1号，1-11.

27）土方圭，張本文昭（2023）：メルロ＝ポンティの身体論を手掛かりとした野外教育における「体験」，野外教育研究，第26巻，21-44.

28）土方圭，張本文昭（2023）：体験概念の整理に基づく野外教育の再定義，野外教育研究，第26巻，45-54.

29）大石康彦（2007）：日本型野外教育を考える，野外教育研究，第11巻第1号，31-36.

▰▰ さらに学びたい人のための参考文献

・井村仁（2006）：わが国における野外教育の源流を探る，野外教育研究，第10巻第1号，85-97.

・信濃教育会出版部編（1988）：信州総合の源流 - 淀川茂重『途上』から生活科・総合的な学習へ -，信濃教育会出版部，長野.

・菊地俊郎（2014）：ウェストンが来る前から山はそこにあった，信濃毎日新聞社，長野.

自然を源泉とする教育・学びの全体像を捉える

ここまで野外教育の歴史や現状そして課題について考えてきた．野外教育は，詳細な言語化に基づく説明知としてより，実学・実践知として経験的に継承される傾向にあった．したがって野外教育とは何であるかについて，その定義などは各研究者や実践者によって緩やかに認識されてきているため，学問分野として確立が十分になされている状況とはいえない．

本章は，そのような野外教育を学問分野として説明し広く周知するために，その全体像について検討し，野外教育学の構築についての可能性を探り，体系を示そうとするものである．なお，その内容は，土方と張本による一連のシンポジウム，発表，研究を整理した成果である[1-6]．

1．自然とひとの体験的関係から構想される野外教育学

振り返ってみると，野外教育は自然を手段・道具とする教育と捉えられる傾向にあった．しかし，自然と人間の関係という点に向き合うならば，人間の存在そのものにかかわる深遠な学問分野でもある．

ところで，この分野の代表的な学術団体である日本野外教育学会は 1997 年に設立され，そのキーワードを「自然・ひと・体験」としてきた[7]．これらのもとに皆が集まり，研究や実践が行われている．そこには，ひとが自然と体験的な関係を結ぶことにより生じる学びへの注目があり，その関係は自然と相互作用する人間のあり方に由来するものである．1 章でもふれたが，野外教育は，文化的，社会的そして何よりも身体的（生物的・動物的）な存在として，自然環境と常にさまざまなかかわりをもつ「人 or ヒト」「人間 or ニンゲン」の「学」なのである．

2. 野外教育の学問体系の構築

1）野外教育学の体系化の必要性

　野外教育が社会で広く認知され多くの人々がかかわるようになるためには，野外教育とは何かや，野外教育の指導者を目指す場合に何をどのように学べばいいのか，といったことが明確に示される必要がある．野外教育という営みが学問として成立していることを証明し，また，人間にとってどのような価値をもつのかについて明瞭な説明が必要になる．そして，本来であればそれらを整理した学問体系が提示されていなければならない．

　他方で，野外教育は自然の多様性や体験の多義性という臨床的・実践的な特徴によって体系化が遠ざけられてきた．しかしながら，この分野のさらなる発展のためにも，体系化を遠ざけるという難題を抱える野外教育学の体系化について前進させる必要がある．

2）学問体系とは

　鈴木[8]は学問体系の特徴として，①体系性（筋道がすっきりと通っているという意味），②網羅性（偏ることなく扱われるべきすべてのテーマを均等に論じている），③完結性（それがすべてであるということが不可欠），であるとしている．また，広辞苑第6版において体系とは，①個々別々のものを統一した組織そのものを構成する各部分を系統的に統一した全体，②一定の原理で組織された知識の統一的全体，③ソシュールの用語，ある特徴を共有しながら相互に異なる要素の集合，音素，語の意味などは体系をなす，とされている．

　つまり体系化とは，系統的に整理し全体としてまとまった機能を果たすための組織化を行うことであり，野外教育学としてこれらを具現化する必要がある．

3）これまでの野外教育の体系化

　野外教育の体系化については，日本野外教育学会でも設立当初からその必要性が叫ばれてきた．初代会長の江橋慎四郎[9]は学術誌『野外教育研究』において，野外教育がさらなる発展を遂げるためには，①野外教育の明確な概念規定や定義付けがなされ，②それにより野外教育を媒介として人々の間に特定化された領域，価値，具体的内容等について一定の共通理解が生まれ，③現実の問題を解決する

道具として機能する必要がある，としている．また，同学会名誉会長の飯田稔[10]
は，第14回大会基調講演において，①分野としての定義，②分野に固有の特性，
③身に付けるべき基本的要素，④成果の評価方法を整備することが体系化には欠
かせないとしている．同大会ではシンポジウム[11]をはじめとして「野外教育の体
系化」がテーマになっていたが，その後の継続的な議論はなされていない．

　ところで，多くの実践者や研究者は，野外教育（学）をどのようなものとして
学び理解してきたのであろうか．そこで，国内の野外教育の教科書的な位置づけ
にある書籍として『野外教育の理論と実践』[12]の内容を取りあげてみたい．

　○野外教育の考え方，歴史　⇒　定義，概念，歴史，意義，目的（1〜2章）
　○野外教育の効果　　　　　⇒　効果，評価（3章）
　○実践内容，教育方法　　　⇒　内容・方法の紹介（4〜16章）

　同書を紐解くと，1〜3章までが「野外教育の考え方・歴史・効果」という内容
で，以降は教育の内容や方法の紹介となっている．ここでは実践の背景を支える
理論に関する内容は全16章のうち3章にとどまっている．野外教育の定義や目
的等についてふれられてはいるものの，学問分野の全体像を体系的に描き出すに
は至っていない．

　このように学会の状況や関連書籍からも野外教育（学）の体系化については道
半ばということがうかがえる．

4）近接領域にみる学問の体系化

　自然にかかわる教育実践という共通性をもつ環境教育では，近年，学問分野と
して体系化を目指す機運が高まっている．鈴木[8]は，環境教育の「学」としての
構築のためにはその体系化が必要であるとしている．また，環境教育の教科書を
分析した今村[13]は，その構成内容を以下の5つに整理し，なかでも①と②，③
と④がそれぞれ同じ枠組みに入っていることが多く，⑤は関連学について幅広く
扱っていると解説している．この分類は先に紹介した現状の野外教育のカテゴ
リーと類似している．

　①教育理論領域：環境教育の理念・定義・目標
　②教育史領域：国際的国内的な環境教育の歴史
　③教育方法論領域：教育実践の方法やカリキュラム，プログラム，評価方法
　④教育実践事例領域：国内外の実践事例を報告・紹介

⑤環境関連学領域：実証主義的な環境科学をベースとしたアプローチ

さらに同書では「International Hand book of Research on Environmental Education（2013）」という環境教育研究の手引き書の内容と比較しながら，日本の教科書で欠落しているのは，領域を拡大する部分と哲学的なパースペクティブであると結論づけ，それらを総じてメタ理論の不在としている．今村は，環境教育で「学」理論を構築するそもそもの理由について，理念や定義について根源的な問いを共有することと，環境教育が前提としてきたさまざまな概念まで根本的に問い直し，それにより境界を押し拡げることとしている．そこにはメタ理論研究の少なさや，教育実践研究と環境問題を扱う実証主義的研究への偏重が根源的問いを差し挟むことができない（発展を阻害する）状況があるという．このような現状の打破が，環境教育自体とその前提条件を根源的に問い直すための環境教育「学」構築の動機へとつながったのである．

ちなみに，今村[13]は，この環境教育「学」について，環境教育「研究」や環境教育「論」と区別し，表3-1に示すようにまとめている．そして繰り返しになるが，特に環境教育実践や環境教育研究ならびに環境教育論への反省的方向づけや自己言及性（哲学的態度）が「学」には欠かせないとしている．

野外教育学の体系化・全体構想を進めていくうえでも，反省や自己言及をもたらすメタ理論は不可欠であり，学問分野としてさらに発展していくためにはきわめて重要な要素といえる．

▌3．越境する学際領域としての野外教育学

学問の体系化を進める際の障壁として学際性をあげることができる．人文・社会・自然科学等を横断する野外教育においては，研究アプローチ1つにしても異

表3-1　研究・論・学の区分について（今村[13]より作表）

研究	：一篇の論文など，研究テーマと内容が限定的で比較的簡潔にまとめられた研究成果
論	：全体を網羅してはいないが，ある一定の見地から広く環境教育についての考察をまとめたもの
学	：政策や政治から一定の距離を置いた自律的な総合的学問であり，「科学」「教育哲学」「実践学」から構成される．

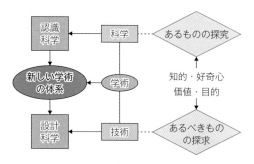

図3-1　認識科学と設計科学

（日本学術会議新しい学術体系委員会（2003）：新しい学術の体系－社会のための学術と文理の融合－,
対外報告書要旨,（https://www.scj.go.jp/ja/info/kohyo/pdf/kohyo-18-t995-60-2.pdf, 参照日：
2024年1月10日））

なる認識論がその根底に存在する．このことが体系化の基準設定を難しいものに
している．ここでは，まず学際性についての検討を行う．

1）野外教育学の体系化は可能なのか

（1）新しい学術体系

　日本学術会議新しい学術体系委員会[14]は，これからの科学の新しいあり方に
関する試論として，認識科学と設計科学という大きな枠組みを設けて説明を試み
ている．認識科学をあるものの探究（ありさまの検証）とし，設計科学をあるべ
きものの探究（ありようの検証）として技術や価値，目的と関係する営みと解説
している．認識科学は伝統的な科学であり，他方，設計科学は目的や価値を正面
から取り込んだ新しい科学として価値を創造する（図3-1）．また，設計は人間
のためものであり，その研究対象は人工物システムになるという．この人工物シ
ステムは人間の全体性を現すもので，認識科学とは異なり分野の横断を志向する．
新しい学術の体系には認識科学と設計科学の融合が不可欠であり，それらは車の
両輪となっている．

　また，新しい学術の体系は「文」と「理」に共通する秩序原理という新しい概念
を通して構築され，いわゆる従来の「文」と「理」という区分には依存しない．3
つの秩序原理は，おおむね認識科学における対象の違いに対応している．1つ目
の法則（近代科学の原型）は不変であり，2つ目の信号性プログラムは生物界で
物理法則と直接1対1で結びつき機能する信号（シグナル）が秩序となっている．

表3-2　秩序原理と対象・認識科学の関係（日本学術会議新しい学術体系委員会[14]より作表）

秩序原理	法則(不変)	信号性プログラム	表象性プログラム
対　象	物質界	生物界	人間界
認識科学	物質科学	生命科学	人文・社会科学

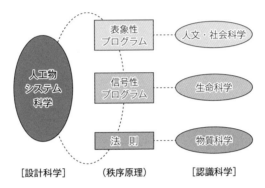

図3-2　「秩序原理」という概念を通しての新しい学術の体系の構築
（日本学術会議新しい学術体系委員会（2003）：新しい学術の体系−社会のための学術と文理の融合−，対外報告書要旨，（https://www.scj.go.jp/ja/info/kohyo/pdf/kohyo-18-t995-60-2.pdf，参照日：2024年1月10日））

　そして，3つ目の表象性プログラムは人間界において物理法則とは無関係に機能するシンボル（言語・記号など）が秩序となる（表3-2）．

　物質界，生物界，人間界は階層構造をなしており，上位の世界の秩序原理は下位の世界の秩序原理に制約を受ける．また，これらの認識科学の秩序原理は設計科学の秩序原理でもある．ただし，設計科学はそれぞれのドメインに限定された対象をもつわけではなく，3つのドメインのどれにもかかわる人工物システムを対象とする（図3-2）．設計は，不変の法則と可変のプログラムを組み合わせることによって目的を達成し，価値を実現するきわめて人間的な行為である．設計科学はそのための合理的な基盤を与える「人工物システム科学」である．

（2）新しい学術体系からみた野外教育学

　野外教育学を新しい学術体系にあてはめてみると，主な研究対象を人間界と生物界そしてそれらの境界領域とし，設計の科学としての要素が強いことがわかる．つまり，人間界・生物界・物質界を横断的に対象とするきわめて学際的な人工物システム科学といえる．

表3-3　体系化に必要な3要素（鈴木[8]より作表）

体系性：筋道がすっきりと通っているという意味
網羅性：偏ることなく扱われるべきすべてのテーマを均等に論じている
完結性：それがすべてであるということ

（3）野外教育における体系化を阻む要因

　野外教育「学」は社会的背景などで変動し得る表象性，信号性プログラムに依拠するきわめて分野横断的で学際的な領域である．加えて，自然の多様性や体験の多義性などを前提にしており，価値に影響を与え変動させる可能性を多く含んでいる．このような特徴は，先にふれた体系化に必要な3要素（表3-3）と根本的に齟齬が生じてしまう．果たして，これらの諸条件を満たし，野外教育学の体系化を進めることは可能なのであろうか．

2）野外教育学の体系化という試み自体を問う

　野外教育学はさまざまな科学的検証対象をもつ分野横断的・学際的領域であり，また，自然の多様性や体験の多義性などが特定の枠の設定を退けていることをこれまでに述べてきた．一方で，体系性・網羅性・完結性とは枠の存在により外部との差別化を必然とするものであり，野外教育学を構築していく場合には，まず枠の設定が必要となる．次節では，それが可能であるかを検討する．

4．野外教育学の全体構想への歩み

　日本野外教育学会第21回大会（2018年）の「野外教育学研究法」分科会において大石[15]は，野外教育学の体系化について，他と区別する枠ではなく皆が関係可能でオープンな軸の適用を提案している．枠は排除の原理を招き，軸は集いを促す．この発想の周辺に野外教育学の発展を担保しつつ，さらに全体を描き出す可能性を見出すことができるのではないだろうか．

1）プラットフォーム原則という発想から野外教育学を構想する
（1）体系化に代わって領域を整理する新たな視点

　今村[13]は，環境教育学の構築に際して留意すべき点として，環境教育の非体

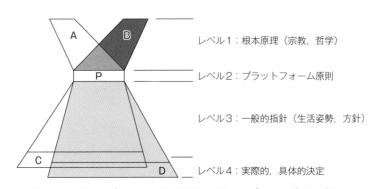

A

B

P

C

D

レベル1：根本原理（宗教，哲学）

レベル2：プラットフォーム原則

レベル3：一般的指針（生活姿勢，方針）

レベル4：実際的，具体的決定

図3-3　ディープ・エコロジー運動におけるエプロン・ダイアグラム
（アラン・ドレングソン，井上有一編（2003）：ディープ・エコロジー－生き方から考える環境の思想－，
昭和堂，京都，43）

系性・非網羅性・非完結性を分野の特徴・前提とすることと，非体系性を認識しつつアイデンティティを共有するという2点を強調している．そして，これらの点に考慮しながら，環境教育のプラットフォームの構築を試みている．このプラットフォームという発想は，ディープ・エコロジー運動のアルネ・ネス（Arne Næss）のプラットフォーム原則を援用したものである．

①プラットフォーム原則

　プラットフォーム原則とは，非体系性を前提としながらも，そこにかかわる人々がある程度まで共有しておかなければならない認識という理解である．活動に関係する者の共通の基盤といってもよい．

　アルネ・ネスは，宗教や哲学などの人間としての根本原理が異なっても，エコロジー運動において協働できるようにプラットフォーム原則という基本同意事項を軸にしたエプロン・ダイアグラムを考案した（図3-3）[16]．この運動の説明モデルにおけるレベル1は，個々人が有する信条や価値観（宗教や哲学など）であり，これは譲歩が困難な人間的基盤である．そしてレベル2がプラットフォーム原則（基本合意事項）で，これが共通の基盤となり，これ以外のレベルの営みの多様性を保証している．具体的にはレベル3はレベル4の行動や判断のもとになる方針（生活指針や計画の方針等）で，レベル4は実際の行動や判断となる．

　このプラットフォームという考え方は，排除ではなく広く包含し境界を押し拡げるために，多種多様な人々に開かれた活動に不可欠な合意形成のモデルとして提示されている．

②エプロン・ダイアグラムの環境教育への援用

今村らは，このエプロン・ダイアグラムを参考に環境教育学の全体構想試論を提示している．非体系性を前提としつつ領域の境界を押し拡げるべくプラットフォームの導入が提案され，「実践を支える」学理論のイメージが表現されている．

体系化という発想による枠策定に限界がみえた野外教育学の構築について，このプラットフォームという発想を援用しながら，さらに検討を進めることとする．

（2）野外教育のプラットフォーム原則

野外教育学の全体構想の軸となり得るプラットフォーム原則であるが，アルネ・ネスらは「公開の場における自由な議論を通じ一定の合意を得た基本的な原則で構成」されるとしている．この点に留意しながらプラットフォーム策定の可能性を具体的に検討する必要があった．そこで，公開の場での議論に提出する原案として，多くの実践者・研究者に認知されている基本的な共有事項を候補としてあげた．1つは野外教育学会のキーワード「自然・ひと・体験」であり，もう1つは野外教育の「定義」であった．

（3）プラットフォーム策定のための野外教育の再定義

2つのキーワードを専門家討議により吟味したところ，「自然・ひと・体験」は原則の要素になることは間違いないが，イメージとして採用されたキーワードであるため詳細な情報量が少なく，プラットフォーム原則としての採用は難しいとの結論に至った[6]．そこで，もう一方の野外教育の定義について概観し，プラットフォーム原則を導き得るのかについて検討した．

①野外教育の定義を概観する

表3-4　再解釈で検討の対象にした野外教育の定義

年	著　者	定義または，その出典等
1943	シャープ（アメリカ）	"outdoor education" 訳語「野外教育」[12]
1957	全米体育・レクリエーション協会（AAHPER）	野外教育の定義
1958	ドナルドソン（アメリカ）	野外教育の定義 "in・about・for outdoor"
1987	江橋慎四郎	野外教育の理論と実際 "in・about・for・by outdoor"
1996	中央教育審議会	青少年の野外教育の充実について
2011	自然体験活動研究会	野外教育の理論と実践

（土方圭（2016）：風土概念により再解釈された野外教育の原理の明文化，野外教育研究，第20巻第1号，1-11）

　土方[1]は野外教育における野外概念の再解釈をおこなうプロセスで，野外教育の定義について概観している．そこでは表3-4に示した定義が対象となった．

　ここでの各定義における野外は，総じて戸外や自然として扱われる傾向にあった．人間と不可分にかかわり合う自然というよりは，教育の手段・道具，あるいは物理的な場所として自然を位置づけるものと解釈することができた．この野外の手段・道具・物理的場所としての扱いは，抽象的で具体性のない，生活と切り離された不特定な自然や無味・無臭の空間といった印象をもたらしている．

　②野外教育に旧くて新しい視点を

　これと関連して，近年の野外教育の定義や意義に関する研究動向では，野外教育を非日常や抽象的な自然とのかかわり，そして手段・道具として捉えない視点が見受けられる．それらは，人間と自然の関係性に着目し，意識的にも無意識的にも価値を付与された，場所，地域，自然等と人間とのかかわりと捉えている．他方，教育という観点からは，多様な教育の実施形態（フォーマル，ノンフォーマル，インフォーマル）による全生活的営みであり，意図的にも無意図的にも学びが生成するという特色をもつ教育との解釈が認められる．つまり野外教育を「意図的で非日常的，フォーマルな教育」としてだけではなく「無意図的で日常的，ノン or インフォーマルに自然と広くかかわる学び」としても考えているのである（表3-5）．

　言い換えれば，これらの研究は，生物として意図せずとも自然と交感する日常性を視野に入れており，身体と自然の相互作用を必然とする生態学的な存在としての人間への着目といえる．ここでいう生態学的な存在とは社会的・文化的・身体的（生物的・動物的）に環境と相互にかかわる存在という意味である．

　③生態学的な野外教育

　そもそも野外教育の存在価値は「現代社会における自然や人間の自然性の減少」

表3-5　自然との相互作用や無意識の日常性を前提にした研究例

著　者	研究内容
高野	地域に根差した教育（Place-Based Education）[17]
前田	場所に感応する野外教育[18]，暮らしなおしの野外教育[19]
土方	風土による野外概念の再解釈，明文化[1,2]
張本・土方	野外教育の教育について教の要素：意図的教育，育の要素：無意図的[3]
大石・井上	野外教育の領域概念　フォーマル・ノンフォーマル・インフォーマルという教育形態[20]

により高まった．日常から姿を消しつつある自然および自然性のもつ人間へのさまざまな効果を非日常的な教育をもって回復しようとしたことが野外教育隆盛の大きな要因であった．ところが，自然は本来，非日常的で抽象的なものではなく，人間が生活を通して日常的にかかわる具体的な「生活的自然」としての広がりをもっている．加えて，人間の身体は意識や理性以前に，そして歴史的にも自然と交感し，循環的ループを形成し，相互に日常的に作用しあってきたと考えられる．

　そうであるならば，長い年月をかけて豊かな自然により醸成されてきたわが国の生活や文化，そして自然観や世界観には，日常的な自然との相互的かかわりに有効な芽が残されているはずである．

　④野外教育の再定義

　野外教育学の全体構想を推進するためには，上述①〜③の国内における野外教育を取り巻く状況を踏まえながらその定義を再提案し，それをもとにプラットフォームを策定する必要がある．そこで具体的な手続きとして，人と自然の体験的関係という観点から，身体性に着目して体験の分析を進めた．この手続きについては土方・張本[4,5]に詳しい．これらの研究では，文献学的手法，専門家討議，複数回のアンケート調査が行われた．

　その結果，表3-6 に示した本文と付記からなる定義が提案された．結果として，日常と非日常を隔てることのない自然へのかかわりが反映された野外教育の定義となった．

　⑤野外教育の再定義に基づいたプラットフォーム原則

　プラットフォーム原則を策定するために，日本野外教育学会第25回大会（2022

表3-6　再定義された野外教育

〈本文〉
「野外における直接体験を通した学びを生起させる社会・文化・歴史的な営みで，自然を源泉とする」
〈付記〉
野外：自然環境のみならず風土性を帯び，現代的価値観から外に出ることを含む
直接体験：その環境や状況における身体を介した関わりを基本とする
社会・文化・歴史的な営み：長き人類史におけるさまざまな教育と学びの形態を示す
自然：生命の根源となる多様な自然は偶発・不確実でもあり，持続可能や幸福の前提である

（土方圭，張本文昭（2023）：体験概念の整理に基づく野外教育の再定義，野外教育研究，第26巻，45-54）

表3-7　野外教育のプラットフォーム原則

源泉としての自然に帰属：
　環境・生命・人類などの要素と関連し，人間という存在の前提を守る（環境保全）ベクトルも含まれる．

身体を介した直接体験：
　感性・身体などの言語化以前の身体的・感性的「生きられた世界」「生成」等も視野に入れている．間接的な体験（たとえば教室での学習等）も直接体験を見据えつつ実施する必要がある．

多様な教育・学び：
　多様な教育形態などに関連し，学びの源泉となる自然は多様（生成，未価値，厳父慈母，能動・受動，日常・非日常，hidden curriculum, incidental learning, 学校で・家庭で・社会で，文化として）であることに端を発している．

年）自主企画シンポジウムにて，先の野外教育の定義に基づいた原案を提示し公開の討議を行った[6]．その結果，皆が共有し集うことが可能な基本同意事項＝プラットフォーム原則が決定された（表3-7）．

2）野外教育学の全体構想

　ここからは，ディープ・エコロジー運動におけるエプロン・ダイアグラムを援用した今村らの構想を参考に，先の野外教育の定義とプラットフォーム原則を含めながら野外教育の全体構想について検討する．

（1）全体構想における実践，理論，メタ理論の階層性

　今村[13]は学問分野に特徴的な理論（一般的な理論：実践理論や知識体系など）と，それをさらに俯瞰した視点から分析し，刷新し，さらに領域を押し拡げていくメタ理論の必要を訴え，それぞれの位相と関係をまとめている（表3-8）．今村らの環境教育における全体構想は，これらメタ理論，理論（この2つで学理論），実践という位相を反映し，Ⅰ（実践）とⅡ・Ⅲ（学理論）の間にプラットフォーム原則を設置している．

　野外教育の全体構想は，これらを参考に検討された．特にⅠの実践がプラットフォーム原則に則しつつ，実践の教育目標や活動指針も基本同意事項に則って設定できるということを明示するために，目標や指針の位相をプラットフォーム原則とⅠの実践の間に設けた．これによってプラットフォーム原則は，野外教育の実践者がこの原則に意識を向けながら，ある程度の幅をもって活動指針や教育目

表3-8　環境教育の実践と研究の位相

Ⅰ：実践レベル
一般化・法則化①↓↑②理論（法則の普及）
Ⅱ：理論レベル ……………………………（Ⅰを含めて，研究・論）
理論の哲学化③↓↑④他の理論の応用⇔他の思想
Ⅲ：メタ理論レベル …………………………（Ⅱも含めて，学理論）
①～④はそれぞれの位相間の相互作用を表す．

（今村光章編（2016）：環境教育学の基礎理論，法律文化社，京都，10）

標を設定できることを明示できる．また，それと同時に，この「意識を向ける」プロセスが実践に向かう指針・目標への反省を促す機会にもつながる．

　この構想により，広範で分野横断的な学際領域といえる野外教育に関係する諸学問を整理することが可能であり，それらが基本的同意事項の示す軸に則った野外教育実践を確かに支えていることが可視化される．野外教育学の体系化という当初の主旨を新たな視点から実現するものといえる．

（2）野外教育学の全体構想（図3-4）を構成する要素

　環境教育学について今村[13]は，政策や政治から一定の距離をおいた自律的な総合的学問であり，科学・教育哲学・実践学から構成されるとしている．野外教育学においては，その語が示すところに従い，野外（自然）の学と教育（哲学）の学，そして科学を中心に構成されることになる．

　野外教育の実践に関する書籍[12]との比較・検討や専門家討議を経て，それぞれが広範な学問分野と関連する以下の内容が導き出された．

　①基礎理論（野外学，教育学，自然科学）：位相4

　この基礎理論は位相5のメタ理論からの刷新圧に常にさらされることになる．これにより学問分野の自己言及性や反省が担保されるのであり，したがって，この先，内容が更新されていく可能性が十分にある．

　ア　野外学について

　野外学は，環境学，生物学，森林科学，地理学，農学，各種人類学，人間学，身体教育学等といった環境・生物・生命関連の科学と，それらとともに設計科学の要素となる人文・社会科学という広範な知見から構成される．

　他方で，全体構想に特徴的な方向を与える核となる内容は，狭義の野外学として，進化学や生態学，自然における体験と密接に関係する身体論や風土論等から

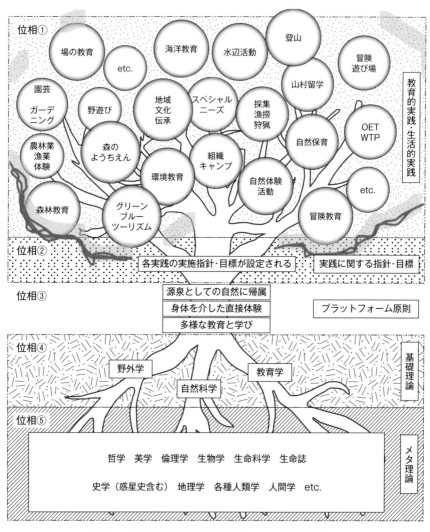

図3-4　野外教育学の全体構想図：シン・野外教育の木

位相１：教育的実践ならびに具体的生活実践，位相２：各実践に関する指針および目標，位相３：プラットフォーム原則（基本的同意事項），位相４：基礎理論（野外学（自然に関する学問），教育学，自然科学），位相５：メタ理論（一般理論を常に刷新する可能性を拓くために），位相４と５で学理論を形成．

なる．これらの構成要素は人間と自然の相互作用をメタフォリカルに示す「生態学的」というキーワードで貫かれる（詳細は4章参照）．

　イ　教育学について

　教育学は，広く一般教育史，一般教育理論，全人的教育等にまで及ぶ．

　他方，野外教育に特徴的な内容を示す狭義の教育学は，隠れたカリキュラム（hidden curriculum），偶発的な学び（incidental learning），対象・実施形態の広がり（学校教育に偏重しない，社会教育，家庭教育等）や体験学習理論といったものになる（詳細は5章参照）．

　ウ　自然科学について

　上述の野外学と教育学にも深く関係し，それらを扱ううえで秩序となる法則の理解等が含まれる．また，科学・テクノロジーと体験等の考察についてもふれる（科学哲学）．科学や科学技術は現代社会・学問において欠かせないものであり，日常における行動にも科学的な視座が大きな影響をもつ．

　基礎理論の重要な構成要素であり，同時に，野外教育では体験とテクノロジーの関係などが教育実践の根幹に直接的に影響を及ぼすため，自然科学は常に反省の対象となる必要がある（詳細は6章参照）．

　②メタ理論（一般理論を常に刷新する可能性を拓くために）：位相5

　メタ理論は，上述の野外学・教育学・自然科学という一般理論を根底でささえ，領域を拡張し，それらを刷新する可能性を担保している．

　このメタ理論は，野外教育の定義や，そこから策定されたプラットフォーム原則に拠って設けられる．それは「人間は自然の一部である」や「野外教育の教育的源泉は自然」等であり，さらには「学問は常に反省が加えられ刷新される必要がある」というメタ理論が存在する前提条件などから導かれている．

　具体的には，生物学，生命科学，生命誌，宇宙・地球史を含む歴史等（7章参照），各種人類学（8章参照），倫理学，哲学，美学，人間学等（9章参照）となる．当然これらに限ったものではなく，広範な教養・知見がメタ理論として機能する可能性をもつ．

　③野外教育学理論（基礎理論＋メタ理論）：位相4と位相5そしてその往還

　上記①の基礎理論と②メタ理論の往還が野外教育の学理論（位相4・5）となる．プラットフォーム原則に則った野外教育実践を理論的に支えると同時に，境界を拡張し常に刷新していく．

　たとえば，土方・張本[4]では，体験学習理論の無反省な適用について疑義を呈し，自然や身体を源泉とする生成性や未価値性をメタ理論として体験学習理論に向けることにより省察を行った．これによりメルロ＝ポンティ（Maurice Merleau-Ponty）の主張，すなわち言語に先行する，「生きられた世界（le monde vécu）」を尊重する必要を示すことができた．つまり，体験学習サイクルにおける言語化による振り返りが常に妥当とは限らないということである．

　以上のように，野外教育において広く普及しているようにみえる体験学習理論も反省の対象となった．メタ理論＋基礎理論＝学理論という関係性が発揮された例であり，このような着想や手続きによって野外教育の開放性や流動性が保障されるとともに，領域を刷新し押し拡げることが可能になる．

　また，2章では野外教育の再定義を受けて，わが国の野外教育を歴史学的な視点から読み替え（再解釈し）ている．これも，哲学的かつ歴史学的な訂正の試みで，これによりわが国の伝統的な教育に対して境界の拡張が起こったといえる．

④プラットフォーム原則：位相3

　先述のとおり，野外教育のプラットフォーム原則（基本同意事項）は「源泉としての自然に帰属」「身体を介した直接体験」「多様な教育・学び」である．

⑤教育的実践ならびに具体的生活実践（位相1と実践の指針および目標）：位相2

　プラットフォームによる基本的同意事項を原則とする各実践の方針，目標，生活の指針等（位相2）が示され，それらに基づくさまざまな教育実践（位相1）が行われる．

▌おわりに

　本章でこれまで述べてきたのは，現時点での自然を源泉とする教育・学びの全体像の概要であり，それを捉えるためのプロセスであった．各理論の詳細は，4〜9章を参照いただきたい．

　また，野外教育の理論について触れてきたが，当該分野における実践性や臨床性の重要性については論をまたない．そこで，全体構想を臨床性や実践性から指向する補助線として，11〜13章に「理論と実践の往還に向けて1〜3」と，そしてガラパゴス化・ひとりよがりを防ぐために文化の異なる枠組みにおける野外教育についてもふれる「10章　ノルウェーとアメリカの野外教育−比較文化論的考

察-」も設けた.

　野外教育学の体系化を目指して始まった試みであったが，枠による排除ではなく軸による参集という，野外や自然の開放性を保障する形態での整理に落ち着いたと感じている.

　しかしながら，繰り返しになるが，これらは常に刷新や訂正の可能性に拓かれているということを最後に申し添えて本章を終えたい.

📖 注・文献

1）土方圭（2016）：風土概念により再解釈された野外教育の原理の明文化，野外教育研究，第20巻第1号，1-11.
2）土方圭（2016）：野外教育における「野外」概念の再解釈-風土概念を手がかりとして-，第19巻第1号，14-26.
3）張本文昭，土方圭（2016）：「教育」および「体験」に関するレビューと野外教育における課題と展望，野外教育研究，第19巻第1号，27-40.
4）土方圭，張本文昭（2023）：メルロ＝ポンティの身体論を手掛かりとした野外教育における「体験」，野外教育研究，第26巻，21-44.
5）土方圭，張本文昭（2023）：体験概念の整理に基づく野外教育の再定義，野外教育研究，第26巻，45-54.
6）土方圭，張本文昭（2022）：野外教育学を体系化する試み（その4）-プラットフォームの構築と野外教育学の展望-，日本野外教育学会第25回大会.
7）日本野外教育学会は1997年10月に総会の開催をもって設立された．設立趣意・学会の歩み，（https://joes.gr.jp/?page_id＝272，参照日：2024年1月10日）
8）鈴木善次（2016）：環境教育学原論-科学文明を問直す-，東京大学出版会，東京.
9）江橋慎四郎編著（1987）：野外教育の理論と実際，杏林書院，東京，43-44.
10）飯田稔（2012）：野外教育の定義と体系化，野外教育研究，第15巻第1号，1-10.
11）星野敏男，佐藤初雄，佐藤豊（2012）：野外教育の体系化-その分化と統合について-，野外教育研究，第15巻第1号，11-15.
12）星野敏男，金子和正監修，自然体験活動研究会編（2011）：野外教育の理論と実践，杏林書院，東京，1-11.
13）今村光章編（2016）：環境教育学の基礎理論，法律文化社，京都.
14）日本学術会議新しい学術体系委員会（2003）：新しい学術の体系-社会のための学術と文理の融合-，対外報告書要旨，（https://www.scj.go.jp/ja/info/kohyo/pdf/kohyo-18-t995-60-2.pdf，参照日：2024年1月10日）
15）大石康彦（2018）：日本野外教育学会21回大会「野外教育学研究法」分科会.
16）アラン・ドレングソン，井上有一編（2003）：ディープ・エコロジー-生き方から考える環境の思想-，昭和堂，京都.

17）高野孝子（2013）：地域に根ざした教育の概観と考察－環境教育と野外教育の接合
領域として－，環境教育，第23巻第2号，27-37．

18）前田和司（2016）：「場所に感応する野外教育」は何を目指すのか－「地域に根ざした
野外教育」の理論化を見すえて－，野外教育研究，第19巻第2号，1-13．

19）前田和司（2019）：森林教育の担い手の現在，森林学会第130回大会号，749．

20）大石康彦，井上真理子（2019）：野外教育の領域概念－生涯学習を視座として－，日
本野外教育学会22回大会号，58．

さらに学びたい人のための参考文献

・日本学術会議運営審議会新しい学術体系委員会学術の在り方常置委員会・科学論の
パラダイム転換分科会（2003）：人間と社会のための新しい学術体系，（https://www.
scj.go.jp/ja/info/kohyo/18pdf/1828.pdf，参照日：2024年1月10日）

・アラン・ドレングソン，井上有一編（2003）：ディープ・エコロジー－生き方から考
える環境の思想－，昭和堂．京都．

野外教育における野外学
－野外教育の基礎理論１－

　３章では学問分野としての野外教育学の必要性やその全体像について検討した．その結果，主に人間と生物を横断的に対象とする学際的な領域であり，人間にとっての価値を創出する設計の科学としての特性が浮かびあがった．

　本章では，そのような全体像や特性をもつ独自の学問分野としての野外教育学に対して，その価値に関する方向性を与える野外学について検討を試みる．

1．野外とは何か

　新たな野外教育の定義「野外における直接体験を通した学びを生起させる社会・文化・歴史的な営みで，自然を源泉とする」[1]や日本野外教育学会のキーワード「自然・ひと・体験」[2]が示すように，野外教育学は自然に基づく，自然に関連した学問分野といえる．しかし，このままでは分野の対象として視野に入れなければならない学問内容の範囲は広大である．そのため，野外教育の教育（基底詞）という営みに対して方向を与える限定詞「野外」とは何かについて検討することで，その対象をある程度絞り込み明確にしていく．

1）交感する・かかわるという視点

　先に述べたように，３章の新しい学問体系から野外教育をみると，人間界と生物界そして一部の物質界を横断的に対象にしている．そして，この新しい学問体系の秩序原理，対象，認識科学のそれぞれの対応関係については，**表4-1**[3]に示したとおりである．これらの要素は「物質＝法則，すなわち実体」から「生物・生命＝プログラム，すなわち関係」さらに「人間・社会＝表象，すなわち関係の間接化・複雑化」というように，それぞれの位相の違いと移り変わりを実体と関

表4-1　「新しい学問体系」の構成要素間の関係性

秩序原理	法則(不変)	信号性プログラム	表象性プログラム
対象	物質界	生物界	人間界
認識科学	物質科学	生命科学	人文・社会科学
関係要素	低・単純化「モノ」	← 関係性 →	高・複雑化「コト」

（日本学術会議新しい学術体系委員会[4]より作表）

係の概念を用いて説明することができる．つまり，野外教育を構成する要素は，物質的な要素はそれを成立させる要因にはなるものの，生命・生物ならびに人間をはじめとする要因により，かかわりへの注目が不可欠になってくるのである．

2）モノとしての野外とコトとしての野外

　野外教育における野外という用語は，長らく自然とほぼ同義として扱われ，たとえば，○○連峰，□□海岸といったフィールドや各種の動植物など，主に教育の手段や道具となりうる物質界における「実体」として理解される傾向にあった．土方[4]はこのような野外≒自然≒実体・モノという解釈に加えて，ハイデガー（Martin Heidegger）の存在論や和辻哲郎の風土論から野外という概念の捉えなおしを行った．そして，野外を現代的価値から外に出るや自然に曝されるという関係，つまりコトの概念を付加した用語として再解釈した．これにより野外という概念に，現代的価値から距離をとるコトや，自然に曝され・交わり・交感するコトという関係性の側面が強く見出された．この試みにより，物質的・モノとしての意味合いが強かった野外概念に対して，人間にとっての価値として，教育的な意義の主張を可能にするなど新たな視点を提供することとなった．加えて，人間という存在（実存）が自然と深く結びついている関係性の再提示にもつながった．

2．野外学を構成する要素

　野外学は広く自然に関する知から構成されるだろう．前節での野外という概念の新たな解釈や，分野横断的な野外教育の特徴から，モノ・実体としての自然科学的「自然」のみならず，それと相互作用する人間を含んだコト・関係についての内容に注目する必要がある．

　つまり，野外の学の基本は，自然と人間のかかわりにあり，それも現代的価値

から外に出た，すなわち文化的・社会的な存在としての人間に収まらない，自然とかかわり・交感する生物（動物）としての人間を中心に据えた学問となる．

1）自然との有機的・相互作用的な関係に関連した学問

自然とのかかわりは，具体的には主体としての人間（生命性や生物性も視野に入れた人間）とそれらを囲み相互に作用する自然環境（環世界：9章参照）が対象となる．つまり自然との有機的な関係の要素（コト）に連なる内容が対象となる．

では，具体的にはどのような内容が野外学の学問的な基礎をなすのであろうか．手掛かりの1つとして，体系的な学問分野の網羅を期待できる文部科学省公表の2023年度高等教育機関の学科系統分類[5] と，同じく2023年度科学研究費区分表[6] に注目したい．これらは，社会に存在する学問分野について分類・整理した資料である．日進月歩で進む自然科学をはじめ，定期的にその内容が更新される．

野外学は広く自然に関する知から構成されるため，これらの分類における生物学や農学，生命科学や惑星科学等の基礎となる物質科学的知見（モノや実体に関する知見）は重要な要素である．しかしながら，野外教育実践における優先度は低くなり，優先される知はコトに関連する知見となる．

したがって，野外学を構成する内容を選択する基準としては，先の野外概念の検討からも「自然環境そして人間に関連する分野で，さらにそれら構成要素が生命性や生物性といった有機的な関係（コト）を前提とする領域」といった視点とすることが妥当であろう．端的にいえば，人間と自然の有機的・相互作用的な関係に連なる内容を主軸とする学問領域となる．

表4-2に，具体的に野外学の学問領域の全体像ならびに構成内容を示す資料として，科学研究費区分表と学科系統分類表に上記基準を緩やかに適用し，関連する分野を抽出した．これらは，一般的には，地理学，生物学，生態学，人類学，農学，森林科学，海洋科学，体育学，人間学，環境学等とされる学問内容である．

2）野外学を構成する内容を特徴づける学際性

前節で抽出された学問領域では，それぞれが分野を横断する学問内容となる場合も多い．具体的には，環境学が科学研究費の区分で総合系に含まれており，その内容は環境影響の化学的な評価などを含む自然科学から，環境政策や環境社会システムを考える人文・社会科学まで学際的に広範にわたっている．

表4-2　野外学に関連する学問分野（文部科学省[5]，日本学術振興会[6] より作表）

科研費審査中区分	学問分野に含まれる主な内容	学科系統分類大分類
中区分4：	●地理学，文化人類学，民俗学およびその関連分野 　地理学関連 　人文地理学関連 　文化人類学および民俗学関連 　地域研究関連	人文科学
中区分17：	●地球惑星科学およびその関連分野 　地球人間圏科学関連 　地球生命科学関連	理学
中区分40：	●森林圏科学，水圏応用科学およびその関連分 　森林科学関連 　水圏生命科学関連	農学
中区分44：	●細胞レベルから個体レベルの生物学およびその関連分野 　動物生理化学，生理学および行動学関連	理学
中区分45：	●個体レベルから集団レベルの生物学と人類学およびその関連分野 　進化生物学関連 　生態学および環境学関連 　自然人類学関連 　応用人類学関連	理学
中区分48：	●生体の構造と機能およびその関連分野 　生理学関連	保健
中区分59：	●スポーツ科学，体育，健康科学およびその関連分野 　スポーツ科学関連 　体育および身体教育学関連	教育
中区分61：	●人間情報学およびその関連分野 　感性情報学関連 　認知科学関連	その他
中区分64：	●環境保全対策およびその関連分野 　自然共生システム関連 　環境政策および環境配慮型社会関連	農学，その他

　次節では，学際的な特徴を示す代表例として森林科学（森林学）について紹介する．この分野は，野外教育とかかわりの深い教育領域として森林教育も内包している．自然科学的な諸分野の関係性も含めて分野横断的な特徴について具体的にみてみたい．

3．野外学を構成する具体例としての森林科学

1）森林科学とは何か

森林科学は，大学教育では農学部などにある森林科学や林産科学に関連する学

問領域である．学会には，森林・林業を総合的に扱う日本森林学会があり（1914（大正3）年創立），以前は林学と呼ばれていた．起源をさかのぼると，産業振興が課題であった明治初期に，森林管理の先進地ドイツに習った近代林学をもとに，森林資源の管理と国土保全を担う専門家の育成を図る教育機関（東京山林学校，現在の東京大学）を1882（明治15）年に設立したことに端を発している．1990年代からは，森林に対する地球環境問題や森林レクリエーションなどのニーズの広がりを受け，森林科学の名称が使われるようになっている．日本森林学会の目的は，「環境の維持増進と林産物の供給などの森林の価値や機能に関する研究の発展に努め，国民ひいては人類の生活・文化の向上に貢献」することとなっている．

　学問の定義は，大学教育の分野別質保証について網羅的に検討した日本学術会議の報告[7]から整理してみたい．実践的な価値追求の学問（実際科学）で，かつ生命科学系の総合科学である農学に含まれる7つの基本分野の1つに「森林学・林産学」があげられている．農学は，「食料や生活資材，生命，環境を対象として，『生物資源の探索・開発・利用・保全』，『農林水産分野の生産基盤システムの高度化』，『農林水産分野の多面的機能の保全・利用』を目的とする，『認識科学』と連携した『設計科学』であり，生命科学系の『総合科学』である」と定義されている．野外学の整理と比較すると，農学は，食料や生活資材の確保という人類の生存基盤として，生物資源環境の物質的な要素を対象としつつ，生物資源の生産と利用，保全を図る技術を学問体系の基礎としており，農学が生命性や生物性といった有機的な関係（コト）を前提としているといえる．

　森林科学は，総合科学である農学のなかで，特に森林という広大な自然環境を対象とした学問分野であり，林学から発展した木材の利用に関する林産科学もある．多様な生態系からなる森林は，陸地のおおよそ1/3，日本の国土の約7割を占めている．森林とは，「木竹が集団的に生育している土地及びその土地の上にある立木竹」ならびに「木竹の集団的な生育に供される土地」（森林法，昭和26年）とされている．森林には，樹木，草本類や土壌，野生生物，水資源の循環や気候変動などの環境要素があり，その土地も含んで捉えられている．人類は古来より食料や木材などの恵みを享受しており，森林は，土地利用の制度や林業の技術など人の営みとかかわっている．

　森林と人間とのかかわりとしては，人間に恵みをもたらす多面的な機能が知られている．木材生産など物質資源の生産や，水資源の涵養，土砂災害防止や土壌

保全とともに，アメニティの向上など快適環境形成や，気候変動の緩和など地球環境の保全と生物多様性の保全，また保健・レクリエーションや美しい景観など文化的機能があげられている[8]．国連のミレニアムエコシステム評価では，人類に健康や安全，豊かな生活など福利をもたらす生態系サービスを4つに分類し，一次生産を支える基盤サービスの上に，資源などの供給サービス，水の浄化など調整サービス，レクリエーションなど文化的サービスがあるとしている[9]．

森林からの恵みを享受する一方で，人類の歴史を振り返ると，人口の増加などから森林の開発や劣化が進み，さまざまな被害も生じていた．古くは平安時代から，古代の都の周辺では濫伐による山地災害が問題になった[10]．戦国時代から江戸初期には，城下町など大規模な木造建築の建設が進められ，木材を求めて伐採地は屋久島まで及んでおり，天然林の資源が枯渇し，森林資源の保護や育成が図られるようになった[10]．江戸末期の動乱期には，森林資源が荒廃し，森林資源の育成と治山治水を図ることが社会的に求められ，明治初期の近代林学の発展を促した．森林科学は，こうした社会的な背景のなかで，森林に関する多方面の知識を蓄え，森林の保全と利用とを両立させる管理技術を基盤として発展してきているといえる．

森林科学は，人間とのかかわりが深く，多角的な視点から森林と人間のかかわりを探求する科学として，多様な学問分野を含んでいる．再び日本学術会議の報告[7]では，「森林学・林産学」を次のように整理している．

森林学・林産学は，森林と木材・きのこ等の林産物を対象として，森林生態系の維持機構や多様性を解明し，国土保全機能，二酸化炭素吸収機能，保健休養機能等の森林の持つ多面的機能の保全と利用，森と林産物を持続的に利用する産業としての林業・林産業の活性化，木材の科学と利用技術の研究開発を目的とする．森林の保全と木材の生産・利用を通して，人間と自然が共生する持続的な社会の構築に貢献する．（p5）

森林科学は，森林とのさまざまなかかわりに対応して，自然科学に限らず，人文社会科学にまたがる多様な分野を内包している応用科学といえる．

2）森林科学の具体的な内容

　森林科学の具体的な内容として，日本森林学会で年に1回開催される研究大会での研究部門（14部門）を以下に示す．

　　経営（森林計画，森林調査など），造林（森林施業，保育管理など），遺伝・育種（ゲノム解析，育苗など），生理（光合成，組織培養など），植物生態（景観，植生遷移など），立地（土壌，水循環など），防災・水文（土砂災害，森林気象など），利用（林業土木，林業機械など），動物・昆虫（害虫，生物多様性など），微生物（菌類，ウイルスなど），特用林産（きのこ，薬用植物など），林政（経済学，政策学など），風致（自然景観や森林浴，観光など），教育（森林教育，普及など）

　この他に，木材材料，木材加工，林産製造にかかわる日本木材学会（1955（昭和30）年創立）では，材質や木質構造，きのこ，林産教育など研究部門（21部門）がある．

　森林科学の具体的な教育内容を，高等学校の森林・林業関連学科の教科書からみてみると，農業高校では，科目「森林科学」と「森林経営」が設定されており，文部科学省編纂の教科書が使用されている（他に「林産物利用」がある）．科目「森林科学」[11]と科目「森林経営」[12]の内容（目次）について，以下に分類して示す．

　[森林生態系]
　・森林と樹木：森林の定義・分類，樹木の特性，森林の立地環境
　・森林生態系の構造と多面的機能：植物群落と遷移，森林生態系
　[森林づくり]
　・森林の機能と目標林型：生態系サービスと森林の機能，ゾーニング
　・森林の施業技術や管理技術：生産林の施業技術，環境林の管理技術
　[木材生産]
　・木材の収穫：作業システム，路網，伐採，造材，集材，労働安全
　[森林経営]
　・世界と日本の森林・林業：森林帯，森林資源の現況，林業の現況
　・森林経営の目標と組織：持続可能な森林経営，森林計画制度
　・森林の測定と評価：森林計測，リモートセンシング，森林の評価
　[森林政策]
　・森林・林業の制度と政策：歴史的変遷，森林法と森林・林業基本法

・山地と農山村の保全：山地の保全，治山・治水事業，農山村の振興

　森林科学として学ぶべき内容には，モノ・実体としての自然（森林生態系）がある．それに加えて，森林づくりや木材生産など，森林へ積極的に関与する技術，森林経営や森林政策，治山・治水などの森林とのかかわり方や管理技術があり，森林と人間との相互作用であるコト・関係を含んでいるといえる．

　森林科学の研究をみると，森林生態に関して，森林生物の調査，環境要素であるさまざまな物質の循環，降雨と河川の水量などの物理・化学，生物学的なアプローチがあり，研究の対象は，遺伝子レベルから個体，個体群，群集そして景観，地球全体まで，ミクロからマクロまで広範に及ぶ．さらに，応用研究としては，森林の持続的な利用に関して，森林計画，造林，森林土木，さらに森林を災害から守る治山・治水などの技術論的アプローチがあり，他にも人と森林・風景とのかかわりや，森林レクリエーションなど人文・社会科学に関する研究がある．

　このように総合的な森林科学としての特色には，地球温暖化への対処などの環境学，山村など森林で生活する人々などの文化人類学，都市民と森林のかかわりなどの社会学といったように，自然科学・人文社会科学までを含む幅広い知識体系としての枠組みをみてとることができる．

　次項では，そのなかでもコトの要素が強い応用研究として，森林教育を取り上げる．野外教育と近接する分野であり，森林科学における教育を主題とする実践・研究を紹介することで，野外教育の参照としたい．

3）森林教育

　人間にとっての森林の価値を探究する森林科学のうち，森林を活用し，森林での体験的な教育の可能性に焦点をあてた分野として，森林教育がある．森林教育は，野外教育と非常に隣接した領域であり，教育という基底詞に森林という限定詞が方向付けをしている．井上・大石[13]はこの森林教育について「森林や木に関する幅広い教育活動」としている．その教育内容は大きく4つに整理されており，森林資源，ふれあい，自然環境，地域・文化という視点で提示している（図4-1）．

　これらの活動には，目的や内容が異なるものが含まれている．森林教育の特徴は，多様な内容を含むため教育の可能性が広いと同時に，森林科学が多彩なアプローチを内包しているためさまざまな目的設定が可能だが，単純に捉えにくい面がある．このような森林教育について，次の定義があり，森林教育を通じて学ぶ

図4-1　森林教育の内容（大石・井上（2015）をもとに作図）

原則として以下の各5原則が示されている[13]．

> 森林での直接的な体験を通じて，循環型資源を育む地域の自然環境である森林について知り，森林と関わる技能や態度，感性，社会性，課題解決力などを養い，これからの社会の形成者として，持続的な社会の文化を担う人材育成を目指した教育．（p33）

・森林の5原則：多様性，生命性，生産性，関係性，有限性
・森林とのかかわりの5原則：現実的，地域的，文化的，科学的，持続的
　教育という概念の多義的な側面とも相まって，森林教育にはさまざまな位相があることが確認された．森林の5原則や森林とのかかわりの5原則などは，学ぶ側にとって森林にかかわる要点を捉えやすく，有効な提示方法だと思われる．野外教育にも応用可能と考えられる．

4）まとめ

　野外学に関連する自然科学的な分野として，森林科学を取り上げて整理した．森林科学が対象とする領域は広く，森林という生命体を含む自然環境へアプローチする自然科学に加えて，人文社会科学の視点も内包していた．学問領域として，新たな野外教育学の定義を受けると，物質的・モノとしての自然と，人間を含んだ関係・コトの概念を内包し，自然と人間のかかわりを含んでおり，野外学とし

て想定した構成が具体的に示された．森林科学では，資源を利用するなど自然と
のかかわりに加えて，森林へ積極的にアプローチして資源の育成や保全を図る技
術を構築するなど，持続可能な森林経営は持続可能な開発目標（SDGs）への取
り組みにつながる概念を内包している．野外学に関連する自然との有機的関係に
関連する他の諸学問でも，森林科学同様に，自然科学から人文科学まで学際的か
つ分野横断的な特徴をもつことが考えられるだろう．

　野外教育における野外学としては，学問的な基盤のすそ野が大きく広がってい
ることを確認することができた．さらに幅広い教養をふまえて，野外教育学は成
り立つと考えられる．

▎4．野外学の核となる学問的前提とその周辺

　さて，ここまで野外学を構成する学問分野を取り上げてきたが，野外学として，
その内容の中核を担う要素は何であろうか．これも野外という概念から考えれば，
やはり手がかりは自然との「かかわり・交感・相互作用」となるであろう．

　では，この人間と自然の「かかわり・交感・相互作用」をより一層強調し，中
核としての妥当性や有用性を保証し，野外教育が人間にとって価値あるものであ
ることを基礎づけるような知見とはいったいどのようなものであろうか．

1）進化学的な前提と生態学的な関係

　1章でふれたように，本書は人間が生物であるという人間観を前提にしてまと
められている．本節では，一部重複してしまうが，その理路や関連する学術内容
について詳細に説明していくことになる．なぜなら，人間のあり方として，自然
との「かかわり・交感・相互作用」が不可欠な要素であり，野外教育学の方向を
決める野外学の肝はこの点にあるからである．

　ところで，人間が生物であることを大前提にして行動や心理について探究する
学問分野として，進化心理学と人間行動生態学をあげることができる[14]．この
学問分野の前提とする人間観や研究の方向性を再掲すると以下のようになる[15]．

　①ヒトは生物である
　②ヒトは進化の産物である
　③ヒトは他の生物と同様に，主に適応的な進化の過程によって形作られてきた

この①〜③の人間観を前提にして，

④生物に共通の進化と適応の原理を考慮することは人間理解に大きく貢献する
　だろう

⑤ヒトの心や行動の成り立ちを説明するうえで，進化理論が不可欠な基本原理
　となろう

これらの分野が立脚している学問的な前提は，まさに，自然との「かかわり・
交感・相互作用」と不可分である．この考え方や人間観のエッセンスを野外教育
は共有することが可能ではないか．特に，上記①〜③を学問分野全体の意義や価
値の前提として援用することができるだろう．また，広大過ぎて捉えどころのな
い現状に共通の人間観が獲得され，学問分野全体の見透し向上が期待できる．

しかし，そこにはダーウィン進化論における進化と適応がかかわっている．こ
の前提をよりよく理解し，野外学の意義の前提として援用するためにも，もう少
し詳しく説明する必要があろう．

（1）進化心理学と人間行動生態学

科学哲学の見地から中尾[14]は，この両学問の共通の方向性について，「人間行
動あるいはその背後にある心理メカニズム，そしてその行動が生み出す文化など
に関して，それらがどのような理由によって，集団内で頻度を増やし，また受け
継がれていくかを考察している」と説明している．

そして，その中核概念としての進化について，何らかの形態・行動・心的形質
が先祖から子孫へと受け継がれ，また何らかの理由によって，世代を経てその形
質が数を増やしたり，減らしたりする歴史的変遷[14]と定義している．

この点については関連する概念として，進化，自然淘汰，適応などに関して，
慎重により正確に理解を深めることが肝要である．

（2）進　化

長谷川ら[15]は進化について，日常的には，進化（evolution）という語は，何か
の改善を意味するために用いられることが多いように思われる．しかし，生物学
における進化の定義は，改善や改良といった性質の良し悪しの変化とは直接関係
がない．その定義は「集団中の遺伝子頻度の時間的変化」というものと説明して
いる．そして，この進化という用語の日常的な使われ方に対して下記のように注
意喚起をしている．

「あくまで生物学上の進化の定義は遺伝子頻度の『変化』であって，その方向や，機能が強化されたか否かには関係しないことに注意しましょう（p29）」

　また，退化が進化の対義語として用いられていることについて，生物学上は誤りとしている．生物学の退化は進化の特殊な一例で，あくまでも進化の結果として，器官や機能が衰え，または失われたりすることなのである．

（3）自然淘汰

　自然淘汰がおこる条件は，変異，淘汰，遺伝の 3 つが揃うときである．

　変異（variation）：集団内にさまざまな形質を有する個体が出現すること

　淘汰（selection）：淘汰は，変異が個体の生存・繁殖に影響すること

　遺伝（heredity）：親の形質が子に伝わること

　これら 3 条件がそろうと形質の変異が生存や繁殖に影響し，進化が起こる．ダーウィンの自然淘汰の基本的アイディアである．

（4）適　応

　集団に自然淘汰が発生すると，生存や繁殖に有利な形質を持つ個体の割合 が勝手に・自然に集団に増加していく．そこには個体の意図や意思そして統制は一切関係しない．

　生存や繁殖に有利な形質は，その集団が置かれた環境に拠って変化する．環境にアジャストした形質のことを適応（adaptation）という．自然淘汰による進化は適応を生み出すのである．

（5）自然淘汰による進化で自然環境に適応的な身体を保持する人間

　進化心理学の文脈では，現在に至る心的な適応形質は更新世（約 180 万〜1 万年前）の間に作られ，その頃の環境に適応しているといわれている．人間の心理メカニズムのような複雑な適応形質が作り上げられるには，非常に長い期間にわたって安定した選択圧が働かなければならないと考えられる．人類は今から約 1 万年前に農耕をはじめ，それ以降の人間の生活は特に社会的な激しい環境の変化にさらされている．そこで農耕開始以前の，人々が狩猟採集生活を営んでいた更新世こそが心の進化の時期に違いないと考えられる[16]．

　また現在，地球上に存在するすべての人々はホモ・サピエンスに属する．その種としてはおよそ 20 万年の進化史をもっている．そのなかでも，サピエンスのある集団が約 7 万年前から全世界に急速に広がっていった．その後の世界各地に

おける自然環境への適応によって，現在では髪や肌，眼の色などさまざまに違いが生じている．しかし，もとをたどればアフリカにルーツをもつのがわれわれである．詳細は8章に譲るが，この気の遠くなるような時を，自然環境に適応することにより現生人類は生き延び，そして現在もその形質を身体に刻印したまま生活をしている．たとえば，人類史上では最近まで糖質や脂質を「いつでも満足に摂取できる」という環境にはなかった．そこで，身体は機会を見つけてはそれらを際限なく取り込もうとする．それが脂肪蓄積という形質を産み出し，現代社会では生活習慣病を引き起こす一因ともなっている．このように私たちの身体には，自然環境と離れた利便性の高い現代の生活においても，過去の自然環境に適応した機能や能力が刻印されているのである．

先進諸国の社会は高度に発達した情報化やグローバル化により，自然への不安を払しょくし，身体という制約からの離脱を成し遂げようとまでしている．これは一方で素晴らしい達成ともいえるが，他方で，身体は自然環境に晒されることによってポテンシャルを発揮するような，自然への適応的な機能を現在も確実に保有している．それらの能力は，適応の対象であった自然環境においてこそパフォーマンスを向上させると考えても不自然ではない．

このような観点からも野外教育の今日的意義は語られてしかるべきであろう．

（6）文化を手に入れた人間

文化の定義は160以上もあるといわれている[17]が，主に人間と自然や動物の差異を説明するための概念として理解される傾向がつよい．詳細は8章にゆずるとして，文化は人間が人間であるためにきわめて重要な要因である．原初的には，環境にさまざまに適応するために自然と人間を媒介し，そして淘汰圧を回避するような役割を果たしてきた．これらは，その多くが遺伝のような継承の形態はとらないものの，記号，動作や技術，道具，創作物などさまざまなパターンで集団や社会のなかで拡がり後世に共有される．

ところで，現代の先進国社会では，仕事も遊びもインターネットを活用し，自然環境での身体運動を伴わない生活様式も実現可能である．ところが，そのような状況でも，人間はその本性が刻印されたまま，自然環境に適応的な身体として存在するのである．それらは直立二足歩行やサーカディアンリズム，発汗作用等であり，普段はあたりまえ過ぎてほとんど意識されない．同様に，このような身体に継承された形質に限らず，多くの文化も，その始まりから現在に至るまで自

然とのかかわりにより醸成され，意識されないかたちで紡がれてきている．

　このように生物的・社会的・文化的要素等を混在して保持する多義的な存在，それが人間なのである．

　野外学は，野外とかかわり醸成されてきた（＝進化してきた）身体的ならびに社会的・文化的に継承されてきた要素にも密接にかかわる学問である．

2）人間の生物的あり方としての身体

　ここまで「人間は生物である」との前提のもと，人間性と生物（動物）性という人間の両義性を，野外教育を決定的に価値づける要素としてきた．これは人間ならびにその身体に宿る特異な二重的あり方で，そこから現象する顕著な性質を身体性とも表現可能である．この身体こそが，自然環境とかかわり，交換し，相互作用し，われわれを人間足らしめている．そこで野外学の核となる両義的な身体についてもう少し詳しく考えてみたい．

（1）身　体

　ここで論じられる身体（しんたい）は肉体（にくたい）とは明確に区別される．この身体は「頭とからだ」というように司令塔と手先のように区別して捉えられるものではない．野外学の核として注目したいのは，「かかわり・交感・相互作用」する身体である．身体に関する問題は，近代以降の哲学や認知科学そして社会学や文学，体育学でも扱われる．多分野に拡がりをもつ多くの現象に共通の前提となりうる要素でもある．

　中世ヨーロッパでは世界の秩序は主に神によりもたらされると考えられていた．しかし，そのような世界観のなかで徐々に科学の萌芽がおこってくる．それらを牽引したのはガリレオやニュートン，そしてデカルトである．特に 17 世紀のルネ・デカルトが提示した「われ思う，故に我あり」という有名な言葉は，機械論的な人間観（人間は部品に還元可能）につながる端緒とも考えられている．この人間観のエッセンスは科学技術の全盛を背景に根強く浸透している（心身二元論：こころとからだ＝区別・別物）．他方で，心身一元論という考え方は，からだは脳（や，もしくは自我など）に隷属するような可分なものではないというものである（こころとからだ＝不可分・一体）．それは意識に把捉される以前に，すでに常に混然一体に環境と交感する全体として身体を捉えるものである．

　合理主義や経済至上主義などが席巻する現代社会において，このような身体観は馴染みが薄く，捉えどころに欠けるようにも感じられる．しかし，環境とのか

かわりという観点からは，古来より受け継ぐ最も重要な人間の機構であり，世界へのメディアとも考えられる．実際，日本語には「身に染みる」「身を焦がす」などのことわざが多くあり，まさにかかわりのなかにある身体を表現している．

そこで理解を深めるために，代表的な身体論について簡単にふれてみたい．

（2）2人の代表的な身体論者

代表作『知覚の現象学』[17]を残したモーリス・メルロ＝ポンティ（Maurice Merleau-Ponty，以下：メルロ＝ポンティ）は，人間は知覚によって世界と交わることができ，望むと望まざるにかかわらず，気づいたときには世界のなかにいる存在とした．そのような意識するより前の状態を「生きられた世界」と名付け，デカルトの「我思う，故に我あり」つまり心身二元論を否定した．彼は思惟に先んじる身体を基盤とした知覚の優位性に着目し，存在するとはどういうことかについて説明した．身体は気づかない間に，常に既に世界と交感・交流しているのである．ちなみに9章で扱われているユクスキュルの環世界もメルロ＝ポンティ身体論の源泉の1つとされている．

野外学における人間（身体）と自然（環境）は，メルロ＝ポンティの身体論を援用することにより，意識に先行し「かかわり・交感・相互作用」してつながっていることの理解を促す．それは同時に，野外教育における体験の質や体験とは何かを検討するうえでの核としても重要な視座を提供することになる．

他方で市川浩は『精神としての身体』[18]において，身体は心身二元論のように頭から指令が発せられ働く手先でもなければ，部品のように部分に分かれるでもないという心身一元論を展開した．そこにおける身体は，肉体という単なる物質ではなく，また，皮膚に閉じ込められた内側でもない，皮膚の外まで拡張し環境と交わるものとしての「身（み）」として表現されている．

この「身」は，皮膚の下の客観的かつ物質としての肉体的身体と，身体をその核として意味づけされる環境において，かかわり・交感・相互作用しつつ社会や自然と絡み合いながら生きる様を統合的に表す概念である．さらに環境と複雑に絡みつつ不可分で，また過去と未来や現実と想像のはざまにあるような錯綜体としての身体と表される側面ももつ．

これら代表的な身体論は，自然と不可分に複雑に絡み合う野外学の核としての身体について，有効な知見と論拠としての妥当性を提供している．

（3）野外教育における身体論的な観点に基づく研究

土方・張本[20] は，野外教育における体験の概念について，メルロ＝ポンティの身体論に基づきながら整理を行った．その要点を野外教育における体験という出来事として，①世界（自然）への不可避かつ不可分な内属という出来事，②環境（状況）への常態的な開放という出来事，③環境（状況）との循環的かつ相互作用的なかかわりという出来事，④言語化（省察）以前もしくは無意識下の生きられた世界での知覚的・感性的現象も多分に含む受動的な出来事，⑤身体が保持する癒合・可換・生命的秩序という行動の階層的構造に拠り切り取ってくる環境（状況）での能動的な出来事，とまとめている．

他方，長期冒険キャンプと身体性に問題を抱える青年についての事例研究を行った吉松ら[21] は，市川浩の身体論に関する理論的な検討も含め，①身体性は，心と身体が不可分であり心身の全体を表現する心身一元論に立脚する概念と理解できる，②実践における現象の理解に市川の主体としての身体，客体としての身体，他者に対する自分の身体，他者の身体，錯綜体としての身体，という5つの視点が有用である，③長期冒険キャンプの意義は，困難に立ち向かうたくましい動きという主体としての身体を獲得し，客体としての身体に自信をもち，他者の期待を取り込み他者に対する自分の身体の新たな認識を獲得するという身体性回復のプロセスである，④「身知り（身体を通して理解する）」により，自然に触れ・触れられる身体感覚等を通して他者への共感が可能になるなど，身体性を取り戻すためには，自己・他者・自然の身体が相互に錯綜し関わり合うプロセスが重要であると結論づけている．

これらの研究は，心身一元論や自然環境と身体の不可分性を前提としている．身体は客観的物質ではなく自然環境と常に交感する関係の概念であり，これが人間の生物性の一部を説明している．野外学が自然を源泉とする野外教育にとって核となる内容であることを象徴している．

3）人間の生物的かつ時間的・空間的あり方としての風土

前項では，環境と交感する機構としての身体について考えてきた．ところで，この身体をより一層，実際的に，空間（特に自然環境）と時間（歴史）さらにはその生活的総体としての社会に開くということについて考えてみたい．

（1）風　土

この観点から人間の存在の仕方を論じたのが和辻哲郎[22]である．その主張は自然環境そして歴史，社会（われわれ）と不可分な人間像が風土として描かれており，自然とのかかわりに端を発する社会や文化の要素が色濃く反映されている．

和辻の風土概念は，人間と自然（環境）を相即不離，つまり不可分な関係として扱う．実際に寒さの捉え方について例示し，その様子を以下に要約，説明する．私が寒さを感じる．自然と人間を分ける視座では，物理的・客観的な自然現象としての「寒気」がある．それが身体の感覚器官に到達・刺激し，私の意識に寒さが生じると捉える．ところが，実際には，私が寒さを「感じ」それにより寒気を「見出す」．私の心が何かを感じる時，何かが外部からやってくるのではなく，私自身の「志向」において感じている（見出している）．寒気と私は切り離せない関係であり，主観（私）と客観（寒気）は，あくまでも自然科学的な区分なのである．

和辻は，主観と客観，人間と自然に分離して捉える二元論を批判し，あらゆる現象をかかわりの経験（志向性）として見出す立場から風土を論じている．元来，風土という用語には気候と地形を表す気象学・地理学的方向性と土地の人々の気質・精神・文化を意味する方向があった．和辻は風土を，自然現象にも文化・精神現象にも還元せずに人間存在の型であり人間の自己了解の仕方と捉えた[23]．

（2）さまざまな風土論と多分野への展開

和辻風土論に類似，継承・発展した主張をいくつか紹介する．

オギュスタン・ベルク（Augustin Berque）[24]は，風土を"milieu"（あいだにあるもの）と捉え，それをふまえ通態性という概念を提示した．これは空間を構成する森林や天気のようなモノと，雰囲気や気持ちが能動的になるような場所性（コト）が相互に作用し，絡み合い醸し出されるような様を表す概念として提示されている．

他方，現象学的地理学の創始者イーフー・トゥアン（Yi-Fu Tuan）[25]は，場所に対しての愛着感覚をトポフィリア（場所愛）として提唱した．トポス（場所・場所性）とフィリア（関与・偏愛性）からの造語である．場と身体・心をつなぐ概念で，人間は抽象的な空間（space）ではなく歴史や履歴のある場所（place）に親和性を感じる．この感じがトポフィリアだと説明している．

また，エドワード・レルフ（Edward Relph）[26]は，現代を場所が日々失われていく没場所性の時代とし，「いま」「ここ」という実存から場所のセンス再生を提

唱している．たとえばチェーン展開された駅前や国道沿いの店舗などは，どこに行っても同じ風景であり，レルフの指摘を如実に表している．彼は場所固有の特性に対して場所への意味付け等に注目し，抽象的な空間（space）ではない場所（place）の復権を目指し，人間主義地理学からの挑戦を試みた．

なお，本書では場所と野外教育について論じている．詳細は 13 章（pp215-228）を参照されたい．

（3）野外教育における風土論的な観点に基づく研究

束原[27] は，教育としての位置づけや指針が不明瞭な野外教育を批判し風土概念の導入を検討した．そして野外教育，野外活動，自然，風土という各概念を整理し，①自然概念を自然科学的観点に偏重させることなく社会・人文科学の対象として，さらには科学の枠組みを超え哲学的対象とする，②風土概念は自然概念に比して社会・人文科学および哲学的対象として捉えられる文脈にある，③野外教育の目標が自然科学的理解に留まらず個人的社会的生活とその文化理解をも含むならば，風土概念のほうが自然概念に比べより高い整合性をもつ，とまとめている．このような解釈により，野外教育の理解に新たな視点が与えられた．

さらに土方[23] は，野外は単に屋外や戸外であり，また，自然と類似した概念とする現状を批判し，野外概念を風土概念から再解釈した．そこでは，野外概念がハイデガー存在論と和辻風土論を援用しつつ実体概念から実存的に「外に出ること」という関係概念に論理的に転回された．これにより，野外という概念に人間が現代的価値から外に出ることによって人間の実存性を露わにすること，風土もしくは風土性に曝されること，および，それら 2 つの相互作用，という関係概念の要素が付加された．

4）人間の源泉としての自然

人間は好むと好まざるとに関係なく自然と常に交感していることにふれてきた．野外教育においてはもちろんのこと，人間の存在自体の源泉が自然なのである．身体は内在・外在する自然ならびに自然性を源泉とし，そしてかかわり絡み合っている．文化や社会も，自然と身体が交感を繰り返すことで醸成された産物である．

先に述べた 2）の身体論も 3）の風土論も，人間の源泉が自然であるが故の主張なのである．人間の源泉は自然であり，そしてそこに帰属する．野外学はその

点を強調する学問分野といえる．なお，源泉としての自然に関する詳細は9章を参照されたい．

▌5．人間にとっての野外の意義とは

　現代社会では人間が生物（自分が生物，動物）である事実を時に忘れる．野外概念の再検討に関する論考[23]では，野外に現代的価値観から「外に出る」という解釈を施し，同時にそれは自然とのかかわりの強調も含意する．自然とかかわる野外は，現代的価値観から外に出て（距離をとり）いくつかの事実を思い出させてくれる．それらは，人間社会も包摂する生態学的な世界の拡がり，生態学的に自然とかかわり・交感・相互作用し絡み合う人間，長い年月をかけて培われた身体への刻印などであり，野外はそれらに対して実感を与える可能性をもっている．さらに，自然とのかかわりにより培われた文化，自然のなかで命をつないだ歴史と協働により醸成された社会，都市以外の充実した生活等にも気づかせてくれる．

　そして何よりも，他の生物との関係や地球への関心，人間は源泉としての自然に帰属しているという事実を感じさせてくれ，人間しか存在していないかのような論理に基づく価値観や振る舞いを相対化してくれるはずである．

　野外教育のさらなる発展・充実が急務となった社会に私たちは生きている．

📖 注・文献

1）土方圭，張本文昭（2023）：体験概念の整理に基づく野外教育の再定義，野外教育研究，第26巻，45-54．
2）日本野外教育学会：設立趣意，（https://joes.gr.jp/?page_id=272，参照日：2023年12月28日）
3）日本学術会議新しい学術体系委員会（2003）：新しい学術の体系−社会のための学術と文理の融合−，対外報告書要旨，（https://www.scj.go.jp/ja/info/kohyo/pdf/kohyo-18-t995-60-2.pdf，参照日：2023年12月28日）
4）土方圭（2016）：野外教育における「野外」概念の再解釈−風土を手がかりとして−，野外教育研究，第19巻第1号，14-26．
5）文部科学省：学校基本調査令和5年度付属資料，学科系統分類表，（https://www.mext.go.jp/content/20230322-mxt_chousa01-000027663_19.pdf，参照日：2023年12月28日）
6）日本学術振興会：科学研究費助成事業審査区分表，（https://www.jsps.go.jp/file/storage/grants/j-grantsinaid/03_keikaku/data/r05/R5_shinsakubunhyo_all.pdf，参

照日：2023 年 12 月 28 日参照）

7）日本学術会議農学委員会・食料科学委員会合同農学分野の参照基準検討分科会
（2015）：報告 - 大学教育の分野別質保証のため教育課程編成上の参照基準，農学
分野 -，（https://www.scj.go.jp/ja/info/kohyo/pdf/kohyo-23-h151009.pdf，参照日：
2023 年 12 月 28 日）

8）日本学術会議（2001）：白書地球環境・人間生活にかかわる農業及び森林の多
面的な機能の評価について（答申），（https://www.scj.go.jp/ja/info/kohyo/pdf/
shimon-18-1.pdf，参照日：2023 年 12 月 28 日）

9）Millennium Ecosystem Assesment 編（2007）：国連ミレニアムエコシステム評価 -
生態系サービスと人類の将来 -，オーム社，東京．

10）大住克博（2018）：日本列島の森林の歴史的変化 - 人との関係において -，中静透，
菊沢喜八郎編，森林の変化と人類，共立出版，東京，68 - 123．

11）文部科学省（2022）：高等学校用教科書森林科学，実教出版，東京．

12）文部科学省（2023）：高等学校用教科書森林経営，実教出版．

13）井上真理子，大石康彦（2014）：森林教育に関する教育目的の構築 - 学校教育を中
心とした分析をもとに -，日本森林学会，第 96 巻第 1 号，26 - 35．

14）中尾央（2015）：人間進化の科学哲学 - 行動・心・文化 -，名古屋大学出版会，愛知．

15）長谷川寿一，長谷川眞理子，大槻久（2022）：進化と人間行動 第 2 版，名古屋大学
出版会，愛知．

16）加地仁保子（2009）人間行動の進化的説明 - 進化心理学と人間行動生態学 -．哲学
論叢，第 36 巻，116 - 127．

17）クライド・クラックホーン著，光延明洋訳（1971）：人間のための鏡 - 文化人類学
入門 -，サイマル出版会，東京．

18）メルロ・ポンティ著，竹内芳郎，小木貞孝訳（1967）：知覚の現象学 1，みすず書房，
東京．

19）市川浩（1992）：精神としての身体，講談社，東京．

20）土方圭，張本文昭（2023）：メルロ＝ポンティの身体論を手掛かりとした野外教育
における「体験」，野外教育研究，第 26 巻，21 - 44．

21）吉松梓，渡邉仁，大友あかねほか（2023）：身体性に課題を抱える青年期前期の事
例における長期冒険キャンプの意味 - 市川浩の身体論に着目して -，野外教育研究，
第 26 巻，69 - 87．

22）和辻哲郎（1979）：風土 - 人間学的考察 -，岩波文庫，岩波書店，東京，20 - 33．

23）土方圭（2016）：野外教育における「野外」概念の再解釈 - 風土概念を手がかりとし
て -，野外教育研究，第 19 巻第 1 号，14 - 26．

24）オギュスタン・ベルク著，篠田勝英訳（1988）：風土の日本，筑摩書房，東京．

25）イーフー・トゥアン著，山本浩訳（1993）：空間の経験 - 身体から都市へ -，ちくま
学芸文庫，筑摩書房，東京．

26）レルフ・エドワード著，高野岳彦，阿部隆，石山美也子訳（1999）：場所の現象学，

ちくま学芸文庫，筑摩書房，東京.
27）束原昌郎（1990）：野外教育における風土概念導入に関する一考察，東京学芸大学紀要5部門，第42巻，109-115.

📖📖 さらに学びたい人のための参考文献

・長谷川寿一，長谷川眞理子，大槻久（2022）：進化と人間行動 第2版，名古屋大学出版会，愛知.
・大石康彦，井上真理子（2015）：森林教育．海青社，滋賀.
・井上真理子，杉浦克明編（2024）：自然とともに生きる森林教育学，海青社，滋賀.
・木平勇吉（1994）：森林科学論，朝倉書店，東京.
・佐々木惠彦，木平勇吉，鈴木和夫（2007）：森林科学，文栄堂出版，東京.
・藤森隆郎（2006）森林生態学-持続可能な管理の基礎-，全国林業改良普及協会，東京.
・和辻哲郎（1979）：風土-人間学的考察-，岩波文庫，岩波書店，東京.

野外教育における教育学
－野外教育の基礎理論2－

　4章では野外教育学における野外学について検討を行ってきた．本章では，その野外学と対をなす基礎理論としての教育学についてふれていく．野外学のすそ野が広大な領域にまたがっていたように，教育学についても例に洩れずその範疇は広い．加えて，野外教育に特徴的な教育理論についても扱っており，これらが教育的営みとしての野外教育学を支えることになる．

1．一般的な教育学

　本節では，一般的な野外教育の捉え方について理解するために，まず主要な教育史ならびに教育理論について概観し，そのうえで野外教育との関係性と考え方について検討する．さらに，われわれの日常的な教育の場は公的機関としての学校教育であることから，その文脈での日本の野外教育の実践についても触れていくことで一般的な教育学としての見解を深めてみたい．なお，教育史ならびに理論の検討においては，現代において国際的に広く浸透し，近代化以降の日本も強く影響を受けている西洋の教育について取り上げていく．

1）一般教育史・教育理論の概観[1,2]
（1）古代ギリシア・ローマ時代（BC5世紀～5世紀）－教育思想の源流－
　古代ギリシアでは，紀元前5世紀頃にポリス（polis：都市国家）が栄え，市民の子弟のための私塾であるスコレー（scholē）では，読み書き算・音楽・体操が学ばれた．ポリスの1つで民主的法治国家であったアテナイ（Athens）では，歴史上最初の職業的な教師集団と呼ばれたソフィスト（sophist）が活躍し，個人的成功を願う青年に，弁論術やアテナイでの新しい社会生活に必要な知識を教えた．

この時代に，哲学・数学・医学などのさまざまな学問の基礎が築かれた.

ローマ時代には，キケロ（Cicero：BC106-43）が提示した，今日でいうリベラルアーツにあたる「7自由科」（3学：文法・修辞学〈レトリック論〉・論理学/4科：算術・天文学〈運動理論〉・幾何学・音楽理論〈音階論〉）が，人間が学ぶべき学問学科としての原型となり，その後の教育内容の基準となった. またこの時代には，法律や建築といった実用的な分野が発展した.

BC3世紀になると，一般市民においてギリシア文学や思想に対する欲求が高まり，読み・書きのための初歩教育機関ルードゥス（ludus）が生まれた.

（2）中世（5世紀～15世紀）－キリスト教主義教育－

西ローマ帝国滅亡の476年から東ローマ滅亡の1453年までの約1000年間は，キリスト教がヨーロッパ文化の中核となっていた. それゆえ，この時代はキリスト教に基づいた独特の教育システムや教育思想が形成された. 教会は，中世の人々にとって魂の安息所であるとともに，教育および学問研究の場でもあった. その拠点となったのは，ヨーロッパ各地に存在した修道院や司教座聖堂（カテドラル：cathedral）につくられた付属学校および各教区に設けられた教区学校などであった.

（3）近世（15世紀～16世紀）－ルネサンスおよび宗教改革と教育－

ルネサンス（Renaissance）は，13世紀末から15世紀末に主にイタリアで起こった文芸復興運動の総称で，古代ギリシア・ローマの文学・芸術の再生運動であった. この時期，中世での来世に救いを求める宗教的・教会的世界観とは違う，現世に生きる人間を中心とする世界観・人間観となる「ヒューマニズム」（humanism：人文主義）が生まれ，それに基づく人文主義的教育が行われた. その教育は，第1に，幅広い教養を身に付けることが教育の目的とされ，古代ギリシアやローマの古典が重視された. 第2に，人間尊重の立場から個性ある人間形成が目指され，均整のとれた美しい肉体の発達も理想の一部とされたことから，幅広い教養とともに強健な身体を作りあげることが重視された.

イタリアを中心とする南欧のヒューマニズムは，個人の教養の形成に重きがおかれた芸術的面でのルネサンスであった. これに対して，北欧のヒューマニズムでは社会的人文主義として，社会の宗教的・倫理的改革を目指す運動となり，宗教改革へとつながっていく.

表5-1　実存主義教育に関連する主要人物

○ヨハネス・コメニウス（Johannes Comenius：1592-1670）：17世紀における最大の教育思想家であり，近代教授学の祖と知られる学校教育の改革者であった．オランダの大学（神学・哲学）を卒業後，各地を転々とした後にポーランドに滞在し，教育史上の名著といわれる『大教授学』（1657）を著した．彼は，教育目標を「有徳」と「敬信」とし，それに至る手段として「汎知」の習得を提言した．そのための教育方法が自然界の諸法則の模倣で，『大教授学』は自然法則に基づき，簡単なものから複雑なものへ，全体的なものから各部分に及んでいくといった厳密に体系づけられた教授法を組み立てたのである．そのなかで，学ぶ対象については自らの感覚を使って実物を経験することの重要性も説いた．

　別の主著の1つ『世界図絵』（1658年）は，世界で最初の絵入りの教科書でった．絵図によって外界の事物を直観させながら，同時に説明文を通して言語を学ぶことを意図した内容であった．この直観教授の考えは，後世のルソーやペスタロッチに影響を与え継承されていった．

○ジョン・ロック（John Locke：1632-1704）：英国の哲学者で，イギリス名誉革命時代を代表する思想家でもある．子どもの精神を白紙と捉えたうえで，教育とは白紙に印象を刻むことであり，白紙の状態に経験が書き込まれることにより，その人の観念が形成されるという「精神白紙説」（タブラ・ラサ）を主張した．彼の感覚的経験論や功利主義は，後の18世紀におけるフランス啓蒙主義の環境論的教育学説へ橋渡しをする近代教育の原理となった．

　主著である『教育に関する若干の考察』（1693）は，後のルソーの『エミール』にも強い影響を与えたといわれる．当時のイギリス社会に必要な，豊かな社会性と有用な知識を備えた教養人である紳士を育てようと試みたものである．序文のなかで「紳士は，健全な身体と道徳と知識をもつべきだ」と記し，紳士に不可欠な条件として健康な身体を重視し，このような彼の思想を紳士教育論という．

（4）近代（17世紀）−実存主義教育−（表5-1）

　この時期は，具体的知識や実際的な技能を重視する立場をとり，文学的・古典的な分野ではなく，歴史・政治・自然科学を重視する教育が実践された．16世紀頃には，古典語の学習が古典を研究する手段ではなく，古典語の学習そのものが目的となるという形式的な学習に陥ってしまったことの批判と反省があった．これにより，17世紀には現実生活に実際に役立つ，世俗的な教育が求められるようになってきた．

（5）近代（18〜19世紀）−近代教育思想の進展−（表5-2）

　18世紀は啓蒙主義の時代であり，中世以来の伝統や社会制度，人間に関する思想について，合理的，理性的立場から批判され始めた．フランスのルソー（Rousseau：1712-1778）が『エミール』（Émile, ou De l'éducation）のなかで子どもを中心に考えた自然主義の教育論を展開し，「子どもの発見者」と呼ばれた．そのルソーの影響を受けてドイツのバセドウ（Basedow：1724-1790）やザルツマン（Salzmann：1744-1811）等の汎愛派の教育活動が展開されていく．なかでも，ルソーが強調した自然を福音として，その自然に準じる教育を探究した教育

表5-2　近代教育思想に関連する主要人物

○ジャン・ジャック・ルソー（Jean-Jacques Rousseau：1712-1778）：近代教育思想の立役者でもあるルソーは，30歳でフランス・パリに出て啓蒙思想家と交友し，『学問芸術論』（1750）で著名人となった．以後，『人間不平等起源論』（1755）や民主主義社会の理論としての『社会契約論』（1762）を執筆し，その社会に生きる人間の形成論として教育的主著の『エミール』（1762）を発表した．その冒頭の「創造主の手から出る時にはすべては善であるが，人間の手にかかるとそれらはみな悪いものになってしまう」という記述から示唆されるように，子どものあるがままの可能性を自然のままに，大人の手で阻害することなく伸ばしていこうという「消極的教育論」を提唱した．それは，知識偏重の教育を批判しthese抑制する教育論で，特にルソーによって定式化され，自然が示す道に沿って認識の手段としての諸器官を十全に活用する教育を支持するものであった．子どもの自然で自由な自発性を重視し，権威や強制的介入を排除するべきであるとする理論である．

　『エミール』は，架空の少年であるエミールについて，その誕生から結婚にいたるまでの成長過程を描いた小説である．子どもを早くから大人中心の型にはめ込もうとする伝統的な教育を批判している．子どもの自然な営みにしたがった子どもを中心とする児童中心主義の教育であるべきことについて書かれ，前世代のコメニウスの教育理論を支持する内容となっている．子どもは大人と異なった独自の成長過程やモノの見方をもっていることから，大人はそれをよく観察し，その表れを見出し保護することの重要性について説いている．

○ヨハン・ペスタロッチ（Johann Pestalozzi：1746-1827）：フランス革命およびスイス革命の最中，18世紀から19世紀にかけて活動した「教聖」と呼ばれた人物である．教育思想だけでなく，献身的な教育を実践し大きな影響を与えた．ルソーの『エミール』に刺激され，不平等な社会の改革と貧しい民衆を救済することに関心を深めていった．そして，農家の貧児や浮浪児を集めて学校を開き，衣食をともにし，農業や紡績の仕事を始めた．その頃から，彼は教育についての省察とその思想的展開を始め，最初の著作『隠者の夕暮れ』（1780）を刊行した．

　ペスタロッチは，彼の教育論を「基礎陶冶」という言葉で特徴づけた．それは，頭（知的），心（心情的），手（身体的）という言葉をもって象徴される人間性の3素質は，それ自体に発達への衝動と発達の法則を備えていることから，これら人間の諸能力をその内在する法則に従って合自然的に発達させ，調和へと形成することが教育の本質であるとした．彼の主著『ゲルトルート児童教育法』（1801）は，こうした人間理解のもとに教授理論を探究した成果であり，ここで「直観教授」の考え方を示した．認識対象としての事物の本質は，数・形・語からなり，この事物の本質を捉えるものが直観であるとして，感覚的印象から概念形式に至る認識理解に基づき，直観を基礎にこれに訓練する教授方法の原理を説いた．このような彼の理論は，ルソーの思想にもあった児童中心主義を一層深化させ，直接的な体験や本物に触れることの重要性を説いている．

○ヨハン・ヘルバルト（Johann Herbart：1776-1841）：ルソーとペスタロッチの教育思想を体系化し，これを科学的教育学にまで発展させるという課題に取り組んだ最初の学者であった．学問としての教育学を樹立するにあたり，教育の目的を倫理学に，方法を心理学に求めた．教育方法としては，「管理・教授・訓練」と教育の働きかけを3区分した．また，4段階教授法の「明瞭・連合・系統・方法」は，後の全世界の教育界へ大きな影響与えた．イエナ大学在学中に，児童教育の実践に取り組んでいたペスタロッチを訪ね，自身も実践から乖離しない教育学研究への基礎づくりを進めていった．主著としては『一般教育学』（1806）や『教育学講義綱要』（1835）などがある．

　ヘルバルトの4段階教授法は，授業の分節化として現代にも通じる価値がみられる．どの授業もその対象を完全に研究するには，対象への専心（没入）とそれを致思（熟考）するという交互作用が必要であるとする．この上に，安らいだ態度（静）と前進の態度（動）という2つの区別が重なって，「明瞭・連合・系統・方法」という4つの形式的段階として位置づけた．

○フリードリッヒ・フレーベル（Friedrich Fröbel：1782-1852）：ペスタロッチの思想に大きな影響を受け，幼児教育に大きな業績を残した．世界で初めて幼稚園を創設し（一般ドイツ幼稚園：1840），教育の歴史に意義ある実践を残したことから「幼稚園の父」と呼ばれる．主著に『人間の教育』（1826）および幼児教育の手引書となる『母の歌と愛撫の歌』（1844）がある．フレーベルは，万物の唯一の根源は神にあり，自然も人間もともに神から生まれ，両者の間には同一の法則が支配していて，神性は万物に宿り，万物は神がそのなかに働くことにその使命があると考えた．そこから彼は，教育は人間の中にある神性を導き出し，人間と神を合一させることが目的であるという結論に達した．このような考えから，彼は子どもの遊びと，「神から与えられた物」の意である幼少年のために考案した体系的な遊び玩具の「恩物」を考案した．

表5-3　新教育運動に関連する主要人物

○ジョン・デューイ（John Dewey：1859-1952）：プラグマティズム（道具主義・実験主義）の立場に立った哲学者・教育学者である. 彼の学習方法は問題解決学習と呼ばれ,「為すことにより学ぶ」（learning by doing）という経験主義を主張した. アメリカの進歩主義教育運動の指導的立場につき, 戦後日本の教育へも多大の影響を与えた. 主著に『学校と社会』（1899）や『民主主義と教育』（1915）等がある. 人間の成長は経験を絶えず再構成していくことであるとした. 経験とは, 人間の活動と環境の間の相互作用から形成されることから, 教育とはその後の経験を成長させるように経験を再構成することに他ならないと指摘している. 彼は, すべての成員が等しい条件でその社会の福祉に関与できるように環境が整備され, その制度を柔軟に調整できる社会を民主的な社会と考えた. そこでは, 人々が社会の関係に自ら関心をもち, 混乱を起こさずに社会の変化をもたらすことができる習慣を身に付ける教育が必要と考えた.

○マリア・モンテッソーリ（Maria Montessori：1870-1952）：近代イタリア初の女性博士であり, 医師で教育者であった彼女は, 知的障害のある子どもたちの教育において業績を残した. 1907年にローマにある保育施設に迎えられ, これを「子どもの家」と名づけ, 3歳から6歳までの教育を5年間を実践した. 幼児教育の分野においては, さまざまな教具を用いて感覚運動能力や知的能力をつけるモンテッソーリ教育法を発案し, 現在も各国の幼児教育現場で実践されている. 主著に『「子どもの家」の幼児教育に適用された科学的教育学の方法』（1909）がある.

表5-4　教育の現代化に関連する主要人物

○ジェローム・ブルーナー（Jerome Bruner：1915-2016）：科学教育振興策を推進するために30数名の科学者や教育学者が集合し, 初等・中等学校における科学教育の改善について討議された. その成果が『教育の過程』（1960）として, 議長であったブルーナーによってまとめられた. そこでの核となる提言が「発見学習」であり, これは学習者自らの内発的動機により問題を解決する能力や学習の仕方等を発見することを主眼においた教授法である. 『教育の過程』では, デューイを中心とするアメリカの進歩主義的教育が知的生産性において非能率的であることを指摘しつつ, 新たなカリキュラムのあり方を提案するものであり, 教育の現代化に大きく貢献した.

者がペスタロッチ（Pestalozzi：1746-1827）であった.

　18世紀後半から19世紀にかけてドイツを中心に, 啓蒙主義の実利主義的傾向を批判し, 真に調和的に完成した人間精神の成長を目指す新人文主義運動とその教育が展開された.

（6）20世紀〜第二次世界大戦前−新教育運動の展開−（表5-3）

　19世紀末から20世紀初頭に, 子どもを中心とする進歩主義の教育思想や実践が広範囲にわたって展開された. その動きが世界的な規模になり, やがて「新教育運動」へと発展していく. 従来の伝統的な教育方法を「知識注入主義」として批判的に「旧教育」と呼び, これに対して, 子どもの自主性や興味・関心を重視し各々の個性を尊重する方向性を「新教育」とした. 近世以来のコメニウス

（Comenius：1592-1670），ルソー，ペスタロッチらの思想に通底する「子ども尊重」という点で，各地の新教育運動は共通する人間観を有している．

（7）第二次世界大戦以降−教育の現代化に向けた改革−（表5-4）

第二次世界大戦後，ヨーロッパ諸国では民主主義の理念に基づく新しい学校体制を整える傾向が顕著となった．その背景には，労働者階級の成長，保守と革新の対立，民主的努力の発展という社会状況が影響していた．このような社会の動きは，当然のことながら，日本を含め各国において，教育の現代化という教育制度の変革や内容の再編成の流れを生み出していった．

2）野外教育との接点

上述した教育思想や理論のなかでも，特に野外教育との強い関係性がみられるのが，近代17世紀の教育者として活躍し，感覚を使って実物を経験しながら学ぶことの大切さを説いたコメニウスの教育論であろう．また，18世紀に展開された啓蒙主義の教育にあって，子どもを中心に考えて自然主義の教育論を唱えたルソーやペスタロッチの理論がある．さらに，後にその理念が引き継がれた19世紀末から20世紀初頭に起こった新教育運動で展開された教育理論にも強いつながりがみてとれる．特に，「為すことにより学ぶ」（learninng by doing）という経験主義を主張したデューイの理論は，自然や人とかかわり合う直接体験を基盤とする野外教育との重なりがうかがえる．

3）各地域における教育実践・思想[3]

前項では主として，西洋教育史における代表的な思想・理論について取り上げた．しかし，自然や人（他者・自己）と実際にかかわり合う体験による学びや智恵（実践的知識）の習得を教育の本義としてきた文化は，これに限られるものではない．自然や地球を畏敬し相互依存や調和の精神で友好的・親和的関係を基本として社会を育んできた各地域固有の文化とその教育は，個々の人生や社会生活を持続かつ繁栄させていくうえでの根本思想であった．その代表的な例として，ネイティブ・アメリカンをはじめとする世界各地の伝統的固有文化に通底する思想および教育観があげられる．

加えて，自然・地球やそこに存在するすべての存在（人，動植鉱物等）とのつながりや調和関係を築くことの大切さを基本的教えとしている東洋思想，特に道

教，仏教，儒教，神道などを伝統とする文化・社会においても，その根底には同様の見解がみてとれる．日本もその1つといえよう．

　これを反対側からみれば，野外教育という言葉は使われていなくても，その教育実践は，古来よりそれぞれの文脈においてなされていたと捉えることができる．これは前項での教育思想でも同じで，野外教育につながりのみられた理論は，その当時において野外教育という概念も実践も意識されていなかったとしても，実際には行われていたという解釈もできるであろう．

4）日本の学校教育における野外教育
（1）動向の概要
　学校教育における野外教育の位置づけなどを考えるにあたっては，その学習活動となる野外活動や自然体験活動の点から検討ができるであろう．それらは主として，第二次世界大戦後における各種答申，教育関連法，学習指導要領，文部科学省の政策のなかで言及されてきた．たとえば，保健体育審議会の答申では野外活動について，臨時教育審議会，中央教育審議会，生涯学習審議会の答申では自然体験・生活体験の必要性について示されてきた．

　保健体育審議会では，1997（平成9）年の答申以前は「野外活動」の使用が一般的であったが，それ以降は，「自然体験活動」が使われるようになった．また1980年半ば以降，文部省（当時）における公文書や学習指導要領などでは，野外という用語より自然教室，自然体験活動といった自然の語句が用いられる傾向になっている[4]．

　したがって，現在の学校における野外教育の実践は，主に自然体験の名称において行われている学習活動とみることができよう．実際の学校現場では，その自然体験活動およびその学習は，遠足／旅行・集団宿泊的行事としての特別活動（中学・高等学校では遠足が旅行となる）や，教育課程上の「生活科」「総合的な学習（探究）の時間」に位置付けられて実施されてきた．

（2）林間学校と臨海学校
　教育課程上においてなされる自然体験活動のなかでも，集団宿泊的行事としての取り組みに林間学校や臨海学校がある．他にも，学校が所在する自治体や年代・社会背景によって，自然（体験）教室，移動教室，セカンドスクールなどさまざまな呼び方がされてきている．共通するのは，日常の生活環境とは別の場所に移

動して，自然に触れ合い仲間との協働生活を通して教育効果を図るといった活動が行われることである．このように多様な名称があるが，先にあげた林間学校・臨海学校は，野外教育という用語が学際領域として日本へ導入される戦前から，林間学校は山間での，臨海学校は海辺での野外活動として実施されてきた歴史もあり，学校での自然体験活動を代表するより一般的な言葉として使用されてきたといえよう．このことは，両者ともに俳句などの夏の季語となっていることからもうかがえる．

　臨海学校は，隆盛をきわめた1950年代から1960年代以降は多くが廃止され，現在も続けている学校は限られている．その敬遠されてきた要因としては，学校週休2日制による授業時数の削減，安全面に配慮した学校行事の精選，教師の負担増加などがいわれている[5]．これに対して林間学校は，臨海学校と同様の廃止理由を抱えながらも，比較的，各学校での定例行事の1つとして継続されてきている傾向がみられる．そこゆえここでは，学校での宿泊を伴う自然体験活動，すなわち野外教育の代表的な実践として林間学校に焦点をあてて説明を試みたい[6-8]．

　林間学校の始まりは，1888（明治21）年に，頌栄女学館の英語教師で宣教師でもあったアレクサンダー（Alexander）が，生徒20数名を長野県軽井沢の別荘に滞在させたのが最初だとされている．この林間学校の原型は，19世紀中頃のヨーロッパで活発となった「フェリーンコロニー」（Ferienkolonie）に由来する．これは，長期休暇中に虚弱児童を自然豊かな場所に引率し，数週間そこで過ごすことで健康増進を図るものであった．日本には，結核予防の点から導入が検討されて，1910年代初頭には，夏季休養団や避暑保養所という名称のもと，いくつかの小学校で実施されるようになったとされる[9]．

　このように，日本の林間学校はヨーロッパの取り組みが輸入されたもので，導入当初の目的は体質・健康改善，衛生的な理由で行われていたが，大正末期頃には，人格育成といった教育的な意義も付されるようになっていったという．戦後になって実施数や対象児童数は拡大し，1958（昭和33）年の学習指導要領において，林間学校が心身の健全な発達などを目的とした学校行事の1つとして告示されたことにより，各校で広く実施されるようになった．またこの頃から，今日まで定番活動となっている飯盒炊飯やキャンプファイアといった野外活動の実施傾向が強まったとされている．

（3）国家事業としての自然体験活動の推進と今日的課題

　その後 1984（昭和 59）年には，文部省（当時）による国庫補助事業として自然教室推進事業が開始された．実施期間は 1 週間（5 泊 6 日）程度が原則として推奨され，4 泊 5 日，3 泊 4 日も対象となり得るとした．それゆえ，3 泊 4 日以上で行う小・中学校が増加し，毎年全国で 1,000〜1,600 校が実施したとされる．自然教室推進事業においては，林間学校は年間の教育計画に位置付けられ，教科等の授業を含めるものとなった．そうすることで，集団宿泊を伴う自然体験活動による学習が特別活動の学校行事としてみなされるとともに，理科・社会などの関連教科における授業時数を集団宿泊体験に含められるという利点もあった．しかしながら，自然教室推進事業は 1997（平成 9）年度に終了し補助金がなくなったことで，いくつかの学校は期間を短縮しての実施となった．

　これ以降今日に至るまで，中央教育審議会答申，学習指導要領，文部科学省による関連事業・プロジェクト等の公的方針や政策において，学校教育で自然体験活動の必要性および拡充は幾度となく強調されてきた．しかし現実的には，先の自然教室推進事業のような国からの大々的な予算措置はなく，この点での大きな進展や充実が図られてきたとはいいがたい．本書の刊行時期においては（2024年），教員の過重労働や慢性的な多忙にまつわる教職への負のイメージによる深刻な教員不足などが重大な社会問題となっている．この点も相まって，特に宿泊を伴う自然体験活動のあり方は，教員の働き方や財源に大きくかかわってくることから，国の指針とは矛盾する形で縮小や廃止といった傾向があるという課題がみられている．

（4）学校における野外教育の意義−生きる力の醸成−

　前述した学校における野外教育の取り組み，すなわち自然体験活動およびその学びに向けた実践は，私たちの人生を豊かに展開するための基本かつ総合的人間力である生きる力を育む全人的な教育活動となる大きな可能性をもつ．生きる力は，確かな学力，豊かな人間性，健康・体力，という 3 つの中核的な力からなる能力である[10]．2002（平成 14）年以降の学習指導要領において，変化の激しい社会のなかで，たくましくしなやかに，よりよく生きていくうえで必要かつ重要な力として強調され続けてきている．

　このように，生きる力は「知・徳・体・情」の認知および非認知能力の両者を含む全人的な資質・能力として捉えることができる．学校でなされる自然体験活

動は，特に集団での宿泊を伴う実践では，単に自然に触れ味わう体験のみならず，生活体験，芸術・文化体験，運動・スポーツ体験，教養体験，コミュニケーション体験などといった多様な活動を包含する総合的な体験の場となる．したがって，学校で展開される自然体験活動，すなわち野外教育は，その効果検証でも確認されているように[11]，人の根源的かつ包括的な成長にかかわる生きる力の育みに寄与する全人的な教育実践となり得る．これは学校教育のみならず，野外教育の取り組みの全般についていえることであろう．

自然体験については，より若い世代の方がその体験量は少ない傾向にあることが報告されている[12, 13]．社会的に経済格差が指摘される今日では，経済的に余裕のない家庭の子どもほどさまざまな体験をする機会が限られてしまうことの懸念がある．それゆえ，誰もがかかわる学校という場において，自然体験を基盤とした多様な体験の機会と内容を充実させていくことを検討し，すべての児童生徒に野外教育的実践を提供していくことが必要である．そのためにも，必要な予算措置を講じ，その質と量の両面においての強化を期待したい．

5）野外教育における教育学の充実のために

自然と人の体験的関係から構想される野外教育学は，教育哲学，教育史，教育方法，教育指導者，学校教育，社会教育，教育制度，比較教育，教育経営，教育評価（効果）というように，一般的な教育に関連する学問内容として広範に渡る．3章で言及しているように，分野横断的な学際的領域の教育学となる．しかしながら，これまでの学問としての野外教育が，それら諸種の教育領域の観点からみた場合，そのすべてにおいて網羅し検討されてきたとはいえない[14]．野外教育を野外教育学として確立し充実していくためには，本書で提言している体系化を手掛かりとして，教育学の各分野・領域における野外教育の理論について探究し，その成果を整理していくことが望まれる．

┃2．野外教育の特性に応じた教育学理論

ここまで教育史や教育理論などについて確認しながら，野外教育を一般的な教育学の観点から概説してきた．しかしながら野外教育の実践場面では，これらの枠に収まりきらない教育学的事象が多く起こる．なぜなら，これまで述べてきた

ように野外教育とは自然を教育の中心に据えて実践する教育方法であるが，その自然とは多様であり，偶発性や不確実性を帯びながら常に変化を続けているからである．また野外教育の現場では，指導者や他の参加者らと時空間をともにするが，そのことが意味するのは自分と他の人とのかかわりが常に起こっているという事実である．改めて述べるまでもないが，十人十色というように指導者や他の参加者も多様である．

よって，このような自然や人とのかかわり合い，すなわち直接体験を第一義とする野外教育では，その条件(周りの環境といってもよい)が多様であるがゆえに，一般的な枠に収まらない教育学的諸理論についても理解しておく必要がある．むしろ，これらについて理解することは野外教育の特性や独自性の認識につながり，その意義について改めて確かめることになると考える．

1) hidden curriculum (隠れたカリキュラム)

まず，はじめに hidden curriculum について考えてみたい．なお，hidden curriculum の表記については，日本ではヒドゥン・カリキュラムや隠れたカリキュラムとしたり，また潜在的カリキュラムと表す場合もあるが，一般的にはこれらは厳密に区別されておらず，本書では hidden curriculum に統一する．

hidden curriculum の概念は，社会学者の Phlip W. Jackson が 1968 年に初めて使用したとされる．さらに 1970 年に Benson R. Snyder が著書『The Hidden Curriculum』[15] を出版したことにより，この概念が広く認知された．

hidden curriculum とは，教育や学習の場において，公式なカリキュラムとしては存在しないが，意図されずに知識や意識などが創り出されたり，空間や場の雰囲気から伝達されたりする様相のことである．言い換えると，意図が明確なカリキュラムに対して，言語化や文章化されるものでもなく，また実践している教師や教育者また被教育者にも気付かれないうちに，潜在的に何らかの教育効果をもたらすものが hidden curriculum といってもよい．

横藤[16] は学校における hidden curriculum について，「教師が無自覚にしていることの方が，意図・意識してやっていることよりもずっと多く，またその影響の方がずっと大きい (p5)」と述べている．この言説は野外における教育についても大きく当てはまる．学校では学習者を取り巻く条件 (環境) を一定程度コントロールしたり固定化したりするのは比較的容易である．それに対して野外教育の現場で

は，先述したように自然との体験や人との体験が重視されるものの，それら自然
や人という条件（環境）をコントロールしたり固定化するのが難しく，そもそも不
可能なことも多い．このような条件下では指導者が意図することとは異なる予想
外や想定外のことが学ばれたり理解されたりする事象が多く生まれる．

　たとえば野外教育における登山を考えてみよう．指導者はなぜ登山をプログラ
ムとして選択しただろうか．心身ともにハードな登山行程を通して，「自信を身
につける」や「達成感を味合う」などの目的・ねらいは，本書の読者であれば比
較的容易に想像できるであろう．そして実際にその登山に参加した者は平均的に
考えれば一定程度，その目的やねらいを達成するであろう．一方，平均に集約で
きない個々の体験はそれらの意図の枠内のみに収まるだろうか．ある者は自身の
水筒の水を飲み切ってしまい，指導者から水を分け与えてもらったとしよう．そ
のような体験によって指導者への尊敬や感謝の念を抱くかも知れない．あるいは
登山パーティーのなかで比較的体力のある者が，遅れがちな者が追いつくのを何
度も待つように指示されれば，「1人の方が楽なので，もう他人とは登りたくない」
と思うかも知れない．登山道に落ちているゴミを指導者が拾わないまま歩けば，
「山のゴミはいちいち拾わなくてもいいのだ」というネガティブなメッセージを
与えるかも知れない．

　これら登山場面で示した例は，先に引用した「教師が無自覚にしていることの
方が，意図・意識してやっていることよりもずっと多く，またその影響の方がずっ
と大きい」ことについての具体例であるが，野外ではさらに自然や人（ここでは
他の参加者）からも多くの影響を受ける．登山を通して地形や天候に興味を抱く
かも知れないし，山の環境問題に気付くこともあるだろう．登山道で熊に遭遇す
れば，昨今の里山や市街地における熊による被害について考えるかも知れない．
他の参加者より自分の体力が優れていることに気付けば，トレイルランニングに
出場するようになることもあるだろう．逆に自分の体力のなさを感じ，その後は
二度と登山をしなくなるかも知れない．

　このように考えれば，ありとあらゆる環境に hidden curriculum が存在してい
ることが理解できる．気付いたかと思われるが，その影響は指導者が意図しない
がゆえに，教育的にポジティブなものとネガティブなものが存在することを理解
いただけただろう．指導者が意図したカリキュラムを遂行し，一定程度の目的達
成がされたとしても，自然と人から多大な影響を受ける野外教育の実践場面では，

意図しない影響が多く生まれていることを認識されたい.

　そして重要なことは, このような hidden curriculum を通して指導者が想像も
できなかったような多様な学びが生起していることを尊重することである. 野外
教育では画一的な学びに終始しないということこそ, 他の教育手法よりも余裕が
あり, また豊かな教育である所以なのである. またそれが野外教育の特性, 独自
性であると考えてもよい.

2) 偶発的学習

　hidden curriculum に共通する概念として, 偶発的学習（incidental lerning とも
呼ばれる. また無意図的学習とも呼ばれる場合がある.）があげられる.

　McGeoch & Irion[17] によれば, 偶発的学習とは特定の動機または特定の形式的
教示, あるいは当該の活動または材料を学習しようとする構えなしに, 明瞭に生
起する学習であるとされる. 小柳[18] によると, 学習に対する実験の操作的教示
がなく, また学習に対する意図の内省的報告なしに起こる学習であると定義され
る. つまり本人に学習に対する動機や構えがなく, さらに形式的あるいは意図的
な教示が存在しなくとも, 明らかに学習が起こり得るという現象を意味している.

　この概念で重要なことは, 本人が学習に対して動機や構えをもっていないとい
うことであり, 無意識レベルで学習が生起しているということであろう. 野外教
育の実践場面では, 後述する体験学習理論がしばしば援用される. このとき, 体
験に対する振り返りなどを通して内省を促すのであるが, 内省とはすなわち言語
化である. 一方, 無意識レベルで学習が生起するということは, 言語化されない
ことを意味している. したがって, 振り返り（意識レベル）では言語化されなかっ
たことであっても, 無意識レベルでは何かを学んでいる可能性が大いにあり, 後
の当人にとって何らかの影響を及ぼす可能性を含んでいる.

3) LPP（正統的周辺参加）

　LPP（legitimate peripheral participation）は正統的周辺参加と訳され, ジーン・
レイヴとエティエンヌ・ウェンガーが提唱した[19]. LPP の概念は, いくつかの
徒弟制（たとえば産婆, 仕立屋, 海軍の操舵手, 肉屋, アルコール依存症回復グルー
プ）に関するフィールドワークやインタビューなど, 社会学に基礎を置く研究か
ら見いだされたが, そこでは状況に埋め込まれた学習が起こっていると結論付け

られている．ここでいう状況とは，目的を共有して実践を行う共同体である．このような概念も野外教育における教育学的理論として援用可能であると考える．

　一般的に学習とは，教授型構造のなかにおいて個人の行動変容が起こったり，知識や技能が獲得されると考えるが，LPP では個人と共同体との関係すなわち実践への参加そのものによって，指示的教育なしに学習が成立すると考える．またその参加の過程においては，他者や状況との関係によって全人格的な変容をともなうアイデンティティが形成されていく．

　野外教育では一般的にグループなどの共同体に属することが多い．また野外スキルなどに関しては教授型による指導もなされるが，実践（各プログラムやアクティビティ）への参加においてはグループで試行錯誤するプロセスそのものへ参画していく場面が多い．つまり大小さまざまな実践のプロセスが共同体のなかで繰り返されるが，そのような状況の最中にこそ，野外教育における学習が生まれていると考えてもよいだろう．

　ここでいう実践のなかには，自然と対するもの，人と対するもの，そしてそれらの相互作用が含まれるが，それらは多様な関係性といってもよい．そのような多様な状況や関係性において学びやアイデンティティ形成が成立すると考えるLPP を理解することは，野外教育学における教育学理解の一助となると考える．

4）体験学習理論

　体験学習理論（経験学習理論とも呼ばれる）は，野外教育の実践場面において援用されることが多い理論の1つである．

　ジョン・デューイは，体験と切り離された学習は知識が断片的なものとなり定着しないとして伝統的な教育アプローチを批判し，学習は体験から生じると主張した[20]．のちに Kolb は，このデューイによる学習理論を実務家でも援用可能な循環モデルに単純化し，①具体的体験（直接体験），②内省・観察（振り返り），③概念化・一般化（意味の抽出），④新場面での試行＜応用＞（現実での反映・実践）という4つのプロセスモデルを示した（図5-1）[21]．Kolb はこの4つのプロセスを一連のサイクルとし，この循環過程を繰り返すことにより，新たに学習した概念が試行・検証され，強化されていくと考えた．デューイや Kolb は，①具体的な体験や実践と，②体験の観察や内省の2点を重視し，それらを連続させることが学びのうえで重要な要素であると考えた．野外教育では直接体験を第一

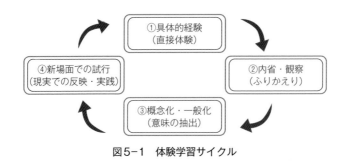

図5-1　体験学習サイクル

義とすること，つまり具体的な体験や実践を重視することはこれまでに述べてきたが，その体験を内省することによってさらに学習効果を高めようとする考え方が体験学習理論であるといってもよい．また関連して，Walsh & Golins[22] はアウトワード・バウンド・プロセス・モデルを示している．そのモデルでは単純化されている Kolb のモデルが冒険教育の体験過程に沿って展開されており，冒険教育の構造を理解するうえで有用である．

　内省（振り返り）とは，自身や仲間とどのような体験をしたかを振り返り，口頭で話すことで仲間と共有したり，記述によってその過程や結果を顧みることである．これらは体験したことを体験のみに終わらせるのではなく，今後の実践や応用につなげていこうとするものである．その方法としては，たとえば指導者の問いかけに口頭で応えるもの，何らかの設問に対して用紙上に記述するもの，そのほか自由形式で記述するもの（感想文や日記など），さらに絵などの作品表現をするもの，さらにジェスチャーなどで身体表現するなど，指導者のねらいや参加者の特性に応じて使い分けられる．

　ここで少し留意が必要なことは，内省の内容を指導者の言動によって誘導しないようにすることである．野外教育の目的やねらい，また教育観や指導観は，主催者や指導者によって異なるものの，総じて社会的には望ましいとされる価値意識（＝教育的効果）に準じたものであろう．これらの教育的意図は指導者が意識するか意識しないかにかかわらず，言葉や態度に少なからず表出するものである．このような場合に問題となるのがいわゆる過剰適応や良い子的な反応を参加者が示してしまうことである．このような反応は，参加者の心のなかの生の感情に向き合うことを妨げ，内的適応に歪みを生じさせてしまう．さらに指導者の言動と態度に不一致がある（言っていることとやっていることが違うような場合），参

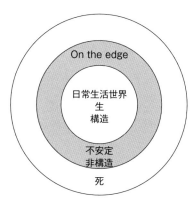

図5-2　エッジワークにおける主観的・客観的構造モデル

加者にはダブルバインドとして受け止められることがある.

　体験学習理論における内省は，体験に意味づけや強化を伴わせることで，今後の糧となるよう導くという考えに基づくものであり，有効な教育方法である．一方で，過度に内省を求めたり指導者の価値観に沿った誘導をともなうことには大きな負の側面があることを認識しておかなければならない.

5）エッジワーク

　Lyng[23] によるエッジワークは冒険教育の構造を表すものとして広く参照されている．彼は山に入ることを「自らリスクを冒す行動」（voluntary risk taking）として捉え，登山という行為をエッジワーク（edgework）として概念構成した．この概念を構造化したのが主観的・客観的構造モデル[24] である（図5-2）．そこでは日常生活世界とその外部，つまり生と死との境界の間に，境界領域（on-the-edge）が設けられている．生という日常生活世界（＝C-zone：安心できる快適な領域）の外側には不慣れで未知な，予期・予測のできないリスクのある領域があり，その edge を突破・克服することが自己成長を導くという考え方である．ここでのリスクのある領域とは，孤立した自然環境における困難で挑戦的な活動であり，それを克服することで自己成長を導くという冒険教育の定義にも合致する理論である.

6）その他

　その他，教育学の範疇を超えるが，野外教育学を理解するうえで有益と思われる諸理論について紹介する．

　1つ目はM・チクセントミハイが提唱したフロー理論[25]である．「人が全人的に行為に没頭しているときに感じる包括的な感覚」として定義され，人が何かに夢中になっているときの心理状態あるいは価値ある楽しい体験として捉えられている．チクセントミハイはチェス，ロッククライミング，ダンス，芸術を含む諸活動における心理状態に関して，社会学的，哲学的な接近の方法によって楽しさの源泉を分析し，さらにその現象学的特質を明らかにした．フロー状態が生起する条件は，挑戦（課題）の難易度と行為のための能力（技能）がともに高いレベルで均衡することであり，これらに不一致が生ずると不安や退屈を感じるとされる．

　フロー理論は野外における諸活動の理解とも親和性が高く，これまでにも書籍内で紹介されたり，関連論文もいくつか認められるので，参照されたい．

　このフロー理論が教育学としても重要なことは，人はフロー体験を通してより複雑な能力や技能を身につけるようになるとされ，その過程を通して心理的成長・恩恵がもたらされると考えられているからである．ある課題（何らかの野外教育プログラム，アクティビティと考えてもよい）に取り組む際，課題の難易度が自身の技能より高い場合，人は不安を感じる．よって自身の技能を伸ばそうと努力する．あるいは課題が自身の能力と比較して容易な場合は退屈を感じるため，さらに課題の難易度を高めるよう調整を試みるようになる．楽しさを求めてこれらを繰り返すうちに，心理的にも成長していくというのがフロー理論である．野外教育として何らかの心理的成長を期待する際，フロー理論の理解は参加者の能力・技能と課題の難易度設定について，有益な指針をもたらすと考えられる．

　ところで，野外教育実践には遊びの要素が多く含まれる．紹介するもう1つは，この遊びについて論じたいわゆる遊戯論と呼ばれる諸理論である．遊びに関する諸理論は多くあるため，ここではそれらの概略についてのみ紹介したい．

　ホイジンガは1938年に『ホモ・ルーデンス』[26]を出版し，遊びの要素を古今東西の歴史のなかから見いだしている．文化は遊びのなかに含まれるという考え方により，その適用範囲は非常に広くなっており，野外教育における体験の意味を理解する一助になると考えられる．またロジェ・カイヨワによる『遊びと人間』[27]では，遊びの定義として自由な活動，隔離された活動，未確定な活動，非

生産的活動，規則のある活動，虚構の活動が示された．遊びをアゴン（競争の遊び），アレア（チャンスの遊び），ミミクリー（模倣の遊び），イリンクス（めまいの遊び）の4つに分類している．これらは野外教育実践における状況と多くが共通している．そのほか，フレーベルやピアジェらの教育学あるいは心理学からの遊びの論考などは，野外教育における遊びを通した成長や発達に関する認識を深めるためにも理解しておきたい．

7）まとめ

　野外教育では，野外生活技術や野外運動に必要な技能を教える場面は確かに存在する．しかし自然や人を介した直接体験や各種のプログラムを通して，参加者には教えてはいないけれども何かを学ぶ機会が多く存在している．そこには指導者が意図しない教育的効果が多々あり，そのことが野外教育の特性や独自性ともいえるだろう．また体験学習理論やエッジワークの理論は，野外教育における学びの構造を踏まえた指導の一助となるため十分に理解されたい．さらにフロー理論や遊戯論も野外教育の特性理解につながるため，基本的な文献などに目を通しておくことが望ましい．

　最後に，教育そのものを俯瞰してみたい．そもそも現代において一般的に教育として理解されている営みとは，およそ18世紀後半の近代化に伴って成立してきた1つの制度に過ぎない．それ以前，つまり中世やさらに遡る古代においては，それぞれの労働に即しながら地域や社会階層，身分や職業によって多様な教育的営みが行われていた．高度に制度化されてはいないものの，教えることや学ぶことが成立していた徒弟制度や見習い，あるいは修行などがそうである．そしてさらに先史時代まで遡ると，教えることも学ぶことも明瞭に存在せず，そこには単純に伝えることや真似ることなど，原初的な関係性のみがあったともいえる．詳細な解説は他に譲るとして，このようなコミュニケーションを介した自然な社会的学習は，近年では特に養育者と乳幼児の関係性に着目したナチュラル・ペタゴジー説として提唱されており[28]，教育学，進化心理学，哲学などの幅広い学問分野で注目を集めている．

　そして，このような教育の歴史的変遷を踏まえるならば，本節で紹介した諸理論のうち，積極的に教育価値を追求しようとする考え方に基づくものは体験学習理論のみであった．他の諸理論は先史時代から現在まで存在している教えること

や学ぶこと，あるいは人が成長することについて俯瞰的に考察されたものである
といってもよい．このことは，野外教育が基礎理論とメタ理論によって基礎づけ
られていることと関係している．本章で取り扱った教育学は基礎理論に位置付け
られるものであるが，メタ理論とも往還しながら理論を形成している．近代以前
の教育ならびに学びの姿やあり方について紹介した本節の内容は，歴史学や人類
学などのメタ理論を背景としながら俯瞰的に教育学を考察したものであった．こ
のようなメタ理論からの考察を踏まえた野外教育における教育学がさらに独自性
をもって発展することを期待して本章の結びとする．

📖 注・文献

1) 曽我雅比児 (2019)：「西洋教育史概説」−教育思想の展開と発展の視点から−，岡
山理科大学紀要，第 55 号，83-99.
2) 貝塚茂樹，広岡義之編 (2020)：教育の歴史と思想，ミネルヴァ書房，東京，3-
95.
3) 小森伸一 (2011)：野外教育の考え方，星野敏男，金子和正監修，自然体験活動研
究会編，野外教育の理論と実践，杏林書院，東京，13.
4) 中村正雄 (2009)：学校教育における野外活動と自然体験活動の動向，野外教育研
究，第 13 巻第 1 号，13-27.
5) 柴崎直人 (2009)：学校教育における臨海学校の今日的役割−平成 20 年告示小学校
学習指導要領の改訂趣旨より−，中部学院大学・中部学院短期大学部研究紀要，第
10 号，29-34.
6) 渡辺貴裕 (2005)：〈林間学校〉の誕生−衛生的意義から教育的意義へ−，京都大学
大学院教育学研究科紀要，第 51 巻，343-356.
7) 佐藤大祐，斎藤功 (2004)：明治・大正期の軽井沢における高原避暑地の形成と別
荘所有者の変遷，歴史地理学，第 46 巻第 3 号，1-20.
8) 高山千香 (2015)：健康増進から野外活動へ…林間学校，YOMIURI ONLINE，
(https://web.archive.org/web/20160121052917/https://www.yomiuri.co.jp/kyoiku/
ichiran/20151110-OYT8T50104.html，参照日：2023 年 12 月 26 日)
9) 現在の林間学校という呼称は，「フェリーンコロニー」と同時期に紹介された「ワル
ドシューレ」(Waldschule) の訳語で，1910 年代中頃から定着したとされる．ワル
ドシューレは，常設型施設として森林に作られた現在の病弱児養護学校のような機
関で，一般の学校と同様に教科学習を行っていた．
10) 「確かな学力」は自分で課題を見つけ，自ら学び考え，主体的に判断して行動し，よ
りよく問題を解決する能力；「豊かな人間性」は自らを律しつつ他人と協調し，他
人を思いやる心や感動する心などの豊かな人間性；「健康・体力」はたくましく生
きるための健康や体力，とされる．

11）小森伸一（2022）：体験活動はなぜ必要か‐あなたの可能性を引き出し人生を輝か
　　せるために‐，東京学芸大学出版会，東京，55‐86．

12）国立青少年教育振興機構総務企画部調査・広報課編（2010）：「子どもの体験活動の
　　実態に関する調査研究」報告書，国立青少年教育振興機構．

13）深谷昌志（2015）：「体験を持つ」意味を考える，児童心理，第1008号（臨時増刊），
　　36‐45．

14）張本文昭，土方圭（2023）：野外教育における教育学（1），日本野外教育学会第26
　　回大会抄録，79．

15）Snyder, B.R.（1970）: The Hidden Curriculum, Knopf, New York.

16）横藤雅人（2015）：「かくれたカリキュラム」に光を当てよう，授業力＆学級経営力，
　　12月号，5．

17）McGeoch, J.A., Irion, A.L.（1952）: The Psychology of Human Lerning, Longmans,
　　New York, 210.

18）小柳恭治（1957）：偶発的学習についての研究（1）学習の意図と孤立効果，心理学
　　研究，第27巻第4号，270‐278．

19）ジーン・レイヴ，エティエンヌ・ウェンガー著，佐伯胖訳（1993）：状況に埋め込
　　まれた学習‐正統的周辺参加‐，産業図書，東京．

20）ジョン・デューイ，市村尚久訳（2004）：経験と教育，講談社，東京．

21）Kolb, D.A.（1984）: Experiential Learning, Experience as the Source of Learning and
　　Development, Prentice Hall, Englewood Cliffs, New Jersey.

22）Walsh, V., Golins, G.（1976）: The exploration of the Outward Bound process, Denver
　　CO: Colorado Outward Bound,（ERIC Document Reproduction Service No. ED
　　144754）

23）Lyng, S.G.（1990）: Edgework: a social psychological analysis of voluntary risk taking,
　　American Journal of Sociology, 95, 851‐886.

24）根上優（2009）：エッジワークの社会学‐人はなぜリスクを冒すのか，高桑和巳編，
　　生き延びること‐生命の教養学Ⅴ‐，慶応義塾大学出版会，東京，195‐231．

25）チクセントミハイ・M著，今村浩明訳（1991）：楽しむということ，思索社，東京．

26）ホイジンガ著，高橋英夫訳（2019）：ホモ・ルーデンス（改版），中央公論新社，東京．

27）ロジェ・カイヨワ著，多田道太郎，塚崎幹夫訳（1990）：遊びと人間，講談社，東京．

28）Csibra, G., Gergely, G.（2009）: Natural pedagogy, Trends in Cognitive Sciences, 13,
　　148‐153.

▆▆ さらに学びたい人のための参考文献

・貝塚茂樹，広岡義之編（2020）：教育の歴史と思想，ミネルヴァ書房，東京．

・小森伸一（2022）：体験活動はなぜ必要か‐あなたの可能性を引き出し人生を輝かせ
　るために‐，東京学芸大学出版会，東京．

野外教育における科学と体験
−野外教育の基礎理論３−

　野外教育は自然を源泉としていることから，自然界の法則や秩序が系統化された科学を理解することが重要になってくる．また，現代社会においては科学を応用したテクノロジーが欠かせない要素であり，それらが飛躍的に発展，進化を遂げ続け，私たちの身体の意味や体験の捉え方にまで大きく影響を及ぼしている．そこで本章では，科学や科学技術について改めて整理したうえで，身体を介した直接体験をプラットフォーム原則に置く野外教育とそれらの関係について解説する．

1．科学・科学技術とは

1）科学・科学技術の用語

　まず初めに，科学とは，また技術とは何かを改めて確認する．広辞苑[1]には下記のように記されている．

　　科学：①観察や実験など経験的手続きにより実証されたデータを論理的・数理的処理によって一般化した法則的・体系的知識．また，個別の専門分野に分かれた学問の総称．物理学・化学・生物学などの自然科学が科学の典型であるとされるが，同様の方法によって研究される社会学・経済学・法学などの社会科学，心理学・言語学などの人間科学もある．②狭義では自然科学と同義．

　　技術：①物事をたくみに行うわざ．技巧．技芸．②科学を実地に応用して自然の事物を改変・加工し，人間生活に役立てるわざ．

　また，1995年に制定された科学技術基本法を解説した書籍[2]には，以下のように記されている．

「科学技術」とは,「科学に裏打ちされた技術」のことではなく,「科学及び技術」の総体を意味する.

「科学」とは,一般に,事がらの間に客観的なきまりや原理を発見し,それらを体系化し,説明することをいい,「技術」とは,理論を実際に適用する手段をいう.

「科学」は,広義にはあらゆる学問の領域を含むものであるが,狭義の「科学」とは,とくに自然の事物,事象についての観察,実験等の手法によって原理,法則をみいだすいわゆる自然科学及びそれに係る技術をいう.そして,その振興によって国民生活の向上,社会の発展等が図られるものである.

そのほかにも,科学とは何か,技術とは何か,そして科学技術とは何かという言及が多くなされている.たとえば,ハイデガーは「技術とは何だろうか」と問うなかで,技術とは手段であり人間の行いであるという規定を,ありがちな観念として紹介している[3).また,現代において科学というと自然科学をイメージする人が多いと思われるが,必ずしもそれだけとは言い切れない.しかし本書では,科学や技術そのものを論じることが目的ではなく,それらと野外教育との関連を論じることを目指している.そこでここでは,科学技術についてこれ以上議論をすることは避け,科学は原理・原則を発見することであり,技術はその原理を活用する方法である,という平易な捉え方をしながら論を進めることとする.

野外教育の実践場面でも,さまざまな原理原則が存在し,常にそれが活用されている.たとえば,薪に火をつける場面では,乾いた薪を選ぶ,細かい方が燃えやすい,火や熱は上昇するなどの原理原則があり,それらの原理を活用しながら効率的に火をつけることを技術と呼んでいる(スキルもしくはハードスキル).この原理原則は科学的な知見であり,それらを用いて火をおこすことは,科学技術といえる.科学技術というと,スマートフォンやインターネットを連想するが,必ずしもそればかりではない.テント設営,スキー,ネイチャークラフト,キャンプファイヤーなどにも多くの原理原則があり(科学的知見),それに基づいて効率的に実施されている(技術).野外教育で原始的な生活をしたり,自然のなかで行動したりすることは,先人たちの知恵(科学的知見)や技術に触れる機会となる.たとえば,スキーはなぜ滑るのか,どうすれば早くスキーが滑れるようになるのか,どのような雪だと滑りにくいのか,どのような道具がスキーに適しているのかなど,科学や技術について考える機会にもなっている.

2）さまざまな科学の分野と野外教育の関連

　科学にもさまざまな分野が存在する．科学は，人文科学，社会科学，自然科学に分類され[4]，また西洋科学と東洋科学という分け方も存在する[5]．前述のとおり，科学というと自然科学をイメージする人が多いかも知れない（17世紀以降は，近代自然科学とも呼ばれている[3]）．その自然科学も，物理学，化学，生物学，天文学，地学などの分野に分けられている[4]．たとえば，テントのペグを打つ角度を考えるときや自然物を加工する際には物理学が用いられ，登山で地形を読み取ったり，天体観測をしたりする場合は地学や天文学が用いられる．自然のなかの動植物への対応や農業・林業・漁業体験の際には，生物学が用いられる．もちろん，人文科学や社会科学も用いられる．音楽・芸術的活動や土地の文化を学ぶことは人文科学とつながっており，また人間関係を考慮しながらグループをまとめることや，野外教育事業をどのように成立させるかについては社会科学が活用されている．このように野外教育には，多種多様な科学領域の知見が活用されている．

　もちろん，われわれの日常生活にも多くの科学技術（特に近代自然科学による技術）が使用されている．現在，われわれの生活は科学技術なしには成り立たないといっても過言ではない．しかしながら野外教育現場における科学技術とのかかわりは，日常生活の科学技術とのかかわりと多少異なるのではないだろうか．自然環境と密接した生活を送るからこそ，自然に関係した科学技術が用いられる（たとえば，観天望気や雪崩対策）．一方で，自然環境のなかでは使わない（使えない）科学技術もあり，またそれがなくてもやっていけるという科学技術もある（たとえば，トイレの温水洗浄便座）．このように野外教育実践の現場は，普段とは異なった科学技術に触れる機会や異なった使い方をする機会にもなっており，科学技術の利便性や必要性を考える機会にもなり得る．

▌2．科学技術の発展

　科学技術はこれまでどのように進化してきたのであろうか．そして，これからどのように進化していくのであろうか．科学技術の歴史は膨大であるためここに記載できることには限りがあるが，科学技術や人間の歴史を振り返り，これからの社会を見据え野外教育との関係を考えたい．

1）科学の進化

人類の祖先が火を使うようになった時期については，さまざまな説があるが，後述する地球カレンダー[6]では180万年前頃といわれている．猛獣を撃退したり，明かりや料理に利用したりするなど，最初のエネルギー革命であったと考えられる．そして1万年前，狩猟採集から農耕社会に移行し都市文化が発展した際に，多くの農耕技術や土木技術が開発され人間社会は進化していった．18世紀後半から19世紀には産業革命が起こり，生産の中心が農業から工業に移行した．石炭，石油，電気といったエネルギー源が使用され，移動や輸送の手段も発達し，その後，コンピュータや原子力が開発された．1960年代以降は，さらに情報技術（information technology：IT）が発展し，情報を中心とした社会・文化が形成されているが，これは情報革命・IT革命と呼ばれている[7]．一方で，2011年の東日本大震災および福島第一原子力発電所事故は，原子力発電の安全神話が崩れさるきっかけともなった．

科学技術の歴史を概観すると，18世紀後半の産業革命によって，科学技術が飛躍的に進歩し，われわれの生活は大きく変化したといえる．そして，その進歩はなお加速し続け，現在もさまざまな新しい技術を生み出している．

2）地球カレンダー

われわれが住んでいる地球はどれほど長い歴史をかけて現在に至っているのか，そして人類が誕生してからいかに短い時間でこの地球に大きな影響を与えているのかを理解するために，地球カレンダー[6]を参照したい．地球が誕生してから現在までの46億年の歴史を1年365日に置き換えて表現したものであり，抜粋すると表6-1のようになる．

人類は地球カレンダーに最も遅れて登場した1つの種にすぎず，わずか23分しか存在していないのである．現在，地球上で6度目の大量絶滅が進行中であるとされているが，人類という1つの生物の種が引き起こしているようなケースは前例がない[6]．産業革命以降，急激に地球環境問題が深刻化しているが，われわれ人類は1年の歴史のたった2秒の間にそれを引き起こしているのである．

野外教育は，このような膨大な時間軸のなかで，何ができるのであろうか．すべての生き物たちが命のリレーを手渡し続け，今のわれわれが存在している．自然環境のなかで活動することで，目の前の生命に触れ，その命に興味や好意を抱

表6-1　地球カレンダー（抜粋）

	月 日 時 分 秒	時間幅	出来事
1月～10月	1月 1日	（46億年前）	地球誕生，赤いマグマにおおわれている
	2月 9日	（41億年前）	海が誕生し，最初の陸地が誕生
	2月25日	（39億年前）	最初の生命（原始バクテリア）が海で誕生
	5月31日	（27億年前）	光合成を行うバクテリアが登場
	7月10日	（22億年前）	細胞内に核を持つ真核生物の登場
	9月27日	（12億年前）	複数の細胞で構成される多細胞生物が登場
11月～12月	11月14日	（6億年前）	地球の大気圏にオゾン層が形成
	11月29日	（4億1000万年前）	魚類から進化した両生類が陸に上がる
	12月13日	（2億2800万年前）	恐竜が登場，同日に哺乳類も登場
	12月26日	（6500万年前）	恐竜が絶滅，原始霊長類が出現
	12月29日	（3500万年前）	類人猿の祖先となる猿の登場
	12月31日 23:37	（20万年前）	人類（ホモ・サピエンス）誕生
	12月31日 23:58:52	（1万年前）	人類が農耕・牧畜を開始．文明のスタート
	12月31日 23:59:58	（240年前）	産業革命が始まり人間の暮らしと社会が大きく変化

（清水伴雄（2008）：サヨナラ愛しのプラネット−地球カレンダー−，ごま書房，東京より抜粋）

くことができるだろう．そしてその自然とのつながりを感じたり，自然との関係性を考えたりすることもできるだろう．それは野外教育ならびにその営みにかかわる人間が源泉としての自然に帰属しているからであり，自然や生命のつながりを無視した活動は野外教育とはなり得ないのである．

3）Society5.0

日本が目指すべき姿として，内閣府[8]はSociety5.0の実現を掲げている．Society5.0とは，狩猟社会（1.0），農耕社会（2.0），工業社会（3.0），情報社会（4.0）に続く社会であり，「サイバー空間（仮想空間）とフィジカル空間（現実空間）を高度に融合させたシステムにより，経済発展と社会的課題の解決を両立する，人間中心の社会（Society）」[9]であると定義（一部では，超スマート社会と呼ばれている）されている（表6-2）．

Society5.0では，高齢化による社会的コスト，人手不足，地域格差，食料問題，地球温暖化など，Society4.0では解決できなかった課題を，IoT（internet of things：モノがインターネットを通してつながり，最適な機能を発揮する仕組み）やAI（artificial intelligence：高度の情報処理能力と学習機能を有した人口知能），ロボットなどを駆使して解決していくことが期待されている[9]．

表6-2　Society1.0から5.0の呼称および定義

呼　称	定義・内容
Society1.0 （狩猟社会）	農耕が始まるまでの社会の初期段階を指す．狩猟や採集などの原始的生活を基盤とし，人間社会は自然に依存していた．
Society2.0 （農耕社会）	農耕社会と定義され，作物を育て，収穫していた社会のことを指す．農耕によって食料供給が安定し，人々が定住するようになった．社会組織が形成されるようになり，さまざまな専門職が出現するようになった．
Society3.0 （工業社会）	工業社会と定義され，産業革命以降の工業化が進んでいった社会を指す．機械化が進み，大量生産が可能となった．
Society4.0 （情報社会）	情報革命とデジタル化の時代を指す．インターネットやスマートフォンなどの普及によって世界がネットワークでつながり，あらゆるデータや情報が得られるようになった．
Society5.0	サイバー空間（仮想空間）とフィジカル空間（現実空間）を高度に融合させたシステムにより，経済発展と社会的課題の解決を両立する，人間中心の社会（Society）．

　これまで野外教育は，フィジカル空間（現実空間）で実施されてきた．人と人との対面での交流，自然環境との身体的相互作用を通して，われわれは多くのことを学んできた．そこには身体が介在しており，5つの身体感覚（視覚，聴覚，嗅覚，味覚，触覚）と第6感（直感）を最大限に活用することで深い学びが得られていた．しかし，Society5.0ではサイバー空間（仮想空間）における野外教育的な活動も行われるようになるであろう．そのとき，われわれは5つの身体感覚をどのように捉えていけばよいのであろうか．その議論を進めるため，次節では科学技術と身体について論じていく．

3．科学技術と身体

　野外教育では，「身体を介した直接体験」がプラットフォーム原則となっている．そのため，身体と科学技術についても理解を深めておきたい．

1）身体機能を拡張してきた科学技術
　これまで，科学技術は身体機能を拡張することに貢献してきた[10]．長時間の歩行で移動していた行程は，車や電車，飛行機などの発明によって短時間で移動できるようになった．木の摩擦熱や火打ち石で火をおこしていた行為が，マッチやライターによって一瞬で着火するようになった．文字を書いて相手に読んでもらうという意思伝達は，画面に入力し送信ボタンを押すだけで地球上のどこにい

る相手に対してもメッセージを送ることが可能になった．いずれも，身体活動で行っていたことをより効率的に行う，つまり身体活動の空間的制約や時間的制約を最小化するという意味で，科学技術は身体機能を拡張しているといえる．

2）身体性の喪失

　現代社会の問題として，身体性の喪失が指摘される[11]．そして科学技術がその原因の1つであるといえる．近年の科学技術は，身体機能を拡張するというより，身体機能を超越している，もしくは無視しているともいえるだろう．新保[12]は科学技術の発展の影でわれわれの身体性そのものは置き去りにされていると表現し，現代の身体性と科学技術の関係に対する警鐘を鳴らしている．ゲームやバーチャルリアリティで遊ぶ子どもたちは，大人によって作り出された構造化された環境のなかで身体が形成されていると指摘し，子どもが架空の世界に自らの身体を重ね合わせることで，それを自らが体験したように感じながら身体性を形成している状況を問題視している．

　桑子[11]は，「自己とは，身体的存在としての履歴そのものにほかならない」と述べ，人間の履歴は空間の履歴であるとしている．そして，空間のなかで生じた出来事は，その空間の蓄積であるため，人間の履歴が空間的な身体存在というあり方と不可分であるとき，空間は時間を組み込んでいると述べている．つまり，人間の身体は，空間そして時間と密接にかかわっているといえる．自己を考えるということは，身体を介して空間・時間の履歴を認識するということであり，自己認識のためにも身体は重要であるといえる．

　そう考えると，バーチャルリアリティや仮想空間は，もはやわれわれの身体が存在する空間や時間の履歴をまったく無視した世界を創り出し，その世界にいる人間は自身の身体的履歴と切り離されているといえる（脳も身体であると考えると，切り離されているとはいえないかも知れないが）．そして，その世界で起こる出来事は，空間的な履歴としては残らないし，時間的な履歴としては消去したり上書きしたりすることができる．しかし現実世界では「覆水盆に返らず」というように，起こったことは巻き戻せないため，時間的履歴を編集することはできない．そういった視点から，現実世界の身体性（身体的履歴）と仮想空間のそれは，まったく異質のものであるといえる．たとえば，仮想空間での焚き火では火の熱さは伝わらないし，身体感覚による息の吹きかけの調整はできない．仮想空間で

のスキーは，転倒しても痛みを感じることはなく，リセットすればよいので恐怖もない．しかし現実の世界では，1つ間違えれば火傷や転倒のリスクがあり，自然のなかゆえに想定外のことも生じる．そのため，世界とのリアルな相互作用を通して自身の身体感覚も研ぎ澄まされていく．そして，リアルな身体的履歴が蓄積されることで，身体感覚が拡張され，われわれ自身が変化・成長していくのである．

　もう1つ，身体と生命について考えておきたい．人間は，肺や心臓を動かして，呼吸をしたり血液を循環させたりしている．食物を摂取し，胃腸で分解・吸収し，排泄している．体内に病原体が入り込むと，熱を出して病原体と闘ったり，咳や鼻水で体外に追い出したりしようとする．これらはすべて生命の維持に必要な身体活動であり，無意識に行われている．汗をかいたり震えたりすることで体温を維持し，体内の酸素が不足すると息が荒くなるが，これらは身体と環境との相互作用によって生じる身体活動である．しかし，先述した仮想空間では，このような身体活動は生じない．仮想的な身体は，自分の身体ではないし，生命を維持する（生きる）必要もないからである．今後，仮想空間でさまざまな体験が可能となるだろうが，その仮想的身体は生命にかかわる身体活動とは無縁であり，それゆえリアルな体験（生きた体験）とは質そのものが異なっているといえる．

3）これからの身体性

　日本では科学技術政策として，「人々の幸福」（human well-being）の実現を目指し，2020年よりムーンショット目標が掲げられた[13]．そのなかに「目標1：身体，脳，空間，時間の制約から解放された社会を実現」という目標があり，サイボーグやアバターなどの技術を活用し，人間の身体的能力や認知的能力を拡張できる技術を開発・普及することを目指すとされている（図6-1）．たとえば，身代わりロボットでどこへでも行けたり，サイバー・フィジカル空間の映像アバターでリアルな体験ができたり，身体・認知・知覚能力を拡張して充実した人生を送れるようになるとされている．

　このような社会において，われわれの身体はどのように考えられるべきであろうか．ムーンショット目標1に示されている未来は，時間に縛られず，自分自身（の身体）の位置に縛られず，いつでも，どこでも，だれでも，自分の思うように活動ができる社会である．しかし，そこには自己の身体の履歴は想定されていない．

図6−1　2050年のサイバネティック・アバター生活
(科学技術振興機構：ムーンショット型研究開発事情，ムーンショット目標1，(https://www.jst.go.
jp/moonshot/program/goal1/index.html，参照日：2024年1月24日)

　図6−1にあるように，ライブ会場に行かなくても，自宅でライブ会場と同様に
歌ったり踊ったりできるし，確かにそれは空間的・時間的制約から解放されてい
るといえる．怪我をしていても高齢者でも，ロボットと同期することで，痛みも
疲れも感じずにスポーツを楽しめるかも知れない．しかし，その空間やその時間
にしか味わえない臨場感は存在しないし，それは生きた体験とは異なるものであ
ろう．身体を介した履歴（経験）が蓄積されない社会になっていくと想像される．
　どれだけ科学が発展して上述したような社会になったとしても，地球上で生命
が生きてきた世界は，身体活動の世界である．われわれ生命体は，身体活動によ
る環境との相互作用を前提として命をつないできたのは事実であり，また人類以
外の生命体はこれからも身体活動の世界を生きていくだろう．今後，科学技術が
さらに進歩し，身体性を超えたもしくは無視した時間や空間が増えていったとし
ても，地球上に生きていく以上，身体を介した世界との相互作用は必要不可欠で
ある．科学技術が進歩するにつれて今後も身体性が損なわれていくのであれば，
身体性そして身体を通した体験はますます重要になるだろう．野外教育がそのよ
うな状況にどう対応していくべきかを熟慮することが今後ますます求められる．

▌4. 科学技術と自然観

　野外教育と科学技術について論じる際に，日本人の自然観についても考える必要がある．自然をどのように捉えるかという自然観は，古来より時代に応じて変化してきたが，そこには科学技術の影響もあった．

1）狩猟採集時代から奈良時代まで

　人間が狩猟や採集を中心として生活していた時代，住居は自然から得られる食を中心に選択されていた．山や森，海は恵みをもたらしてくれる存在であると同時に，恐怖の対象でもあった．その頃はアニミズムといって，森羅万象（すべての自然物）のなかに魂（精霊）が宿っており，人間もその世界の一部であるという考え方が日本人の自然観であったといえよう．

　その後，狩猟・採集に代わって農耕が中心となり，穀物の大量生産を前提とした都市や国家が形成されるようになった．農耕も都市建設も科学技術によるものであるが，それらの科学技術の影響で人間の行動範囲は縮小し，自然と接する機会も減少していった．それまでは食にあわせて住居を選んでいたが，住居にあわせて自然を改造し，利用するようになっていった．

　奈良時代になってますます都市化が進み，自然は人間から遠い存在になっていった．都市のなかに住む貴族などにとっては，自然は都市の外に存在するものであり，都市は人間を恐怖や暴威から守ってくれるものとなる．しかしながら，日本最古の和歌集「万葉集」には，宮廷歌人や官僚の詠のなかにも自然の事象や自然に思いを馳せる内容が多くみられ，自然との一体感，自然への畏怖の念，自然への美しさへの驚嘆が含まれている．人間は都市（科学技術）によって自然を遠ざけながらも，自然を求めていたと考えることができる．

2）平安時代から江戸時代まで

　平安時代には，「古今和歌集」でその特徴がみられるように，自然の魅力を人間主義的に解釈し，都合のよい部分（特に美しさ）だけを享受しようとする「花鳥風月的自然観」が貴族の間に広まった．鎌倉時代以降は，仏教の影響を強く受けるようになり，自然の優美よりも厳しさ，激しさ，簡素さに着目し，それに調和しようとする「調和的自然観」が普及し，水墨画や枯山水，わび・さびなどが

生まれた．人間の生活はまだ農耕中心であり，さまざまな技術が開発されてはいくものの，人間の生活は自然に大きく左右されていた．

　その後，江戸時代になると，仏教の無常観は薄れ，花見や月見などが風俗化され，町人にも花鳥風月的自然観が楽しまれるようになっていった．松尾芭蕉や良寛のように，自然の美的な面と仏教的側面を創造的に深めていったような詠も支持されていたことから，自然との一体感や無常観を求める感覚も存在していたといえる．一方で，朱子学が台頭し，自然科学的思考がもたらされ，徐々に自然をモノ（対象物）として捉えるようになっていった．

3）明治時代から現代まで

　明治時代以降は，キリスト教が大きく影響した西洋的自然観が日本に流入してきた．自然をリアルな物質と捉え，自然を統制し，加工・利用することから，「機械論的自然観」ともよばれている．自然から人間的要素（生命や精神性）を取り除き，大きさや形などの性質のみに着目し，それらを数学的に分類したり，役に立つかどうかで判断したりする考え方であり，自然科学の考え方が強いといえる．それに対して，日本古来の風土や文化と結びついた，自然とのつながりを大切にする自然観は，「伝統的自然観」とよばれた．

　機械化，情報化，IT化が加速する現代社会においては，日本人にとっても，西洋的自然観が優位にあるように思われる．しかしながら，四季の文化や年中行事，祭りを大切にする日本人には，伝統的自然観が根付いているようにも思われる．深谷・桝田[14]も指摘しているとおり，現代では，自然をモノとして捉えながらも，自然のなかに命を感じたり自然との一体感を感じたりするという，一見矛盾した感覚を備えているのが，日本人独特の自然観であるともいえよう．

4）科学技術と自然観

　このように，われわれは科学技術に影響を受けながら日本人独特の自然観を形成していったといえる．しかしながら近年は，日本人も先進国と同様に近代科学・科学技術を積極的に取り入れ，自然を開発・利用するという道を進み，多くの環境破壊も行ってきた．榎本[15]は，日本人は自然と親しんできた長い歴史をもっているわりに自然保護の意識が低いことについて，自らが主体的に働きかけなくても自然に任せておいた方がうまくいくという，おのずから信仰ともいうべき自

然観が存在しているためであると考察している．しかし，他の先進国と異なっているのは，科学技術を取り入れながらも，自然とともに生きていく価値観が比較的強く残されている点ではないだろうか．自然は人間の力ではどうすることもできない絶対的な存在であるという感覚や，自然に対する畏れ敬う感情（畏敬の念）をもちながらも，自然への親しみや一体感ももっている．日本人は今もなお台風や地震などの自然災害を受けながら生活しており，四季の移ろいや年中行事を楽しむ風習も残している．どれだけ便利な時代になっても，春は花見そして秋には紅葉狩りを楽しみ，キャンプや登山ブームが度々繰り返される．今後科学技術のさらなる進化によって，自然をモノとして捉える価値観がますます強くなる可能性もある一方，自然との精神的なつながりを求める伝統的自然観は，日本人の自然観の根底に引き継がれていくと考えられる．

▌5．野外教育における体験と科学技術

　ここまで，科学技術の発展と日本社会が目指す未来，科学技術と身体性，そして科学技術と自然観について考えてきた．科学技術の発展は止まらないし，社会の価値観もどんどん変化していくであろう．それでは，科学技術がますます進化するこれからの社会で，野外教育はどのようにあるべきなのだろうか．

1）これからの社会における野外教育の意義
　2022年7月の日本野外教育学会による政策提言「野外教育を通じて子供の育ちを支える〜すべての子供が豊かな自然体験を享受できる社会を目指して〜」[16]では，下記のように述べられている．

　　　野外教育の本質は直接体験であり，人と人，人と自然，人と社会が直接つながり，その関係性の中でさまざまな体験を通じて全人的成長を支えることが根幹にある．そのため，デジタル社会が広がる現代にこそ，リアルな体験に満ちた野外教育を「直接体験を補完する教育機会」と捉え，推進していくことが重要になると考える（p1）．

　つまり，デジタル化が進んだ社会では，リアルな直接体験を提供する場として野外教育が貢献することが期待されている．また，「Society5.0の実現やGIGAスクール構想の推進が求められるなか，「デジタル」と「リアル」の最適な組合せ

という観点から，自然体験活動の質や教育効果を高めるための手段として，デジタル技術の活用方法を様々な実践事例を踏まえながら検討していく必要があると考える．（p11）」[16] とも述べられており，デジタル技術を野外教育のなかで活用していく必要性についても言及されている．つまり，野外教育は，Society5.0 によって生じる課題への処方箋としての役割が求められる一方，Society5.0 でさらに進化する科学技術の活用方法を模索することも求められているといえるだろう．

（1）不足する直接体験を補完するための野外教育

これから求められる野外教育の役割の1つは，科学技術の進化によって失われることを補完するための機会の提供である．たとえばそれは，五感を活用した活動による身体性の回復であったり，科学技術「漬け」になった生活から脱却するデジタルデトックスであったり，直接的なコミュニケーションを通した人間関係の構築である．それらは，言い換えると，人間らしさを取り戻すための処方対策であるといえる．科学技術では解決できない，生の命をもった人間の本質的な生き方を身に付けるための時間と空間を提供することが，野外教育の意義であり，今後ますますその重要性は増していくであろう．

（2）科学技術を活用した発展を求められる野外教育

すでに，科学技術が存在することによって多様な学びにつながっている野外教育の実践例も多くある．道具の進化によって，参加者が楽しめる野外活動の幅は広がった．天気予報や通信機器の進化によって，より安全に活動ができるようになった．タブレットを利用することで，より主体的な調べ学習ができるようになった．医療の進化によって，野外救急法も一般化している．これらはいずれも野外教育の学びや安全性を増幅し，より深い学び・より多様な体験を後押しするものである．

しかしながら，学びや体験をするのは参加者であり，体験は参加者の身体を通していることに変わりはない．身体を介した直接体験を豊かにする科学技術は，「環境とのつながりを促進する技術（＝身体性を拡張する技術）」とよぶことができる．たとえば，ナタを用いて効率的に薪を割り，マッチを使って火をおこすことは，科学技術を利用してはいるが，身体を介した自然界の現象との相互作用を効率的に行う技術である．カヌーやスノーシューを使って，それらがなければ行けない場所に行けるようになることも，身体的移動の効率性や安全性を促進させている

といえる．ところが，仮想現実や人工知能は，環境とのつながりを遮断する技術（＝身体性を無視する技術）になってしまう．仮想空間やeスポーツでは，脳と指先以外の身体感覚は無視され，自然の性質も無視される．身体を介した環境との相互作用はなくなり，自然の絶対性や偶然性も人間によってコントロールされてしまう．そのことによって，自然（環境）とのつながりや自然のなかでの学びは限りなく小さくなり，もはや野外教育の魅力や本質が失われる．したがってスマートフォンやタブレットなどの通信機器も，使い方によっては諸刃の剣となる可能性がある．自然（環境）とのつながりや体験の深まりを念頭に置いた使い方であればよいが，目の前の身体的な活動からの逃避や代替になってしまうと，科学技術は世界との関係性の遮断や身体性の無視につながることになってしまう．

　デューイの教育理論を考察した黒柳[17]は，デューイはテクノロジーが教育における経験を拡大していくという意義を認めており，経験の多くが記号や象徴が介在した間接経験になってしまうものの，これらは学びの不可欠な資源であるとして否定はしていないと考察している．デューイは，それらの経験をどのように人間にとって直接的にするかに着目し，テクノロジーと人間（自然）をつなげるためには，想像力が重要であると主張している[17]．この想像力を育むには，自らの身体感覚を通した体験（環境との相互作用）が必要となるであろう．野外での体験は，記号や象徴の介在が少ないリアルな体験であり，それゆえに，豊かな想像力が育まれることになる．そして，よりよい野外教育のために科学技術をどうコントロールするかの鍵になるのもまた，想像力なのである．

2）科学技術との関係性を考える機会としての野外教育

　野外教育は，科学技術との関係を見直したり考え直したりする機会にもなり得る．人間がよりよい生活をするためには，自然に手を加え，人工物を構築していくことが必要となった．そのなかで科学（原理の解明）が必要となり，技術（効率的な方法）が開発されていった．そのため，自然のなかでの生活や活動は，科学技術と密接な関係があり，野外教育は科学技術を考える契機にもなる．

　野外教育現場で最も原始的な技術として，火起こしがあげられる．野外炊事の際にはマッチやライターで火をつけることが多いと思われるが，プログラムとしてまいぎり式や弓きり式，火打ち石で火をおこすこともある．このとき参加者は，なぜ火がおきるのか，どうやって火種ができるのかという火の原理原則を考える機

会となる．その思考の発展をうまく指導・支援できると，マッチはどのような仕組みになっているのか，ライターはなぜ着火するのかなど，その学びは多種多様な広がりをみせる．火はなぜつくのかを考えることは，小学生であれば理科，高校生であれば化学や物理と関連させることで，日常（学校）の学習内容とつながり，より深い学びとなるだろう．火がわれわれの生活にどのように影響しているかを考えることは社会とつながることでもあり，歴史学や人類学に発展していくだろう．野外教育では，学びの広がりや深まりの可能性は無限大であるといえる．

　自然のなかには多くの「なぜ」「面白そう」が詰まっているが，われわれが日常生活で見落としている科学への「なぜ」に目を向けるチャンスにもなる．それは，われわれが身体を通して科学技術に触れるからである．より身体性の高い触れ方をするからである．コンロのつまみを捻るだけより，マッチを擦って火をつける方が身体をより多く使う．失敗したり成功したりする要因も自分の技術に求められる（コンロのつまみの捻り方は，自身の技術力はほとんど問われない）．まいぎり式や火打ち石は，さらにその度合いが高くなる．そのほかにも，地図やコンパスを使うときは地球の磁力の仕組みや地形の読み方に興味を求めることができる．天候の急変や荒天に遭遇したときは，気象や気候について考えたり，自分たちのウェアの機能に目が向けられたりする．いずれも，身体を通して自然との相互作用が生じているため，より自分ごととして技術に興味をもてるチャンスとなる．

　さらに野外教育での体験の先には，科学技術と人間の関係性について考えることも可能となるであろう．ハイデガー[3]は人間と技術の関係について，現代技術は，自然を挑発して，エネルギーをむしり取るという性質をもっているが，それを使う側である人間自身もまた，自然からエネルギーをむしり取るようにと挑発されている，と述べている．そして，人間がそうするようにと挑発され，徴用して立てられているのであれば，人間もまた，徴用して立てられた物資に属しているのではないか，と投げかけている．

　不便だから試行錯誤したり協力したりするということは野外教育の特徴の1つであり，科学技術の恩恵を最小限にしたシンプルな生活や活動をするなかでこそ感じられることもあるだろう．人間の生活にはどれだけのエネルギー資源が必要で，それらはどれだけ貴重なものなのか，日常生活でどれだけのエネルギー資源を使っているか（消費しているのか）を考えることは，科学技術の適切な使い方，科学技術との適切な距離感を探るきっかけになり，人間の生き方や自然との関係

性を考えるための視点を与えてくれる.

　野外教育は自然を源泉としている以上，自然をモノとして捉え，エネルギーや危険性という側面にばかり着目する科学技術の扱い方には注意が払われなければならない．何のために自然のなかに身体を置き，五感を通して環境と相互作用をしようとしているのか．自分たちが用いている科学技術はそれを促進するのか，阻害するのか．野外教育のなかで，科学技術と一定の距離を置くことで何が見えてくるのか．そしてそこでの発見を，どのように日常に持ち帰り活かすのか．野外教育の実践者は常に考え続ける必要がある.

3）まとめ

　野外教育と科学技術の関係は，簡単に結論づけられるものではない．科学技術をどの程度取り入れるか，許容するかについては，各教育者によって分かれるところであろう．多様な教育と学びが源泉である以上，さまざまな科学技術の扱い方があってよいし，どのような目的を達成したいかによっても扱い方が異なるのは当然である．ただし，野外教育が身体を介した直接体験である以上，身体性の無視や損失に向かう科学技術の利用には慎重にならなければならない．最終的な目標のために，一時的にそのような使い方をするのであればよいが（たとえば，事前学習や荒天時の代替プログラム），科学技術による身体性を無視した活動ばかりを行うのであれば，それは野外教育とは呼べなくなるだろう．そして，大前提として，野外教育は源泉としての自然に帰属しているため，自然との相互作用を無視したり，自然・環境の破壊につながったりするような利用の仕方は，絶対に避けなければならない．逆に，野外教育のプラットフォーム原則をベースにしたうえで，教育効果や安全性を高めたり，よりよい体験を提供したりするために科学技術が有効なのであれば，積極的に利用していくべきである.

📖 注・文献

1）新村出編（2018）：広辞苑 第7版，岩波書店，東京.
2）尾身幸次（1996）：科学技術立国論−科学技術基本法解説−，読売新聞社，東京，201.
3）マルティン・ハイデガー著，森一郎訳（2020）技術とは何だろうか−三つの講演−第4版，講談社，東京.
4）尾形勇，加藤友康，樺山紘一ほか編（2004）：歴史学辞典11宗教と学問，弘文堂，東京.

5）日本学術会議技術革新問題研究連絡委員会（1994）：技術革新問題研究連絡委員会報告−日本再生のための技術革新の新たな展開−，（https://www.scj.go.jp/ja/info/kohyo/13/15-57.pdf，参照日：2023年12月25日）

6）清水伴雄（2008）：サヨナラ愛しのプラネット−地球カレンダー−，ごま書房，東京.

7）西垣通，北川高嗣，須藤修ほか編（2002）：情報学事典，弘文堂，東京.

8）内閣府：第5期科学技術基本計画，（https://www8.cao.go.jp/cstp/kihonkeikaku/index5.html，参照日：2023年12月25日）

9）内閣府：Society5.0，（https://www8.cao.go.jp/cstp/society5_0/，参照日：2023年12月25日）

10）文部科学省科学技術・学術政策研究所科学技術予測センター（2020）：第11回科学技術予測調査科学技術の発展による2040年の社会−基本シナリオの検討−，（https://nistep.repo.nii.ac.jp/record/6691/files/NISTEP-RM291-FullJ.pdf，参照日：2023年12月25日）

11）桑子敏雄（2001）：感性の哲学，日本放送出版協会，東京.

12）新保淳（2006）：科学技術社会における身体性の基軸形成の必要性，静岡大学教育学部研究報告（教科教育学篇），第37巻，127-134.

13）内閣府：ムーンショット目標，（https://www8.cao.go.jp/cstp/moonshot/target.html，参照日：2023年12月25日）

14）深谷昌弘，桝田晶子（2006）：人々の意味世界から読み解く日本人の自然観，慶應義塾大学大学院政策・メディア研究科総合政策学ワーキングペーパーシリーズ，第96巻，1-42.

15）榎本博明（1995）：日本人の自然観：自然を客体視できない心性について−文学的視点を中心に−，環境教育，第4巻第2号，2-13.

16）日本野外教育学会（2022）：野外教育を通じて子供の育ちを支える−すべての子供が豊かな自然体験を享受できる社会を目指して−，（https://joes.gr.jp/joes2022/wp-content/uploads/2022/07/%E6%94%BF%E7%AD%96%E6%8F%90%E8%A8%80%E6%9B%B8.pdf，参照日：2023年12月25日）

17）黒柳修一（2003）：経験とテクノロジーに関する一考察−デューイ教育理論の視点から−，市村尚久編著，経験の意味世界をひらく−教育にとって経験とは何か−，東信堂，東京，147-166.

📖 さらに学びたい人のための参考文献

・清水伴雄（2008）：サヨナラ愛しのプラネット−地球カレンダー−，ごま書房，東京.

・マルティン・ハイデガー著，森一郎訳（2020）技術とは何だろうか−三つの講演−　第4版，講談社，東京.

・新保淳（2006）：科学技術社会における身体性の基軸形成の必要性，静岡大学教育学部研究報告（教科教育学篇），第37号，127-134.

7章

源泉としての自然
－野外教育のメタ理論１－

■ 1．野外教育的環世界としての自然

1）私たちの環世界

「生き物は皆，それぞれの種ごとに独特の世界認識をしているのではないか」と，ドイツの生物学者であるユクスキュルは考え[1]，それを環世界と呼ぶことにした．環世界は，知覚世界（生物自身が感覚器で知覚する世界）と，作用世界（生物自身が身体を使って働きかけることができる世界）で構成されている[2]．野外教育を実践する私たちの自然の捉え方を，ユクスキュルの機能環を応用して環世界的に表現すると，図7-1のようになる．ここでは，この野外教育的環世界のなかで，私たちが自然として認識している知覚世界，作用世界，内的世界のなかに存在する source（源），すなわち野外教育の源泉としての自然について考えてみたい．

2）地球・重力

テントの下には，地面がある．だから，人間はそこで生活することができる．海や川も，よくみれば地面の上にある．普段は意識しないが，地面がなければ野外教育は成り立たない．

地面は，そもそも地球である．地球は自転し，重力を生み出している．もし重力がなかったら，どうなるであろうか．重い荷物を背負って山を登る楽しさも，雪山をスキーで滑降する楽しさも，どちらも重力がなければ味わうことができない．重力は，地球に暮らす私たちの身体運動に手応えを与え，私たちの身体のよりどころとなり，生命の根幹を支えている．

このように考えると，地球上で私たちが生まれ，跳んだりはねたり走ったりしながら成長し，さまざまな身体活動を楽しめるのは，絶妙な速度で自転する地球

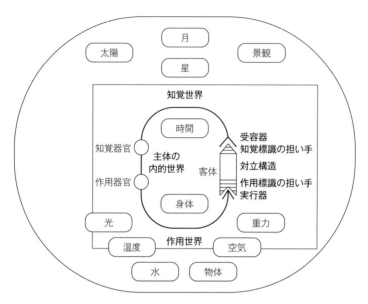

図7-1 試論：野外教育的環世界（ユクスキュル[1,2] を参考に作図）

の恩恵によるものといえる.

3）月・太陽・星

　私たちが野外で活動をしていても，していなくても，いつでも頭上には空があり，太陽が輝いている．空は，天井のようにみえるが，実際には文字通り空であり，大気が存在するだけである．太陽が沈むと，空は色を失い，星が輝く．月も星の仲間である．また地球も星である．これらの天体に共通しているのは，公転と自転により，規則正しく運動していることである．天体の運動は，地球に暮らす私たちに時間と方角を示し，行動のきっかけをもたらす．また，地球上の物質は天体からの力学的作用を少なからず受けているが，その代表的なものは重力である．後述するが，潮の干満も重力の作用であり，私たちが楽しく潮干狩りができるのも地球と月の恩恵によるものといえる．

4）光・温度

　光は太陽と星がもたらしている．光があるから人間は色彩を認識できる．太陽

がもたらす光は温かい．しかし，夜空の星がもたらす光は温度を持たない．地球も星であるが，地球はその内部にマグマという高温の物体を蔵していて，私たちに熱と光を与える．火山はマグマが地表近くにある場所であり，噴出した溶岩流は赤く光を発する．なお，登山やスキー，水辺活動の後で温泉に入ると生き返ったような気持ちになるが，温泉も火山によって作られるものであり，これもまた地球のマグマの恩恵によるものといえる．

　一方で，地球に暮らす私たちは，物質を燃焼させ，人工的に火を得ることができる．火は光と熱の源であり，その制御は人間生活に欠かせない技術であるが，火おこしは野外教育でも大切な教材である．焚火も煮炊きも，地球上に酸素が豊富にあるからできることであり，これも地上に繁栄する植物の恩恵による．

5）水・空気

　水は，地表の海や河川・湖沼では液体として，0度以下の低温下では固体（雪氷）として，また空気中では気体または細かな液体（水蒸気，雨）として存在している．空気とは，窒素，酸素，二酸化炭素等の分子が混じり合った気体のことである．空気にも重さがあり，空気が物体に及ぼす圧力のことを気圧という．高山では，気圧が低い．地球表面の大気の温度差と気圧差は風を生み，気象を変化させる．

　水と空気は，生物の体内にも存在する．人間の体内の水のことを体水分という．人間の体組成の約60％は水といわれているが，年齢によって体水分量は異なる．幼い子どもほど体水分量が多く，胎児は90％ほど，新生児は80％ほど，60歳以上の高齢者では50％ほどである．胎児は羊水のなかにいるが，水中にいる魚類の体水分量は75％ほど，クラゲは96〜97％ほどが水分である[3]．

　生物の多くは，空気中の酸素を取り入れ，二酸化炭素を吐き出している．深呼吸，腹式呼吸など，人間が息をする行為を一般的に呼吸と表現するが，体内と体外の間で空気の出し入れをすることは換気であり，エネルギー代謝のために細胞内に酸素を取り入れ二酸化炭素を体外に出すことを呼吸と呼んでいる．当然ながらこのサイクルにも水は欠かせないものであると同時に，酸素は植物が光合成をすることで作られている．ところで，地球最古の生命は西オーストラリアの海のなかで生まれたラン藻[4]であり，今もその化石をみることができる．

6）私たちの仲間−生命−

ここまでは，無機的な環境について考えてきたが，ここからは生き物の世界について考える．生命をもっているものを生物という．生物とは一般に外界と膜で仕切られていて，代謝（化学反応によってエネルギーを取り込み不要物を排出すること）を行い，自己複製するものである．ウイルスは，先述の生物としての定義を満たさないので，生物と非生物の中間的存在とされている．しかしながら，生命を厳密に定義するのは難しい．

7）すべてをつなぐ時間

時間とは，人間が何かの変化を認識するために，人間の思考作用が意味づけたものである．太古の人類は，太陽や月の動き（位置の変化）そのものを，時間として意味づけた．しかし，「時間とは何か」を定義するのは難しい．

2．時間という自然

1）宇宙の始まりは時間の始まり

138億年前に宇宙が誕生したが，その瞬間が時間のはじまりといわれている．そのように考えると，宇宙が消滅するときに時間も終わることになる．

ところで，カール・セーガンという天文学者は，宇宙カレンダー（Cosmic Calendar）という考え方を提唱[5]した（図7-2）．これは，宇宙が生まれてから現在までを1年間に換算し，カレンダーとして表現したものである．138億年を365日で除すと，宇宙カレンダーでの1日は約3,789万8,219日で，1時間は約157万5,342日に相当する．この考え方で計算すると，このカレンダーでは，1月1日の午前0時にビッグバンにより宇宙が誕生し，現生人類（ホモ・サピエンス）が誕生したのは12月31日の23時53分代の終わり頃である．現在20歳の人が誕生したのは今をさかのぼること約0.046秒前であり，その人が100歳まで生きたとして，その人の人生の長さは約0.23秒である．

2）宇宙の歴史・地球の歴史・生命の歴史

宇宙は138億年前に誕生した．太陽は50億年前に，地球は46億年前に誕生した．そして地球上の生命は，36億年前に海のなかで誕生した．太陽は，地球よ

1月	2月	3月	4月	5月	6月
ビッグバン		星雲の形成		銀河系のはじまり	超新星の爆発

7月	8月	9月	10月	11月	12月
		9月9日 太陽が生まれる 9月14日 地球と月が生まれる	10月9日 細菌やラン藻類が現れる	11月12日 光合成植物が現れる	12月18日 三葉虫全盛期 12月29日 新生代第三紀クジラ類が現れる 12月31日 人類が現れる

12月のカレンダー

1 酸素大気が発達	2	3	4	5	6	7
8	9	10	11	12	13	14
15	16 海の中で生物誕生	17	18	19 最初の魚類誕生	20	21 生物が陸に進出
22	23	24 最初の恐竜出現	25	26	27 最初の鳥類出現	28 恐竜が絶滅へ
29 最初のクジラ類出現	30 大型ほ乳類繁栄	31 人類が現れる		現代は，23時59分59秒以降です．		

宇宙カレンダーとは
ビッグバン（宇宙のはじまり）を150億年前*とする．

ビッグバンを1月1日0時とし，今を12月31日24時として150億年を365日に縮めて表現したカレンダー．

※：現在では，宇宙のはじまりは138億年前と考えられている．

図7-2 宇宙カレンダー（Cosmic Calendar）（カール・セーガン[5]を参考に作図）

りも4億年ほど年上である．宇宙のちりやガスがぐるぐると渦巻いて圧力が高まり，水素がヘリウムに変わる核融合反応が生じて，輝く太陽ができたと考えられる．太陽系には，水星，金星，地球，火星，木星，土星，天王星，海王星，ほか

多数の小惑星が存在しているが，すべてこの太陽が生まれたときのぐるぐる渦巻きのなかで誕生した天体である．そのため，その際の渦巻きと同じ方向で，今なお自転・公転している．

3）地球と時間

　ある星が地軸を中心に一定の周期で回転していることを，自転という．地球は，約24時間で1回転するが，地球が1回転する間を1日と呼ぶ．1日には昼と夜があるが，自分がいる地点が太陽の光に照らされる側に位置する間を昼といい，その反対側に位置する間を夜という．地上で地球の自転速度を感じられるのは，天体が地平線から現れたり消えたりするとき，たとえば日の出や日の入りを目にするときである．

　地球上に暮らす私たちからみて，太陽は東の方角から昇り，必ず真南を通り，西の方角に沈む．太陽が真東から昇って真西に沈む日は年に2回あり，春分と秋分という．また，太陽が真南を通過するときの高さを，南中高度と呼ぶ．南中高度が最も高い日を夏至といい，最も低い日を冬至という．春分・夏至・秋分・冬至で，1年が4等分される．

4）月と時間

　月は，三日月，半月，満月等，形が変わってみえる．月の形が変わってみえることを，月の満ち欠け，あるいは朔望という．古代より洋の東西を問わず，月の満ち欠けの日数を数えることで，暦が生まれた．しかし，このような考え方で暦を作ると，ひと月は29日か30日となるが，地球の公転周期と比べて1年が11日ほど短くなり，季節とズレて不便である．そこで，3年に1回「うるう月」を入れることで，このズレを補正した．このような考え方で作られた暦を，太陰太陽暦という．しかし，それでも不便なところがあるため，現代社会では太陽暦が用いられている．

　ところで，月に関連するものとして潮汐（潮の干満）がある．これは，月の引力で海水が引っ張られることによって生じる．新月と満月の頃は，太陽・月・地球が一直線となり，月と太陽の起潮力が重なるので，干満の差が最大となり，これを大潮と呼ぶ．干満にも周期があり，干潮から次の干潮までの間隔が約12時間25分である．したがって，干潮の時刻は1日につき約50分ずつズレていく．

5）時間を知るための自然・自然を知るための暦

　ここまででみてきたように，時間の考え方の基本には太陽の運行があり，それはすなわち地球の公転・自転に基づくものであった．月の満ち欠け，潮汐も，月の公転と地球の公転・自転に基づくものであり，これらはすべて「ひとめぐりして元に戻る」という性質のものの組み合わせでできている．このように，時間は円環的に繰り返されるものとして認識されてきた．

　1日，1カ月，1年といった時間の捉え方の根本にあるものは，地球からみた太陽や月の運行である．春分・夏至・秋分・冬至で，1年が4等分されることは先述したが，これは太陽の運行が基本となっており，季節の進行と一致している．しかし，月の満ち欠けを基本とした太陰太陽暦では，暦が季節の進行と一致しない場合が生じ，農事的に不便であった．そこで，紀元前4世紀頃の中国で，春分・夏至・秋分・冬至をさらに6分割し，1年を約15日ごと24分割して季節を知る「二十四節気」が考案された．日本には飛鳥時代に伝来し，現在も活用されている．特に，自然と密接にかかわる産業である漁業や農業において，旧暦は欠くことができない．しかし，自然とのつながりが希薄化した現代社会では，多くの人々が旧暦を意識していないが，旧暦を知り生活に導入することで，自らの暮らしを自然の側に寄せていくことができるのではないか．張本・大村[6]は，大学生の野外教育の授業内で旧暦を知る活動を取り入れることが旧暦に対する認識形成に一部効果的であることを示し，自然を生活に取り入れるための環境教育教材としての旧暦活用の有効性を報告している．

3．生命という自然

1）地球のはじまり－生命のはじまり－

　地球は約46億年前に，はじめての生命は約35億年前に海のなかで誕生したと考えられている．バクテリアが生まれ，光合成をして酸素を出すようになった．こうして大気中に酸素がたくわえられ，地球は生物が暮らせる環境となった．

2）生態系（エコシステム）

　生態系とは，食物連鎖などの生物間の相互関係と，生物とそれをとりまく無機的環境（水，大気，光など）の間の相互関係を総合的に捉えた生物社会のまとま

りのことを示す概念である．生態系は，生物の生活の共通性と多様性に共時的に着眼して，今ここに成り立っている生物界の持続可能な相互作用の仕組み（システム）を理解するための枠組みといえる．その特徴として，生物はお互いに影響を与え合っている，持ちつ持たれつである，というように関係で成り立っているという考え方である．

3）生命誌（バイオヒストリー）

生命誌とは，生命科学者の中村桂子氏が提唱した概念である．生命誌は，科学によって得られる知識を大切にしながら，生き物すべての歴史と関係を知り，生命の歴史物語を読み取る作業[7]である．特に，ゲノム解析に代表される先端的な生命科学の知見に基づいた生物の共通性を根拠として，地球的な時間軸の視座から，今ここに成り立っている生物の多様性を理解する枠組みといえる．生命誌絵巻[8]は，生命誌の考え方を視覚化したもので，壮大な時間軸が，生き物すべてに内包されている．

4）生命のサイクル・リズム・共振

ところで，生物に組み込まれている性質として，ライフサイクル（生活環）をもつことがあげられる．ライフサイクルとは，生物が発生し，次の世代に生殖細胞を引き継ぐまでの一区切りのことである．しかし，人間のライフサイクルといえば，生まれてから寿命が尽きるまでの生涯発達のことを想像する人が多いであろう．

また，生物は細胞レベルの生命現象に基づくリズムをもち[9]（たとえば心臓の拍動はそうであるし，単細胞生物の繊毛運動もそうである），群として同調や共振の動きをみせることがある．ホタルの明滅，魚の稚魚（ゴンズイなど）の動きなどは観察しやすい共振である．またスポーツ観戦やライブなどで何万人ものヒトが共振する姿も身近なものである．

5）共主体（co-agency）としての生命

経済協力開発機構（OECD）が 2015 年から推進している Education2030（Future of Education and Skills 2030 project）では，共主体（co-agency）という概念が示された[10]．共主体（co-agency）とは，他者と協働して発揮される主体性のこと

である．人間の主体性は，意志に基づくところが大きいが，生物の主体性は生物そのものが元来有している自立性に端を発し，進化してきたという考え方もある[11]．

■4．野外教育の源泉としての自然

1）生きることと動くこと

人間は，本能とは関係なく意志をもって動き，方向を定めて進むことができる．

人類の起源については諸説あるが，現時点では約700万年前のアフリカとする説が有力である．現生人類であるホモ・サピエンスは，7万年ほど前にアフリカから移住をはじめた[12]と考えられるが，アフリカ東端からアラビア半島を経て南へと移住したもの，北へと移住したもの，西へと移住したものがあり，アフリカから移住しなかったものもあった．こうした移住が，当時のホモ・サピエンスの本能によるものか意志の働きかは今や知る由もなく，自然のなりゆきであった．現代を生きる私たちも，自らの意志でさまざまなことを選択しているが，やはり自然のなりゆきにしかならないという場合もある．

2）自然のなかで自らを方向付ける

最も素朴な移動技術は，ただ単に歩いたり，海に漕ぎ出して海流に乗ったりすることである．おそらく，7万年前のホモ・サピエンスもそうであったに違いない．また，集団での定住を基本とする人類にとって，狩猟採集で食料を得た後に確実に住居に帰ることは大切な技術であり，それは現代社会に生きる私たちにも共通している．これは著者の想像であるが，確実に仲間のもとに戻るために，人類は自然のなかでの方向維持や現在位置把握の技術を発展させてきたのではないだろうか．目立つ地形や特徴物に名前を付けて共有すること（現在位置把握），星を使って方位を知るスターナビゲーション（方向維持），漕艇・操舵・帆走などの操船技術（方向維持），羅針盤の開発（方向維持）など，人間が行動範囲を広げて生活するうえで必要な技術であったと思われる．

野外教育のなかでも，特に野外運動（詳細は11章を参照）を教材とする際の特徴として，ナヴィゲーション技術の活用があげられる．たとえば，ナヴィゲーションの道具としてのコンパス（方位磁針）は人間が作った道具ではあるが，地球の

磁場という自然に依存した道具である．また，カヌーの直進性向上や，スキー板の回転性能の向上など，アウトドア・スポーツにおける道具の進化は，自然と人間との力学的関係性のなかに人間の身体がどのように作用するかということを深く探究した結果であろう．人間は常に，自然との関係のなかで，自らを方向付けてきたと考えられる．自らを方向付けること（ナヴィゲーション）がさりげなく野外教育の基盤にあるのは，自然で必然的なことと考える．

3）身体が知覚する自然・身体が作用する自然

本章の最後に，身体がどのようにして自己と自然との関係を創出しているのかについて，野外教育場面を想起しながら整理してみたい．

たとえば，山行の途中で，冷たい水が迸る小さな沢を横切るときを想像してみてほしい．私は足を止め，岩の裂け目から流れ落ちる清水を掌に受けて，口元に運ぶ．このとき，渇いた身体に水がしみわたり，疲れが癒される．少し明るい心持ちになるかもしれない．ここまで歩んできた時間を振り返り，この先の道のりに思いを馳せるかもしれない．こうしたことは，野外教育の場面で一般的に経験されることである．そこで，このような体験のなかにある，自然界における根源的な事象，野外教育の源泉としての自然，受け取るものとしての身体との関係の整理を試みた（表7-1）．

私たちの身体は，感覚受容器で自然を知覚し，筋肉を動かすことで自然に働きかけている．このことは，ユクスキュルが考えた環世界の構造にもよく表されており，生命をもつ生物に共通する世界との関係創出の技法であろう．

一方で人間は，知覚と作用を外界への働きかけにのみ用いるということに留まらなかった．人間の知性は，知覚と作用によって自分自身のなかに豊かな内的現実をもたらし，価値や意味を生成している．価値や意味は言葉に変換され，さらにはそれを自分自身で再解釈することによって新たな意味を生み出し，他者に伝えることで他者の内的現実にも新たな意味を与えていく．これは，人間にとって一般的な，環境との関係創出のプロセスである．しかし野外教育の場面では，自然界に存在する物体や事象に対して，自らの身体運動によってそれらに接近したり働きかけたりすることを通して，内的現実のなかでの意味生成が促進される．

このように，自然と身体は，知覚・作用・意味生成の連関によって，人間の周辺にさまざまな関係性を創出する．すなわち，自然は，野外教育の源泉なのである．

表7-1　試論：野外教育の源泉としての「自然」と，受け取るものとしての「身体」

根源的事象	受け取る身体	源泉としての自然	例
物体（＋光の波長）	眼	見える自然	観察，鑑賞，展望
物体（＋物体の振動）	耳	聴こえる自然	風の音，会話
物体（＋物質）	舌・鼻	味わう自然・匂う自然	山菜採り，薬草
物体（＋温度）	皮膚	肌で触れる自然	感触，痛み，寒暑
物体（＋物質）	呼吸器・消化器	身体に取り込む自然	呼吸，食事
日常と異なる生活環境	自律神経系	普段と違う自然	緊張，興奮，リラックス
暗闇，水中，濃霧，吹雪，暴風雨，雷鳴，滝の轟音等，視界や音環境が通常とは異なる環境下で，身体が環境から何かを確かに受け取り，意味生成や洞察につながる体験が生じる場合がある．	知覚世界と作用世界に存在する自然事象すべて	暗闇，静寂，孤独 人とのつながり 自然とのつながり 気配，畏敬の念	
ヒトの身体活動	意識・身体	資源としての自然	エネルギー資源，農林漁業
ヒトの身体活動	意識・身体	思い出に残る自然	原体験，原風景，故郷
ヒトの身体活動	意識・身体	おのずからそうなる自然	自然ななりゆき
地球（＋太陽，月，星）＋ヒトの身体活動	意識・身体	循環・反復する自然	四季，1日，1年
生物であること	身体	引き継がれる自然	生まれる，死ぬ

本章は，遠藤[12, 13]を改変し執筆した．

注・文献

1）ユクスキュル・クリサート著，日高敏隆，羽田節子訳（2005）：生物からみた世界，岩波文庫，東京，19.

2）ユクスキュルは最初にマダニで説明しているが，人間の感覚と身体運動でいえば「自分の身体が知覚したことが運動につながる」ということであり，人間が認識できるものはだいたい客体になり得るということになる．

3）中村運（1995）：生命にとって水とは何か－水の不思議な力を解き明かす－，ブルーバックス，講談社，東京．

4）塚越哲（1996）：生きている岩石「ストロマトライト」－地球史を語る構造体－，東京大学総合研究博物館ニュース Ouroboros，第2号，（http://umdb.um.u-tokyo.ac.jp/DKankoub/ouroboros/01_02/ganseki.html，参照日：2023年10月29日）．

5）カール・セーガン構成，小尾真彌監修（1980）：コスモス/宇宙 第1巻－地球と銀河を結ぶ80億光年の旅－，旺文社，東京．

6）張本文昭，大村美香（2002）：環境教育的教材としての旧暦の可能性，野外教育研究，第5巻第2号，55-60.

7) 中村桂子 (2014)：生命誌とは何か，講談社学術文庫，講談社，東京，16.

8) 中村桂子 (2006)：自己創出する生命，口絵，ちくま学芸文庫，筑摩書房，東京.
生命誌絵巻は，JT生命誌研究館のHPでも見ることができる．（https://www.brh.
co.jp/exhibition_hall/hall/biohistory-emaki/，参照日：2024年3月25日）

9) スティーブン・ストロガッツ著，蔵本由紀監修，長尾力訳 (2014)：なぜ自然はシ
ンクロしたがるのか，ハヤカワノンフィクション文庫，早川書房，東京.

10) 白井俊 (2020)：OECD Education2030プロジェクトが描く教育の未来-エージェン
シー，資質・能力とカリキュラム-，ミネルヴァ書房，東京.

11) マイケル・トマセロ著，高橋洋訳 (2023)：行為主体性の進化-生物はいかに意思
を獲得したのか-，白揚社，東京.

12) 遠藤知里 (2023)：野外教育の源泉としての「自然」について考える，常葉大学短期
大学部紀要，第55号，3-11.

13) 遠藤知里 (2024)：野外教育の源泉としての「自然」について考えるⅡ-生き物とし
ての適応の観点からみた幼児期の自然体験-，常葉大学幼児教育支援センター保
育・幼児教育研究年報，第1号，95-102.

さらに学びたい人のための参考文献

・エドワード・O.ウィルソン (2020)：人の社会の起源は動物たちが知っている-利他
心の進化論-，NHK出版，東京.

・カール・ジンマー，ダグラス・J.エムレン (2016) カラー図解進化の教科書第1巻進
化の歴史，講談社ブルーバックス，講談社，東京.

野外で生き延びてきた人類
－野外教育のメタ理論２－

　3章では人間について以下のように述べられている.「身体と自然の相互作用を必然とする生態学的な存在としての人間への着目といえる. ここでいう生態学的な存在とは社会的・文化的・生物的 (動物的) に環境と相互にかかわる存在という意味である.」(p32 参照)

　この「人間が社会的・文化的・生物的 (動物的) に環境と相互にかかわること」を対象とする学問分野は,広く人類学であると考えてもよいだろう. 日本人類学会[1] では,人類学について以下のように説明している.

　　　現在の人類は「発達した文化をもつ生物種」という特徴を有するため,人類の身体形質を主対象として主に自然科学的観点から「ヒト」を探求する自然人類学と,人類の文化・社会を主対象とし主に人文科学的観点から「人間」を探求する文化人類学とに大別されることが多いのですが,人類学は,上記のように広く,考古学,民族学,民俗学,霊長類学,遺伝学,解剖学,生理学,古生物学,第四紀学,年代学などと接し重なりあった包括的な科学です.

　前章では,人間の源泉として野外教育の舞台となり,また,野外教育を可能にしている自然について環世界という観点に拠りさまざまな角度から論じてきた. それらを受けて本章では,いよいよ私たち人類について野外教育学のメタ理論として位置づけながら考えていく.

1. 人類の誕生,そして狩猟採集から農耕へ－森から離れる人類－

1）直立二足歩行

　ヒトとチンパンジーそしてゴリラなどの類人猿は,共通祖先から約 1000 万年前以降に順次分化したと考えられている[2]. 約 1000 万年前頃の共通祖先が暮ら

していたアフリカの森は，元々は果物などの食料が豊富な場所であった．しかし地球の寒冷化に伴い少しずつ乾燥した気候の植生に移行し，食料が以前よりも少なくなっていった．犬歯が小さく弱いヒトの仲間は，食べ物の豊かな場所から追い出され森の端や草原に出ていくことを余儀なくされた．このような状況下で，食料を探し求め広大な範囲を歩かなければならなくなったのである．これが二足歩行のきっかけといわれている．

他方で二足歩行は両手の活用を可能にし，主に果物などを採ったオスが子どもを抱えたメスのところまで運んだと推察されている．この頃の祖先は初期猿人に分類され，アルディピテクス・ラミダス（約450〜430万年前）という学名がつけられた．その後，アウストラロピテクス・アファレンシス（約370〜300万年前）という猿人が登場することになる．

これら初期猿人や猿人といった私たちの共通祖先は一様に二足歩行であり，これが身体に人間特有の進化を引き起こしたとされている．脳の大型化である．

2）脳容量の増大

ヒトの頭蓋容量は240万年前に654 mLとなり，ここからホモ属としてホモ・ハビリスが誕生する．その後，ホモ・エレクトスそして30万年前にはホモ・サピエンスに分岐していった．ホモ・サピエンスの頭蓋容量はホモ・ハビリスと比べて約2倍となる1,330 mLにまで大きくなり，この巨大化は，石器という道具の使用による肉食だとされている[3]．ロビン・ダンバー（Robin Ian MacDonald Dunbar）は初期のホモ・サピエンスにおける大脳新皮質の重大な進化は50万年前と主張している[4]．大脳新皮質は知覚，記憶，思考，随意運動，言語などを司り，チンパンジーでは大脳新皮質が脳の50％であるのに対し現代人では80％である．アフリカを出た理由として，第1には当時の土地の乾燥化が主な原因とされているが脳の発達も影響していると考えられている．この急激な脳容量の増大は，手や火の使用による相互作用がもたらしたともいわれている．

3）ホモ・サピエンスの登場

原人であるホモ・エレクトス（約180〜5万年前）に遅れて，新人といわれるホモ・サピエンス（約20万年前以降）が登場する．ちなみにホモ・ネアンデルタレンシス（ネアンデルタール人，約30〜4万年前）は旧人に分類される．人類進化

の歴史のなかで，ホモ・サピエンスとホモ・エレクトスは数万年の間，同時に同地域に集団として連続していたようではあるが，はっきりとはわかっていない．現生人類はホモ・サピエンス種であり，唯一現存する亜種としてのホモ・サピエンス・サピエンスである．

4）氷河期における生存と人類の繁栄

図8-1は，安成[5]の調査による10万年前からの酸素同位体の比率を表したもので，気温変動のグラフである．最後の氷河期（最終氷期）が7万年前から2万年前くらいまで続き，大幅に温度があがったり下がったりを繰り返している（酸素同位体比の変動幅は，温度に換算して実に10度以上とされている）．10万年前というと，現在の人類ホモ・サピエンスが出現したのと一致しており，われわれの祖先は激しい気候変動の時代を過ごしながらアフリカから世界中に広がっていったと考えられる．ところが，最終氷期が終わった1万年前くらいから変動がきわめて安定しはじめた．図8-1をみても例外的に安定した気候であったことが伺える．その頃に狩猟採集から農業による生活が始まって定住がすすみ，古代

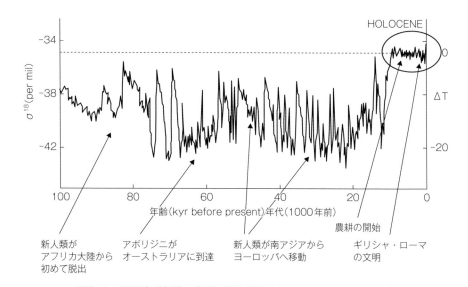

図8-1　10万年前以降の氷河・関氷期サイクルと過去1万年の完新世
（安成哲三（2013）：Future Earth地球環境変化研究における新たな国際的な枠組み，環境研究，第170巻，5-13）

文明の下で人類が栄えることになる．これを地質年代で完新世（Holocene）と呼び，完新世の安定した気候の下で人類が発展してきたことを示している[6]．

5) 旧石器時代から縄文時代へ-文化の興隆-

　氷河期が終わり，急激に温暖化が進む頃に時代は旧石器時代から縄文時代へと移り変わる．日本の歴史区分では，縄文時代は，おおよそ紀元前1万3000年前～紀元前約400年前頃をいう．世界的にみると中国東北部やロシア極東では旧石器時代から新石器時代・青銅器時代の一部まで，ヨーロッパでは旧石器時代から鉄器時代・古代ローマ帝国の成立までといった実に幅広い時代に相当する．

　縄文の名の由来は，この頃の土器の多くに縄目の紋様があるためである．縄文文化の最大の特徴は，1万年以上もの長い間，自然と共生しながら定住生活を実現した点にあるといわれている．縄文時代の日本列島はドングリやクリ，クルミが実る落葉広葉樹の森が広がり，魚介類に恵まれた環境が形成され，豊かな自然が育まれていた．人々は新たに土器をつくるようになり，土器は食べ物の調理や貯蔵に使われ，食生活に大きな安定をもたらした．また，遠くから動物をしとめる弓矢や，魚介をとる釣り針や銛（もり）など，さまざまな道具が考案された．

　人々は主に採集・漁労・狩猟そして農耕によって暮らしを営み，かつての移動生活から定住生活へと変化していく．日本の農業の始まりは，以前は弥生時代からだといわれていたが，考古学の発達により縄文時代に農耕が営まれていたことが明らかになっている[7]．やがて拠点となる集落（ムラ）が出現した．集落には住居やお墓ができ，食料の貯蔵施設，貝塚，特別な儀式を行う祭祀場などもつくられている．集落の周りには，防御用の柵などがなく，温和で協調的な社会が築かれていたと考えられている．また，海や山を越えた交流が盛んで，ヒスイや黒曜石などが遠方まで運ばれた．各地で漆器やさまざまな装身具，祭祀に使われる土偶などもつくられ，豊かな精神世界をもっていたことが伺える．

　このような農耕にともなう衣食住の大きな変化はさらに脳を発達させ，死（病気），宗教，社会，道徳，言語などの誕生といった大きな変革をもたらした．

2．大地を耕す＝文化（cultivate）の成立ち-森から離れた理由-

1）人類の拡大・成長と定常化

　図8-2に示したとおり，狩猟採集社会が拡大・成長から定常期に入った時期は人類学や考古学の分野で「心のビッグバン」と表現されている[8]．この時期には，洞窟壁画が描かれ，装飾品や工芸品などが作られるようになる．また，洞窟で宗教的な儀礼を行うようになり，原始宗教の誕生時代とも報告されている．それまではみられなかったような現代人にも通じる人間的な営みがみられるようになり，心の大きな変化と捉えられている．

2）農耕のはじまり

　この定常化の時代を経て約2〜1万年前が農耕の起源とされている．イスラエルのガリラヤ湖岸で約2万年前の農耕の痕跡（オオムギ，ライムギ，エンバク，エンマーコムギ）が発見されている．中国の長江流域では，稲作を中心とした農耕が約1万年前から始められていたことが確認されている．また，農耕が開始された同じ時期に牧畜も開始された．農耕や牧畜では，研磨加工することで表面を滑らかにしたり鋭く尖らせたりした磨製石器が使用されたことから，この時代は新石器時代と呼ばれている．また，このような用具技術などの変革は，これまで

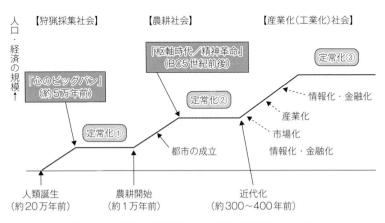

図8-2　人類史における拡大・成長と定常化のサイクル
（広井良典（2019）：人口減少社会のデザイン，東洋経済新報社，東京，160）

以上に安定した食料生産を可能にさせ，生活のあり方や社会構造にも変化をもたらし文明の発達や都市成立へのきっかけとなった．農耕革命あるいは新石器革命とも呼ばれる．

　農耕が始まった時期は最終氷期と呼ばれる氷河期終結に伴い，急激な温暖化や溶解した氷河の冷水が海水温を下げるなどしたことによる気候変動が続いた時期と重なっている．このような気候変動により，これまでの狩猟採集では食糧が確保できなくなったことが農耕開始の要因とされる．農耕や牧畜により人類は計画的で比較的安定した食物の生産と貯蔵を可能にした．食糧の安定した生産と貯蔵は生活システムを変化させ，それまで家族や親族単位であった人類の社会形態は一層拡大し，多くの人々がある地域に定住して社会生活を営むようになる[7]．

3）集団の形成へ

　世界四大文明などの古代都市文明は，農耕中心の生活システムにおいて大河川流域で飛躍的に発展した．さらに，農耕によって得られる作物の生産・貯蔵・分配などに必要だった作業日程のための暦法（天文学），農地管理や分配のための測量，気候変化の観測など，これらが数学のさまざまな自然科学的な発展の基礎になったとされている．このように農耕に端を発する食糧確保や食事の豊かさにより，脳がさらに大型化したと考えられている．

　ロビン・ダンバー[4]は，人類以外のヒト科の仲間やそのほかの猿類の脳容量と集団サイズとの相関関係から，脳と集団サイズには相関関係があり，脳が大きくなる前は10人程度の少人数だった集団サイズが，200万年ほど前には30人ほどになったと報告している．農耕開始時期の脳容量が1,400 mLだった報告から考えると140人ほどが適切な集団サイズとされる．したがって，その規模の人数が一緒に暮らしていたと考えられる．また，集団での生活は脳の発達に大きな影響を与えていることも示唆されている．

4）病，死そして神-精神革命の時代-

　農耕による定住と人口増加によるポリオや結核菌，天然痘への感染拡大が，この時代のミイラや人骨から推測されている．この病や死に関連付けられる認識は，その原因の探求と相まって，天文学や数学などの理論化や体系化とともに整理・整備されていく．これにより自然認識に変化が起こり，自然哲学や新たな宗教的

共同体の発生にも大きな影響を与えたとされている．ドイツの哲学者カール・ヤスパース（Karl Theodor Jaspers）が枢軸時代，科学史家の伊東俊太郎が精神革命と呼んだ時代である[8]．

　農耕以前の狩猟採集小集団においては，一般的にアニミズムが信仰されていた．アミニズムではあらゆる自然物に霊魂が宿るとされ，特定の開祖がなく，宗教的な儀式や礼式は小集団において公的に行われていた．また，霊魂が事物から離れること，霊魂の宿りがなくなることにより活動が停止した状態となり，人や動・植物においては死を意味するとされている．

5）集団の維持，そして権力の発生

　大集団における生活は，新たな社会形態を反映した信仰や宗教的共同体の誕生を促すこととなった．このことは，領土制国家や帝国の誕生と密接につながり，そのような信仰が権力者の支配権や富の移動を正当化する行為を掻き立てることになった．狩猟採集に比べ農耕は食糧確保が容易となり，栄養状態が安定し死亡率も低くなったと考えられがちである．しかし，歯のエナメル形成不全やエナメル欠損，ハリス線などによる調査から，定住的な農業に代わることで飢餓や季節的な空腹が頻繁に起こっていたことや病気によるストレスが増えていたことが指摘されている[8]．このような食糧供給の安定と関連した富とその支配，病気やこれまでにないストレスによって，信仰の変化や新たな宗教的共同体が誕生し，死や自然認識にも大きな変化をもたらした．

6）日本の縄文・弥生時代

　日本で農耕がはじまったとされる縄文時代から弥生時代初期の平均寿命は15〜18歳で，それまでに比較してあまり大きな変化が生じなかったと報告されている．縄文時代の人口は，縄文早期の2万人から縄文中期の最盛期の26万1,000人まで急激に増加したが，縄文中期を過ぎると反転し急激に落ち込み，縄文後期は16万人，縄文晩期は7万6,000人まで減少したとされている．このような人口動態や平均寿命については次のように考察されている．

　　1万年ほど前，日本列島の年平均気温は現在よりも約2度低かった．しかし，その頃から気候の温暖化が始まり6000年前には現在より1度以上高くなった．気候の温暖化に支えられ，関東・中部の人口は縄文中期までに環境

の人口支持限度いっぱいに達していた. そのような状況において気候の悪化が起きると, まず動物相に影響があらわれる. そして生産力の低下にもかかわらず, さらに環境から多くのものを引き出そうとして環境の悪化ないし破壊を加速させる. その結果として, 一人あたりの食料消費量は減少し, 栄養不良の状態が拡大し食糧確保にかかわる争いが増加することになる.

縄文時代の後半には大陸から新しい文化をもった人々がわたってきていたが, 縄文人には免疫のない新しい病気ももたらしたと考えられている. また, 弥生時代初期の九州北部地域で, 武器で殺された多くの人骨が特定の場所にまとまってみつかっていることなどからも, 弥生時代が戦争のはじまりの時代と説明されることもある[9].

▌3. 不確実な自然から安定した社会へ−自然から離れる人類−

1) 古代文明の発生−農耕革命から都市革命へ−

図8-3に示したとおり, およそ紀元前7000年から紀元前5000年の期間は完新世の気候最温暖期とされ, 地球が温暖であった時期である[10]. この時期は最終氷期の終了後にあたり北半球の氷床が最大規模で溶けていたため, 世界的に海水準が最も上昇していた. 気候は現在と比べると湿潤とされ, 年平均で1~2℃気温が高かった. この頃のメソポタミアでは, 温暖な気候と肥沃な大地を背景に農耕や牧畜による営みから土器・陶器が発達し, 古代文明が発祥する. 都市国家としては, シュメール, アッシリア, バビロニアなどの王朝が繁栄したとされる. 時を同じくして北アフリカでは砂漠化が始まり, サハラ砂漠が誕生する. この砂漠化によりエジプトへの移住と人口集中がおき文明化が促進した. 紀元前5000年紀には海面は現在より3~5m高かった.

紀元前4000年頃に, 温暖な気候を背景に日本の縄文文化は最盛期を迎える. この頃, 日本は縄文時代前期つまり縄文海進の最盛期で日本列島は完全に大陸から切り離されていた. 一方, 中国では黄河文明が起こり, エジプトでは最初期の都市が建設され王朝時代が始まっている. そして, ユダヤ暦では「天地創造」(キリスト教の旧約聖書『創世記』における世界の創造を指す) の始まりとされ, ヒンドゥー教神話による「カリ・ユガ」という男性の悪魔カリの時代, 悪徳の時代の始まりの時期でもある. 農耕革命と呼ばれる時代から都市革命, 精神革命へと

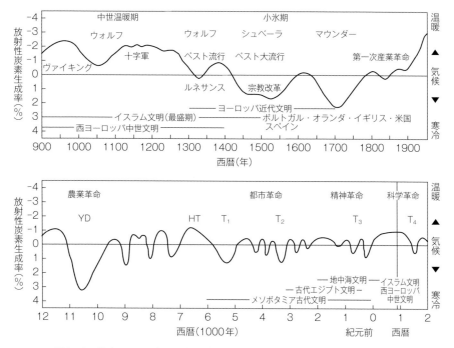

図8-3　過去12000年間の気候変動と文明史との関連（種々の資料による）
T_1～T_4：小氷期に匹敵するような寒冷気候期，YD：新ドリアス期，HT：ヒプシサーマル期
（小泉格（2007）：気候変動と文明の衰退，地学雑誌，第116巻第1号，62-78）

移りそして科学革命へと人類は進んでいくこととなる[10]．

2）精神革命の時代，そして科学革命へ

　地球の寒冷・乾燥化によりアフリカを出発した人類は，農耕や牧畜による食糧確保の技術を獲得しながら気候変動に適応してきた．温暖な気候の時代を背景に肥沃な土壌地域では定住と人口増加が進み，再び起こった寒冷・乾燥化の時代では，大集落でのより効率のよい農耕や牧畜の必要性から都市の建設が各地で起こった．都市の営みでは格差や感染症などの新たなストレスが生じ，新しい起点となりうる紀元を隔てて，精神革命の時代，科学革命の時代へと突入していく．

　大きな気候変動をきっかけに人類の生存の営みは狩猟採集から農業・牧畜へ移行した[10]．結果として，脳の巨大化を含む身体特性を変化させ，さらには都市や国家のように社会形態をも変えながら適応してきたといえる．人類における脳

表8-1　知の歴史を自然・人・人工の関係に注目しながら追う

基本理念		知の体系		自然とのかかわり	技術の性格
生命(神話)		創世，全体，関係，多様，日常，物語(口伝)，五感(六感)	(エンド)endo	〔人・自然〕アニミズム	狩猟，採集，農業
理性	ギリシャ イデア	自然哲学(統一)──モデル 全体 自然誌(多様性)		〔神・人・自然〕	
	中世 (スコラ・キリスト教) 神	自然哲学(統一性)		〔神〕〔人〕〔自然〕	
	近代 (科学) 啓蒙理性	普遍性，論理性，客観性	(エキソ)exo	〔人〕〔自然〕	機械(時計) 科学技術 自然からの離別
生命(新しい神話)		普遍性──自己創出(自己組織化)──多様性 歴史，関係，日常，物語	(エンド)endo	〔自然・人・人工〕	自然と調和する技術 ヴァーチャル・リアリティ (コンピュータ)

（中村桂子（2014）：生命誌とは何か，講談社学術文庫，講談社，東京，257）

の巨大化，特に大脳新皮質の肥大化は，科学革命さらには産業革命を導き得た主たる要因と考えることもできる．

　今後，引き起こるであろう大きな気候変動に対する人類の革命は，環境革命と称されている[11]ことを付け加えておく．

3）知の対象となった自然−自然から離れる人々−

　大脳新皮質の肥大化とそれにともなう人間の営みの変化は，知の体系を変えた．中村[12]は，特に「自然と人」や「主体と客体」という関係性において，死・宗教・科学との深い結びつきが自然観や「知」の体系を変化させたとまとめている（表8-1）．

　人は自然を知の対象としなければ，つまり客観視し理解できなければ自然のなかで生きることはできなかった．したがって，人が不確実な自然のなかで安定して変わらないもの，恒常的で普遍的なもの，確実で規則的なものを最初に注視することは本能的であり，むしろ知の根源ともいえる．

　ギリシアの哲人たちは自然の最も根源的なものとして「土・空気・火・水」の

4元素を見出した．変わらないものはどこまでも変わらないとする規則的なパルメニデス的自然観と，不規則に流転するものとして万物をみるヘラクレイトス的自然観の対立を超えて複雑に進化する自然観がここにみてとれる．

　他方，中世キリスト教においては，人間は神のために存在し自然は人間のために存在するというような「神＞人間＞自然」という階層的考えがなされるようになる．神は自然に内在することはなくなり，人間も自然の一部ではなくなる．神と人間と自然が切り離されて独立無縁なものとなった．ここに，自然を客体化し，実験の対象とする科学の萌芽をみてとることができる．

4）東洋における自然観

　中国では，自然という語は老子の書物において「人は地に法り，地は天に法り，天は道に法り，道は自然に法る」とある．自然という語は道家の「道－世界と人生の根源的な心理－」として引用され「オノズカラシカル」，すなわち「本来的にそうであること（そうであるもの），あるいは人為が加えられない，あるがままのあり方」を意味し究極の理想とされた[13]．自然なあり方を理想とする範囲は，王の治世のあり方から人間のよき生き方，後の荘子になると内的な心のあり方までに至り，自然に因ることと心の安寧が関連付けられている．心理学者の河合[14]は「『オノズカラシカル』という考えは，天地万物も人間も同等に自生自化するという考えにつながり，物我の一体性すなわち万物と自己が根源的には１つであることを認める態度につながる．」と述べている．日本における自然観は，仏教の伝来とともにその思想に影響を受けており，万物にさまざまな神をみていた．最初，自然という用語は「オノズカラシカル」という意味で使われ，それは自然と発音されていた．ヨーロッパのような森羅万象を意味する自然（nature）ではなかった．今日，私たちが自然という語を使うとき自然性と自然物の両方の意味をもっている．森羅万象をさす自然は nature の語訳である．この自然観は現代人に浸透しており，仏教にあったような畏敬の念を含んだ観念が希薄なことが多く指摘されている．

4. 野外で生き延びてきた人類の脳と身体

1）科学技術の光と影

　科学は自然に対する知への欲求から発展し，人々の快適な生活や幸せを得よう
とする欲望へとつながっていった．このような人間の感覚・思考から宗教・科学
が発生した一連のサイクルは，人間であるがゆえの現象といえる．幸せで快適な
生活への人類の要求が，自然環境の影響の少ない生活や社会構造を構築したとい
える．快適さを手に入れた一方で，結果として，新たな課題や問題点を多く引き
起こしている．

　長い人類の歴史からすれば，産業革命はきわめて短時間で急激な科学技術の進
歩や人口増加，生活環境や自然環境の変化を引き起こした．産業革命発祥の地と
いわれるイギリスでは，燃料としていた木炭の利用が増え，山林が少ないことも
相まって森林資源を枯渇させた．それに代わる石炭や石油といった新たなエネル
ギーの活用が産業革命を加速させた一方で，より一層，自然の破壊を促進した．
自然と人間との距離はますます離れ，自然環境変化にともなう環境問題と合わせ
て新たな感染症や病気による健康問題や死を引き寄せた．加えて，多様な価値観
や認識の違いにより多くのトラブルや戦争が勃発した．

　この時代の，人類存続への不安に苛まれた状況が，生命そして環境といった新
たな知のステージに向かう原動力となるのである．第一次産業革命直後の1876
年にイギリス生理学会が誕生している．

2）人間の自然性への回帰

　生理学にあたる「フュシオロギア」（physiologia）というラテン語は，フュ
シス（physis，自然体の意）とロゴス（logos，ことば，学問の意）というギリ
シア語に由来しており，フランスの医師・生理学者であるジャン・フェルネル
（1497–1558）によって導入された概念である．自然体を基とした生体の機能，す
なわち人間だけでなく多様な生物のからだの働きに視点が向けられることになっ
た．佐藤[15]は生理学・人類学の視点からみると「人間は人間になってからの500
万年の間，自然環境中で生活し，太古の野生の森や草原に生きた脳をもって，今
日の都市生活を営んでいる．」と述べる．また，「人間の生理機能は，脳も，神経
系も，筋肉も，消化器も，肝臓も，感覚系も，すべて自然環境のもとで進化し，

自然環境用につくられている.」と整理している.

　人間は,自然環境変化や生命維持にかかわる内的・外的な刺激を,受容器にある感覚センサー(特殊感覚,体性感覚,内臓感覚)で受ける.多くの動物と同様に,この感覚センサーで生命維持にかかわる情報を受け取り,自律的な調整を司る自律神経の働きによる自動的・反射的な生体機能を維持している.たとえば,太陽の光の刺激の反応で目覚めたり,睡眠へと導入されていく概日リズム,気温が高いときの発汗や末梢血管の血管拡張,気温が低いときの立毛筋緊張にともなう体毛が立ち上がる鳥肌の反応,危険な場面や逆に安心できる心地よい場面での心拍変化,病原菌やウイルスの体内への侵入やアレルギーなどの免疫反応,ホルモン分泌のきっかけになるのも感覚刺激によるものである.まさに,人間も含めた生物の発達や進化は,自然と生物とが一体となった自然体のなかから生起したことは明確である.

　また,中村[12]は数々の研究から生命誌を唱え,人は自然の一部であることを強調している.そのなかで「わたしはヒトという種を構成する70億の個体の1つである.ヒトは約200万種ある生物種の一つである.生態系は地球の一部であり,地球は宇宙に数百億はあるとされる惑星の中の1つ.」と自然と生命とが一体であることの普遍性を踏まえながら,多様で複雑なものへと理解を進めていくことの必要性を説いている.

3)生命科学・複雑系科学の時代－自然は共振する－

　これまで自然科学では無理数,誤差,遅れ,不規則,ノイズなどの存在は認識されていたものの,安定を基準とした普遍・規則・確実性を第1としてきた.その結果,対峙するこれらの存在を排除してきたとされる.しかし,近年のコンピュータの発達により,カオス,ゆらぎ,不規則性,不確実性といった複雑系の理論が整理されはじめ,排除されていた不安定さに重要な意味を見出し始めている.自然の現象は静止や一定であり続けるということはない.ある時間や空間,数値を切り取ったカテゴリーとして現象を捉え,平均という見方をすれば一定の現象と認識されるかも知れない.しかし,厳密な見方をすると,自然は動き続けていて一定ではない.

　カオスは混沌を意味する英語である.秩序がなく多様な要素が入り乱れ,一貫性が見出せない状況や様相として使用される.語源はギリシア語のΧάος (khaos：ケイオス) である. これは元々, 秩序のある宇宙 (コスモス) が成立する以前の秩序がない状態を意味する語だったとされる. ニュートン力学は, ①時間経過とともに状態が変化し, その変化が一定の法則で与えられる, ②初期状態が決定されれば, その後の状態も決定される, というシステムである. しかしカオス理論の発見により, ニュートン力学的法則に従う系であっても確率論的にランダムかのような振る舞いを起こすことや, 初期値のきわめてわずかな差が将来の大きな差を発生させる現象 (バタフライ効果) の存在が明らかになった. 1964年エドワード・ローレンツらが提唱したこれらの研究は, 現在でも気象学における大気変動の基礎理論として, また気象予測の数学的モデルで使用されている.

　このような自然界に特徴的な複雑な変化の様相をゆらぎとして, 規則性と不規則性とが混在している現象こそが普遍的, であるとの見方を与えた. ゆらぎは, 完全にランダムで予測不能な「白色 (ホワイト) ノイズ」と呼ばれるもの, ある程度の予測が可能な「ブラウニアン (ブラウン) ノイズ ($1/f^2$)」, この2つのゆらぎの中間の性質をもつ「$1/f$ゆらぎ」に分類されている. $1/f$ゆらぎは予測できそうでできない偶然性と期待性をもつゆらぎで, ピンクノイズとも呼ばれている. $1/f$ゆらぎはろうそくや焚火の炎の揺れ方, 木目の間隔, 小川のせせらぎ, 木漏れ日, 蛍の光り方などから観測され$1/f$の音はちょうどよく聞こえ, 不快に感じる音などからは観測されないという特徴をもつ[16].

4) 人間は生命として自然とともにゆらぐ

　生物においても神経細胞の活動電位間隔や, 人の心拍の間隔, 眼球の動き, 脳波 (a波) などから$1/f$ゆらぎが観測されている. また, 心拍は加齢により規則性が強くなり, 同様に, 不整脈がある人や心臓の機能が弱っている人, 自律神経異常がある人などでは規則的なゆらぎが失われていく. これまでの健康観のベースにホメオスタシス (恒常性維持) という考え方がある. 自律神経系, 内分泌系, 免疫系といった不随意的な機能調整によって, からだの状態を環境に適応させるよう一定に保つ働きのことで, ある機能的な標準範囲に収まっていることが健康で, 許容範囲を超えたら健康とはいえないと考える.

　他方, 近年では, 生体に比較的強い影響を及ぼすような振れ幅がある状況への適応を意味するアロスタシス (動的適応能) という健康観で評価されることが多くなっている[17]. 生物や人はさまざまな環境からの刺激を受けながら生活して

いる．感覚器の神経細胞に生起するゆらぎによって刺激を知覚し，その刺激に対して反応しながら，アロスタシスを働かせながら，安定した心身状態を保っている．生物や人の生命活動は自然の特徴といえる 1/f という規則的，不規則的な変化が混在する環境のなかでアロスタシスを維持していることになる．自然のなかで生活していた頃の人間はきわめてアロスタシスに優れていたに違いない．一方で，自然から離れ，人工的で一定の温度や湿度，規則的過ぎる時間やリズムをもった都会的な暮らしではアロスタシスは衰えていくのだろう．

　川村[18]は，現代でも狩猟・採集社会で暮らし続けるピグミーやエスキモーの暮らし方と健康との関連や，幼児から児童，大学生，高齢者らを対象としたキャンプなどにおける運動生理学，幼児心理学，野外教育学といった多面的な研究により，自然のなかで暮らすことは心身を自然な状態にさせ，より健康な状態に近づけさせると解説している．また，川村ら[19]は，自然のなかで暮らすことによって，指先の血液循環の変動がどのように変化していくのかを研究した．指先の血液循環の変動は，心拍出量，心臓の収縮と拡張のふるまい，血管壁の性状，血管径や生ずる血管内圧，血液性状，神経反応，血流反射波などの多くの要因で成り立っているが，自然のなかでの生活によって，総合的な健康指標となる血液循環が顕著に良好な状態に近づくこと，また，血圧は正常値に近づくことを明らかにしている．

　また，永吉[20,21]は，キャンプ中や森林内，人口気象室内での心拍変動による自律神経活動の変化，心拍の 1/f ゆらぎの傾きの変化，日常生活との心拍リズムの違いを測定した．加えて，自律神経活動との関連性がある免疫細胞として，好中球，NK 細胞，T 細胞，B 細胞の活性度の調査を行い，日常生活と比べてキャンプ生活において良好といえる日内リズムが生起し，1/f ゆらぎの傾きに近づき，免疫細胞も顕著に活性することを観察している．

　自然のなかでの暮らしがもたらす生体への影響は，多様な要因が複雑な関係性のもとに引き起こされるものである．1/f ゆらぎが自然の特徴であるならば，不規則的かつ規則的でもある環境のなかで，多様で複雑な刺激を生体に与え続けることが人にとって自然な状態であり，自然に適応することこそが健康な状態や生命を維持する根源ともいえる[22]．

5）自然と人間の然るべきかかわりを求めて

気候変動をきっかけに食糧確保という強固な基本的欲求に駆動され，人類はアフリカの地を出発した．繰り返される気候変動と食糧の獲得といった課題を，知やそれに基づく農耕により解決し，脳を発達させながら安定かつ幸せな持続可能社会へ向かっていった．他方で，人口増加と寒冷化による食糧不足をきっかけに，人間のさらなる欲求が産業革命をもたらした．そして，自然と人間との距離をさらに遠ざけ，自然を利用する対象と捉えるようになった．その結果，自然環境破壊は進み，対立や不満，新たな健康問題など，社会への不安と人間の営みへの反省が生じた．野外で生き延びてきた人類の脳や身体には，自然と生命体とが一体となったゆらぎが存在する．ゆらぐことをやめた生命体は生きる力を失い，そして死が訪れ自然に還っていく．今後，人類の欲求が引き起こした人為的なゆらぎの急拡大は，地球温暖化など自然の大きなゆらぎとなって現れるだろう．人類は自然との距離感を取り戻すことができるのだろうか．生まれ・還る自然を保全することができるのだろうか．

野外教育によってもたらされる脳と身体への小さなきっかけが，バタフライ効果といわれるような大きなゆらぎの力となって，自然とともに暮らせる持続可能な社会になることを期待したい．

5．人類史から野外教育をみつめる

ここまでは，ヒトとしての人類が徐々に人間に移行していく様態に沿いながら解説してきた．すなわち，「自然とかかわる存在」と「自然から離れる存在」を通して人類の特性を理解しようとするものであった．本章の最後にあたっては，「文化を持つ生物種」であることと，その意味について考察し，野外で生き延びてきた人類から学ぶ教育実践について考えてみたい．

1）自己矛盾を抱える人類

一部繰り返しになるが，そもそも私たちは約40億年前の生命誕生に端を発し，さまざまに進化してきたなかでも霊長類ヒト科に属すホモ・サピエンスという生物種の一種に他ならない．このことは疑う余地もなく，私たち人類は自然の一部であるといえる．『鉄腕アトム』や『ブラック・ジャック』，『火の鳥』などの作者

として知られ，日本の漫画界を開拓した手塚治虫は，著書『ガラスの地球を救え』のなかで，「人間がどのように進化しようと，物質文明が進もうと，自然の一部であることには変わりはないし，どんな科学の進歩も，自然を否定することはできません．それはまさに自分自身＝人間そのものの否定になってしまうのですから．（p13）」[23]と語る．

ところが一方で人類は，数万年前には自然に抗うようにして文明を開化させたのであった．先にも文明のはじまりについて概要を述べたが，たとえば紀元前3000年頃のチグリス・ユーフラテス川流域では，水害に抵抗するための治水事業によって農耕が発展し，余剰生産物の蓄積が可能となった．さらには労働力の集約や都市形成が起こり，その表れとしてメソポタミア文明が発展した．つまり文明の多くは自然を管理，操作しようとするなかで発展してきたのであり，やがて高度な科学技術を生み出していった．しかしもう一方で，極度に自然からかけ離れた科学技術は現代人に多くの課題を突きつける結果となっている．先に述べた手塚は「自然や人間性を置き忘れて，ひたすら進歩のみをめざして突っ走る科学技術が，どんなに深い亀裂や歪みを社会にもたらし，差別を生み，人間や生命あるものを無残に傷つけていくか（p26）」[23]と述べている．

このような二面性や矛盾，すなわち，自然の一部である存在と自然から離れる存在を同時に有する人類について理解しつつ，現代社会における野外教育がもつ意味，意義を考えたい．

2）文化の継承

人間をはじめ，基本的に生物の身体は親世代の遺伝子の影響を強く受けており，またそれは子世代に継承されていく．この遺伝子は設計図のようなものであるため，身体的特徴や形質が子孫に引き継がれていく．一方，その身体を介した習慣や文化といったものも子孫に継承されていく．またさらに，継承された個が集まることによって，特定の集団や地域において近似した習慣や文化が形成され，その総体としてやがて伝統が成立していくと考えてもよい．

ところで，一定の集団に特有の習慣や文化が認められることは，チンパンジーにもみられる．チンパンジーは，属している集団あるいは暮らしている地域によって，独自の文化や伝統をもつことがある．たとえば木の実を石で叩く習慣をもつ集団もあれば，そういった行為が確認されない集団がある．遺伝的要因や環境的

要因との関連を完全に排除することはできないものの，このような集団間での習慣の有無に関する研究を通して生物学者はそれらをチンパンジーの文化であると考えている．このような現象つまり独自の習慣や文化が認められることは，人類においてはより一層際立っている．たとえば，A家とB家の生活習慣が違っていることや，北海道のC市と沖縄県のD市とでは伝統文化が異なっていることなど，それぞれの差違や独自性については経験的にも理解しやすいだろう．

　このような習慣や文化の継承は，チンパンジーなど一部で限定的には認められるものの，人類ほど高度に確実に継承している生物種は他に存在しないと考えられている．その要因についてはこれまでに解説してきたが，いずれにしても人類は700万年の歴史のうち，きわめて現代に近い数万年前を契機とし，18世紀後半の産業革命，さらに日本では戦後の高度成長期，これらのエポックを経ながら生きる様式を劇的に変化させていったのである．

3）釣りの変遷

　ここでは先に論を進める前に，日本における釣りの歴史を踏まえながら，その道具の変化ついて概観する．

（1）原初的な釣りから遊びとしての釣りまで

　2016年，沖縄県南城市のサキタリ洞遺跡から世界最古となる旧石器時代の釣り針が発見された[24]．真珠層をもつ海産の巻貝（ギンタカハマ）の固い貝殻を割ることによって得られた貝片を，研磨によって精巧に成形したものであった．この釣り針は，堆積層から2億3000年前頃のものと推定されている．遺跡からは淡水魚や海水魚の骨もみつかっていることから，釣りという手段で一定の食糧を得ていたと考えられる．そのほか，青森県の三内丸山遺跡からは5500年前頃の釣り針が発見されている[25]．よって日本では数万年前から数千年前にかけて，釣りという手段を用いた一定の漁労文化が存在していたと考えられる．当該期における釣り糸の情報は多くはないものの，各種の植物や羊毛，また馬毛や繭などの繊維を撚ることなどで十分な強度をもつ糸あるいは紐のようなものを作成し，針と連結させていたのだろうと考えられている．

　おそらく，ある者が釣り針を用いて魚を釣るという発想を抱き，割った貝殻を磨くことによって釣り針を制作し，さらにそれを用いて魚を獲ることができたなら，ともに暮らす者は真似をするだろうと思われる．さらに安定した釣果が得ら

れることができたなら，おそらくそれは後の世代にも引き継がれていくと考えられる．このようにして釣りという文化が集団や世代間で継承されていったと考えてもよい．

　さらに時代を経た日本では，『古事記』や『日本書紀』に釣りは戦運を占う神事として記されているほか，平安時代の淳和天皇が京都神泉苑の法成就池において釣りをして遊んだといわれるものの[26]，定かではないうえ，この時期にどのような方法で釣りをしたかは不明である．

　ところで，先史時代から現代に至るまで，食糧を得ることが釣りの目的の1つであることには間違いない．では遊びとしての釣り，余暇やレジャーとしての釣りはいつ頃から誕生したのだろうか．この遊びとしての釣りは，日本では江戸時代に普及したとされている[27]．戦国時代と異なり，世の中が安泰な江戸時代には時間に余裕のある武士が多く存在したこと，また幕府が寺院勢力を押さえ込んだことにより庶民の殺生に対する禁忌意識が薄れたこと，さらに治水事業によって居宅近くに水路などが発達し，釣り場が身近になったことなどが考えられる．道具の面では，中国より輸入したテグスサンという蛾の幼虫の絹糸腺を用いた半透明のテグス（釣り糸）が普及し，魚に警戒心を抱かせない釣り糸が普及したことも影響を及ぼした．軍用の弓や矢の加工技術を転用し，竹竿の質も向上した．錘（おもり）も鉄砲玉の鉛加工技術を転用するようになった．このような条件が整っていった影響もあり，江戸時代の釣りはまず武士階級の間で盛んになり，次第に町人や女性，さらに地方へ広がっていった．ここでも釣りを楽しむようになった個をきっかけとして，やがて集団や世代に影響を及ぼしながら，遊びとしての釣り，またそのための道具という文化を発展継承していったといえる．

（2）科学技術を利用する釣りと目的の変化

　さらに時代を経た戦後の高度成長期，人々の生活に余裕が生まれるとともに，釣り道具の材質や性能が劇的に進化したこともあり，一般の人々の間にはさらに趣味やレジャーとしての釣りが広まるようになった．竿は竹製からカーボン製に，糸はテグス製からナイロンそして PE ライン（ポリエチレン繊維）に改良された．さらにリールが進化したことによって，長い糸を使用することができるようになり，より遠くより深くの魚を狙うことができるようになった．現在ではボートフィッシング，ドローンを用いた遠隔操作による釣りなど，近年の技術革新は釣りをめぐる環境を大きく変化させている．

一方で食糧を得る目的に特化した釣りは漁師に限定されるようになっていった．厳密には食糧を直接的に得ることから，食糧を売ることで経済的価値（＝収入）を得るために釣りを行う者が誕生していく．つまり趣味やレジャーとして魚を釣る愛好家ではなく，釣りを生業とする職業人が誕生していったのである．この職業人も当然ながら以前は旧来の道具を用いていたが，現在では先述したような最先端の釣り道具を駆使し，その技術も継承されるようになっている．大型船の導入やトロール技術の向上，漁網の大型化・強度化，集魚灯や無線・レーダーの使用，魚群探知機や船内冷凍装置の導入など，まさに先端分野の技術が日々引き継がれ，改良されている．

4）釣りから人類と自然とのかかわりを考える

本節では先述の釣りの歴史を踏まえながら，人類はどのように自然とかかわってきたのか，あるいは管理・操作しようとしてきたのか，自然とのかかわり方について考えてみたい．食糧を得るための漁労にしても遊びやレジャーにしても，釣り具の変化に着目すれば，第二次世界大戦の前後で大きく異なり，その結果自然とのかかわり方も大きく変化した．

（1）自然とかかわる釣り

先史時代から戦前までの道具はきわめてシンプルであった．釣り針，糸，錘，竿，これらが道具のほぼすべてであったといってもよい[28]．このような道具を使用するためには，釣り人は魚を取り巻く環境に敏感である必要があった．釣りは自然との対話によって成立している．「ここには魚がいるのか」「今の季節・時間であれば何の魚がいるのか」「どれくらいの深さにいるのか」「潮位，水温，流れはどうなっているのか」「その魚は何を食べているのか」など，魚を取り巻く自然に人は目を向け耳を澄ますことが求められた．さらに，そもそも道具や餌自体を自分で調達する必要があった．「釣り竿に適した竹はどこに生えているか」「餌となる生き物はどこに棲息しているか」など，釣りをする前にも自然を把握，理解している必要であった．つまり，先史時代から戦前までの釣りには自然とのかかわりが必要であった．

（2）自然とかかわらない釣り

一方，高度成長期以降の道具の革新はそれらをほとんど不要にしていった．まず道具は自作しなくても最新のものが手軽に購入できるようになった．竹で釣り

竿を自作したり，貝殻を削って釣り針を自作するものはほとんどいないであろう[29]．これら道具を含め，釣り餌も自分で調達しなくとも釣具屋で販売されるようになっている．また，魚がどの水深にいるかは魚群探知機が教えてくれるようになった．月の満ち欠けに無関心であっても潮位はアプリケーションが示してくれる．プラスチック製の疑似餌は何度でも使える．魚の引きの強さと糸の強度との駆け引きは不要となり，電動リールが自動調整してくれる．このように高度化した道具を釣具屋で簡単に購入するのが一般的となっている．それは趣味で釣りをする愛好家も，漁労として魚を釣る漁師も同じであり，時間や労力，そして自然とのかかわりを必要としない釣りが発展し，現在に至っている．

5）遊びと生業

　ここで1つの仮説を立ててみたい．「趣味で釣りをする愛好家」と「釣りを生業とする漁師」に，最新の道具を用いずに釣りができるか問うたならばどのように答えるであろうか．おそらく，漁師たちの答えは否であろう．彼らにとって漁は生計を立てる手段であり，釣果こそが最優先される．材質や機能性に劣る旧式の道具を使うことは生活に直結するため，答えは否であろう．一方，趣味として釣りを嗜む愛好家に同様に問うたならば，答えは可であろう．遊びであれば，たまには古い道具を使うことに大きな抵抗はないはずである．彼らにとっても釣果は重要であるが，例え1匹も釣れなくとも生計には直結しない．普段最新の道具を使っていれば，古いシンプルな道具を使うことで物珍しさを感じたり，魚との駆け引きを楽しむことができるだろう．

　この違いは，おそらくそれが文化なのか文明なのかによるものと言い換えてもよいかも知れない．厳密な定義による区分は専門書に譲るとして，ここでは文化が人々の暮らしの様式であるとすれば，文明はその暮らしを豊かにするための特に物質的・技術的・経済的なものだと考えてみる．さらにその特性として，文化は時間を経るにしたがってその種類や幅が広がっていき，人々の選択肢が増えていくと考えてもよい．一方で文明は時間経過にともなって常に高度化し，複雑になりながら発展するため，人の選択が限定的になり，ときを遡ることが難しい性質をもっていくと考えることができる．加えて，それが生活に直結するかどうかも重要な判断基準となるはずである．趣味で釣りをする人は旧式の釣り具で遊ぶことができるが，生業として釣りをする人は，遊んでいては釣果も上がらず収入

に結びつかない．

　昨今，キャンプがブームとなっている．ファミリーキャンプ，ソロキャンプなど，
それぞれのスタイルで楽しむ人が多くなっている．キャンパーたちは，普段どの
ように暮らしているだろう．薪でご飯を炊いているだろうか，戸外で寝袋で寝て
いるだろうか，暑い夜に汗をかきながら蚊と戦っているだろうか，おそらく，す
べて否であろう．ご飯は炊飯器のボタンを押して炊いているし，家のなかでベッ
ドや布団で寝ているに違いない．暑い夜はエアコンをかけて快適に眠っている．

　それでは，なぜこのような人々がわざわざ文明的な生活を離れて不便ななかで
時間を過ごしているのだろうか．その実情は，科学文明を使わない旧来の生活様
式（文化）を選択肢の1つとして楽しんでいると考えてもよいだろう．生業に直
結しない様式は古いものでも構わない．むしろそれは，普段から最新技術を駆使
していればしているほど，新鮮な体験になるだろう．そのように考えると，野外
教育は教育の1つの手法であるが，一方で旧い暮らしや営みを再現する1つの様
式，あるいは遊びのようなものだと捉えることが可能な1つの文化実践だといえ
るのではないだろうか．薪を使った調理，テントと寝袋を使った屋外での就寝，
徒歩移動，山菜採り，シーカヤック，これらは文明的な科学技術や動力などを使
うことなく，かつての人々の暮らしの様式，すなわち文化を辿る実践ではないだ
ろうか．

6）文化実践から学ぶ野外教育
（1）選択肢としての文化

　野外教育の実践では，原初的な暮らしや体験活動をしながら生活することが一
般的である．そこでは科学技術の介入が少ない．その反面，薪を用いた調理では
火をおこすこと，火加減を調節することなど，いずれも木や火という自然とかか
わる必要がある．さらに動力に頼ることも少ない．たとえばSUP（スタンドアッ
プパドル）では，移動のためにはパドルという人力を駆使しなければならない．
しかも風や波，潮位変化など，やはりここでも自然と常に向き合うことが求めら
れる．つまり野外教育実践では自然とかかわるという文化を現代に再現すること
ができる．繰り返しになるが，薪で調理する者も普段はガスコンロを用いている．
ボタン1つで着火でき，つまみで火力調整ができる．SUPを楽しむ者も海や湖
までは車で移動しているはずである．つまり，現代に生きている限り，普段は科

学技術や動力などの恩恵を受ける様式で暮らしているのは確かであるが，そうではない様式あるいは文化を送ったり体験したりすることもできる．

さらにそこでは，普段は必要とされない自然との対話や創意工夫が求められ，その対話によって気づきや知恵を得ることができる．そしてさまざまな知恵の積み重ねが，やがてその人の総体である全人格に智慧を授けていく[30]．この智慧こそが野外教育に期待される生きる力や人間力の育成と考えてもよいのではないだろうか．

（2）野外教育への適用

ここまで人類の文化実践を野外教育に取り入れる可能性や意義について述べてきた．またその文化実践とは，特に科学技術や動力などの恩恵を強く受けないもの，つまり旧来の生活様式ともいえるものであった．その生活様式を野外教育に活かすには，歴史を少し遡ることで多くの発見があると思われる．

土方・張本[31] は，野外教育実践において教育と野外の概念整理に基づく二次元のマッピング（布置）を試みている．その際，マッピングの際に用いるルーブリックを作成しており，歴史性について最も高く評価する基準として以下のように示している．

特定の地域の人々の共同的な関わり方やその歴史（時間）に関連させて活動する意味を積極的に見いだし，活動に大きく反映している（p7）．

また歴史性を計る評価の観点として，地域の生活様式が反映されているかを示し，衣食住の様式などをその具体例としてあげている．確かにそれぞれの地域における，たとえば戦前の衣食住について考えてみることで，野外教育実践に取り入れたい先人たちのさまざまな知恵について思い浮かべることができると思われる．

先人たちは何を着ていただろうか．その服や着物はどのように縫製していただろうか．その生地はどのように織っていただろうか．その糸はどのように紡いでいただろうか．その糸は何からできていただろうか．養蚕による絹糸だろうか，植物繊維だっただろうか．

あるいは食を考えてみても，何を食べていたか，どのように調理していたか，食材調達は狩猟採集によるものなのか，あるいは漁労や農耕なのか，また1年のなかでそれらはどのように変化したのだろうか．

このような先人たちの衣食住に思慮を巡らせてみると，先人たちの技の文化や

生産する文化など，さまざまな自然とかかわる知恵を野外教育実践に取り入れる
ヒントに多く気づくはずである．本章のタイトルは「野外で生き延びてきた人類」
である．それぞれの地域において，先人たちは自然と対峙しながら衣食住の技を
はじめとし，さまざまな文化を形成してきた．そこには管理や制御が効かない自
然と向き合ってきた人類が知恵や工夫を凝らしながら生き延びてきた歴史が横た
わっている．

　また逆にいえば，科学技術が高度に発展し，一定程度自然を管理したり制御で
きるようになった現在では，そのような知恵を身につける機会が失われてしまっ
ている．先人たちが身につけてきたこのような知恵の総体，つまり智慧こそ，現
代において野外教育で身につけてほしい人間性であり，その考え方こそが他の教
育実践と異なる独自性や必要性につながっていると考える．

　本書で示した「シン・野外教育の木」（p36参照）では，野外学，教育学，自然
科学などの基礎理論と，本章を含むメタ理論は地中の根の部分に相当している．
野外教育の指導者はこれら諸理論を踏まえながら自らの実践を研究することで，
それぞれの根を確かなものにし，常に研鑽を積みながら実践（実）を確かなもの
にしていってもらいたい．

📖 注・文献

1）日本人類学会：人類学とは，（https://anthropology.jp/what/jinrui.html，参照日：
　2023年12月8日）
2）Morimoto, N., Nakatsukasa, M., Ponce de León M.S., et al.（2018）: Femoral
　ontogeny in humans and great apes and its implications for their last common
　ancestor, Scientific Reports, 8（1）, 1-11.
3）高井正成，中務真人（2022）：化石が語るサルの進化・ヒトの誕生，丸善出版，東京，
　165-169
4）Dunbar, R.I.M.（2003）: The social brain: mind, language, and society in evolutionary
　perspective, Annual Review of Anthropology, 32, 163-181.
5）安成哲三（2012）：Future Earth 地球環境変化研究における新たな国際的な枠組み，
　学術会議だより，第8巻，4.
6）安成哲三（2013）：Future Earth 地球環境変化研究における新たな国際的な枠組み，
　環境研究，第170巻，5-13.
7）矢野健一（2017）：縄文時代における人口問題の重要性，環太平洋文明研究，第1巻，
　11-22.
8）広井良典（2019）：人口減少社会のデザイン，東洋経済新報社，東京．

9）松木武彦（2001）：人はなぜ戦うのか－考古学からみた戦争－，講談社，東京．

10）小泉格（2007）：気候変動と文明の衰退，地学雑誌，第116巻第1号，62-78．

11）伊東俊太郎（2008）：科学の自然観と倫理，東洋大学「エコ・フィロソフィ」研究，第2（別冊シンポジウム・講演会・セミナー編）巻，71-73．

12）中村桂子（2014）：生命誌とは何か，講談社学術文庫，講談社，東京．

13）伊藤俊太郎編（1995）：日本人の自然観，河出書房新社，東京．

14）河合隼雄（1994）：河合隼雄著作集11 宗教と科学，岩波書店，東京．

15）佐藤方彦（1994）：おはなし生活学，日本規格協会，東京，213-215．

16）武者利光（1995）：ゆらぎの発想－1／fゆらぎの謎にせまる－，NHK出版，東京．

17）McEwen, B.（2005）：Stressed or stressed out: what is the difference? Journal of Psychiatry and Neuroscience, 30（5），315-318．

18）川村協平（2002）：健康教育の立場から，野外教育研究，第6巻第1号，21-28．

19）川村協平，永吉英記，若杉純子（1997）：キャンプ中の幼児とカウンセラーの加速度脈波波形，日本体育学会第48回大会予稿集，509．

20）永吉英記（1999）：キャンプにおける自律神経活動と1/fゆらぎの傾きの変化－心電図R‐R間隔変動と周波数解析－，国士舘大学体育研究所報，第18巻，27-34．

21）永吉英記（2000）：森林内における自律神経機能と1/fゆらぎの傾き，国士舘大学体育研究所報，第19巻，19-26．

22）永吉英記（2004）：自然の中で活動する意味－生理的視点からのアプローチ－，野外教育研究，第8巻第1号，24-27．

23）手塚治虫（1996）：ガラスの地球を救え－21世紀の君たちへ－，光文社，東京，13-30．

24）山崎真治（2020）：沖縄本島サキタリ洞遺跡の調査，学術の動向，第25巻第2号，42-47．

25）樋泉岳二（1998）：三内丸山遺跡第6鉄塔地区出土魚類遺体（Ⅰ），三内丸山遺跡，青森県教育庁文化財課，青森，61-97．

26）神泉苑：法成就池，（http://www.shinsenen.org/oike.html，参照日：2023年12月8日）

27）長辻象平（2018）：江戸で花開いた釣りの文化－徳川治世下の釣客群像－，水の文化，第59巻，6-9．

28）リールは戦前にも存在したが，長い糸を巻き取る機能が主であった．一方で現在販売されているリールは糸の出具合や巻き取りを電動で制御できたり，スマートフォンとの連携によってリール操作をコントロールすることが可能な最新技術を応用した機能などが装備されている．

29）日本独自の竿として，竹を素材とした和竿がある．実用が可能であるが，現在でも職人が手作りで1本1本を仕上げており，伝統工芸品ともいえる．この和竿を趣味として自主制作することがある．また毛針や疑似餌なども自作の対象とする場合がある．

30）一般的に知恵とは，物事について判断や処理したり，考えたりする働きやアイデア
そのものを指す．一方で智慧とは物事をありのままに把握し，真理を見極めたりす
る認識力を指す．

31）土方圭，張本文昭（2019）：野外教育実践の可視化−「教育」と「野外」の概念整理
に基づく二次元マッピング−，野外教育研究，第23巻第1号，1-18.

📖 さらに学びたい人のための参考文献

・マーク・Nコーエン著，中元藤茂，戸沢由美子訳（1994）：健康と文明の人類史−狩猟，
農耕，都市文明と感染症−，人文書院，東京.

・リチャード・Eニスベット著，村本由紀子訳（2004）：木を見る西洋人森を見る東洋
人−思考の違いはいかにして生まれるか−，ダイヤモンド社，東京.

・日本生理人類学会居住環境評価研究部会編著（2000）：生理人類学からみた環境の科
学，彰国社，東京.

・金子邦彦，郡司ペギオ-幸夫，高木由巨（1997）：複雑系の科学と現代思想−生命シス
テム−，青土社，東京.

・大平徹（2015）：「ゆらぎ」と「遅れ」不確実さの数理学，新潮選書，新潮社，東京.

野外教育学をささえる叡智
－野外教育のメタ理論３－

「人間とは何か？」という問い掛けから本書の議論は始まっている．この問い は人間の歴史からすれば最も根源的な問いの１つであり，古くよりその答えを導 き出そうと試みてきた学問に哲学がある．

本章で試みるのは，それらの哲学が生み出してきた叡智に学びつつ，野外教育 が前提にしている人間観でもある「自然環境のなかに存在している人間」という 考え方が世に広まり，その考え方に基づく教育論が生み出されるに至った背景に ある哲学上の思想的潮流を１つの物語として語り出すことである．またそれに加 え，自然に対する美的感覚と自然保護の倫理観という，自然に対する自明の認識 ともいえる考え方をより強固に裏付ける論拠についても提示したい．

1．哲学とは何か

本章への理解をより深めるにあたり，まずは哲学とはどのような学問なのかに ついて概説したい．結論を先に述べるならば，哲学とは物事についての最も根本 的な問いを深く考え，その答えを模索しようとする知的努力であるとされ[1]，そ の思考の営みを通して人類は多くの智恵を獲得してきた．そして，今もなおその 営みは続いている．

1）哲学の大いなる功績

現代社会を生きる私たちは，差別はいけないということ，人間はみな平等であ るということ，いかなる理由があっても戦争（暴力に頼った問題解決）は避ける べきであるということ等を当然のごとく認識している．しかし，これらの認識は， 人類の長い歴史において普遍的なものであったというわけではない．時代を遡っ

てみるならば，世界中の至る所で人種差別や社会階層が存在し，その結果として
すべての人々がみな平等であるというような価値観は存在していなかった．また，
国家間の問題解決の方法として，戦争という手段に頼らざるを得ない状況が幾度
も発生し，現に今もなお世界のどこかで戦争が起こっている．

　それではなぜ，今の私たちは差別や戦争がいけないことであり，人間はみな平
等であるという価値観や倫理観をもっているのだろうか．実は，私たちが当然の
ごとく認識しているこの価値観や倫理観こそが，長い歴史のなかで人類が幸福に
生きていくために獲得してきた智恵なのである．そして，そのような智恵を生み
出すうえで大きな貢献を果たしてきたのが哲学である．

2）哲学という言葉の意味

　哲学は philosophia を日本語訳した言葉である．philosophia とは，愛するを意
味する philein という言葉と，智恵を意味する sophia という言葉が組み合わされ
てできた言葉である[2]．この智恵とは，単なる学校で習うような知識だけでなく，
物事の本質を見極め究明するという意味を含んでいる．したがって，物事につい
ての最も根本的な問いを深く考え，その答えを模索しようとする知的努力こそが
哲学なのである[3]．

3）哲学的思考の必要性

　野外教育学の世界では各種の活動内容や指導方法，安全管理といった実践に関
する知識が数多く蓄積されてきた．そこではいわば，「どのように？ = How to」
が問われてきたといえる．どのように教えればよいか，どのように上達させる
かなど，「どのように，どうやって」ということが問われているのである．これ
は有用性の原理（実践の役に立つことはよいことであるという原則）に基づいて，
行動の方法や手順を考えているということを意味している．

　しかし一方で，哲学的な思考方法は少し異なり，そこでは，「何か？ = What」
が問われることになる．教えるとは何か，上達というのはそもそもどういうこと
か等を考えるのである．これが哲学的思考と呼ばれる物事の捉え方である[4]．

4）共通了解に向けた努力

　哲学者であり教育学者の苫野一徳によれば，「哲学とはさまざまな物事のそも

そも，あるいは本質を考え抜く営みであり，その上で，それにまつわる問題を解き明かしていくものである．」[5] とされる．もちろん，ある物事に対する絶対の正解はすぐに導き出せるものではないため，多くの異論が出る可能性もある．しかし，哲学の大事な仕事とは，本質的な問いに対してできるだけ共通了解可能な答えを，まずは多くの人の吟味にさらすことにある．そのうえで，議論や会話を通してブラッシュアップしていくことが大事になるのである．すなわち，絶対の正解はないかも知れないが，できるだけ共通了解可能な答えを導き出そうとすること，そしてそれについて皆で議論していくこと，それが哲学なのである．

5）討論（ディベート）と対話（ダイアローグ）

ここまでに紹介したとおり，哲学とは本質を問いながら，議論を通して共通了解できる答えを導き出していく営みであるといえる．なお，ここでいう議論は討論（ディベート）ではなく対話（ダイアローグ）を意味しているという点に注意する必要がある．

討論（ディベート）には，聴衆を説得するために，特定の論題に対する異なる立場の者同士が主張を述べ合い議論することで，どちらの主張がより優れているかを問うという特徴がある．それに対し対話（ダイアローグ）とは，ある論題に対する異なる立場の者同士が主張を述べ合うという点では討論（ディベート）と同じであるが，どちらの主張がより優れているかではなく，相互理解や共通理解の着地点を見出していくという点に特徴がある．

したがって，討論（ディベート）は自身の主張を筋道立てて論理的に説明する力を身につけるという点で哲学の世界でも大事にされているが，共通了解できる答えを導き出すという点において必要になるのは対話（ダイアローグ）である．

6）野外教育における哲学の役割

体育学における哲学の役割に言及した佐藤臣彦の主張を援用するならば，野外教育における哲学の役割も大きく分けて2点にまとめることができる[6]．1点目は野外教育を対象とする原理論の構築である．これは端的にいうと，自然とは何か，体験とは何か，という問いかけにあたる．したがって，本書の各章で展開されている議論はすべて，そもそも哲学的な議論であるということもできる．

2点目は野外教育に対する現状批判・現状分析である．これはまず，野外教育

に関する理論の現状，すなわち研究の動向やさまざまな言説に対する批判や分析を意味している．そして，野外教育の実践場面で展開されているさまざまな活動に対する批判や分析も研究課題になる．

このように，原理論の構築と現状批判・現状分析，これが野外教育における哲学の役割であると考えることができる．したがって，野外とは何を意味するのか，自然とは何か，体験とは何か，という問いを立て，それに対して多くの人と共通了解できる答え，すなわちなるべく皆が納得できる答えを獲得しようとする営みこそが，野外教育における哲学的な議論になり得るのである．

▍2．自然環境のなかに存在している人間という考え方を証明したダーウィン

哲学という営みを通して人類が獲得してきた智恵からは，野外教育が前提にする考え方や，自然に対する認識を裏付ける論拠を学びとることもできる．ここからは，自然環境のなかに存在している人間という人間観が世に広まるに至った背景を哲学上の思想的潮流に沿って明らかにしていく．

1）西洋世界での人間存在に関する議論

人間とは何か，という問いへの答えを導き出すことは哲学，特に西洋哲学の世界では非常に重要な課題であったが，西洋の歴史においてその探究が十分に進められてきたとは言い難い．その理由としては，西洋世界の価値観や倫理観に強い影響力をもつキリスト教の存在がある．旧約聖書の冒頭となる「創世記」に人間が神によって創られた存在であると記されていることから，哲学の世界においてもそれ以上の探究を拒む状況があったのである．つまり，人間は神によって創られた存在であるという認識は，それ以上疑いようのない本質だったのである．

しかし，そのような閉塞した状況を打破し，人間存在に関する議論を強く推し進めるきっかけを作ったのが，ダーウィン（Charles Darwin）である．

2）ダーウィンの登場

ダーウィンは生物学の歴史上に大きな足跡を残した人物として知られている．しかし，ダーウィンが発表した生物の進化に関する学説は，人間とは何かに対する答えを模索し続けてきた西洋哲学の世界に対しても大きな衝撃を与えることに

なった．つまり，ダーウィンの学説は人間という存在を考えるうえでの新たな思想としても多大な影響を与えたといえるのである．

　ダーウィンが主著である『種の起源』[7]を発表したのは1859年のことだが，彼が著書のなかで主張したのは，自然環境の変化に応じて環境と生物種の間に適応と淘汰の関係が成立し，そこで働く「最適者生存の原理」の結果として，もっとも多くの子孫を残す形質を備えた種が繁栄するという進化の論理であるとされる[8]．つまりダーウィンは，生物種の多様化を促す要因が，生物の側に内在する何らかの特性や生命力の問題ではなく，自然環境に応じてそれぞれの種で異なる適応の度合いであることを示したのである．

　生物の進化と適応の過程のなかで自然環境とのかかわり合いが生じているという考え方は，現代においては自明の認識であるが，自然科学的世界観と二元論的思考，そしてキリスト教の教義の影響下にあった当時の西洋世界では画期的な学説であった．

3) ダーウィンがもたらした功績と混乱

　ダーウィンの残した主要な功績の1つは，人間が自然環境からの影響を受けつつ生きている存在であるということの証明にある．これはすなわち，ダーウィンによって，自然環境のなかに存在している人間という考え方が裏付けられたことを意味している．そしてそれは，私たち人間が自分たちの力ではどうすることもできない自然環境からの影響を否応なしに受けながら，非決定論的で偶然的な事象として存在していることの証明も意味していた．したがって，ダーウィンの自然観とは，自然を偶然の論理によって解釈し，物理現象や生物進化のなかに不確定なもの，非法則的なものを認めようとする見方であるとされている[9]．

　しかし，この自然観は当時広く知られていたガリレオ（Galileo Galilei）やニュートン（Isaac Newton）以来の自然観を否定することを意味していた．また，自然環境と人間とを区別するのではなく，自然環境のなかに人間が存在しているという一元論的な世界観は，デカルト（René Descartes）以来の二元論的な世界観とも対立するものであった．

（1）旧来の自然科学的世界観の否定

　近代科学の生みの親ともいわれるガリレオ，ニュートン，デカルトらの登場によって，当時の西洋世界では自然科学的世界観で自然を捉えるという考え方が広

まっていた．ここでいう自然科学的世界観とは，観測や実験という方法を用いることで自然現象が証明でき，その観測や実験の手順に従えば誰もが現象を再現できるという，自然現象を必然性のもとに理解しようとする考え方を意味している．そして，自然現象を観測するためには自然を客体として認識する自己の立場，すなわち自然を外側からみるという立場を確立する必要があるため，人間と自然とは切り離されたものであるという二元論的な世界観も同時に確立されていた．

　ダーウィンが主張した非法則的で不確定で偶然にまかされた自然観，および自然と人間とを切り離すことなく1つのものとして捉える世界観は，当時の西洋世界で広まっていたそれらの考え方とは相容れないものだったのである．

（2）神の存在の否定

　ダーウィンによって，人間も他の生物と同じように自然環境のなかで適応的に生きながらえた進化の産物であるということが証明されたが，これはキリスト教の教義と真っ向から対立してしまう考え方でもあった[10]．人間という存在の特権性，および神による世界創造の物語を信仰の中心に据えているキリスト教の立場からすると，ダーウィンの学説を認めることは自身の立脚地を崩してしまう危険性を孕んでいたのである．誇張していうなれば，ダーウィンは世界の創造主である神の存在を否定してしまったとさえいえるのである．

4）ダーウィンの学説の思想的波及

　自然環境のなかに存在している人間という考え方を証明するダーウィンの学説は，当時の自然観や宗教観とは相容れないものであったが，その考え方は1つの思想として着実に広まっていくことになる．

　特に，進化の先に最終到達地点を想定することなく，その都度の自然環境との相互作用を通して適応の過程を進んでいくというダーウィンの主張[11]は，転じて，人間の行動や考え方は常に環境（自然環境に限らず社会環境等も含む）との相互作用のなかで変化していくものであり，その最終到達地点も想定されるものではないという環境と相互作用しながら変化する人間という認識へと発展していく．

　しかし，その思想が波及する過程で直面した課題が，神に対する信仰と神の存在を否定することとの関係をいかにして乗り越えるかという難題であった．つまり，キリスト教を信仰する人々がダーウィンの主張を受け入れる場合，一方では宗教上の信仰をもちつつも，もう一方では世界の創造主である神の存在を否定す

るという，一見すると相反する立場を乗り越える必要があったのである．

　ダーウィンの登場は，このような思想史上の大きな混乱を引き起こす契機となり，結果としてダーウィン以後の論者には，ダーウィンが残した難題を乗り越えることが求められることになった[12]．そして，その難題への解答を示しつつ，環境と相互作用しながら変化する人間という考え方の影響を色濃く受けたのが，アメリカ生まれの哲学の潮流であるプラグマティズムである．

3．ダーウィンの学説を発展させたプラグマティズム

1）プラグマティズムの誕生

　アメリカの思想家や哲学者らに共通するものの考え方や見方は，総称としてプラグマティズムという言葉で表現され，その潮流に位置づく思想家はプラグマティストとも呼ばれている．プラグマティズムの潮流は19世紀後半に始まり，20世紀に集大成され，21世紀へと引き継がれたものである[13]．特に，20世紀初頭までのプラグマティズムはその後のプラグマティズムの根幹にあたる考え方であるため，古典的プラグマティズムとも呼ばれており，パース（C.S. Peirce），ジェイムズ（W. James），デューイ（J. Dewy）によってその基礎が築かれた[14]．

　この古典的プラグマティスト3名のなかでも，ダーウィンが残した難題である神に対する信仰と神の存在を否定することとの関係に対する1つの答えを導き出した人物がジェイムズである．そして，環境と相互作用しながら変化する人間という認識を継承しつつ，それをさらに発展させた人物がデューイである．

2）ダーウィンが残した難題に対するジェイムズの解答

　プラグマティズムという言葉は，初めはパースによって発表されたものであったが[15]，ジェイムズはその言葉にこめられた意図を発展的に解釈したうえで，その考え方を広く世に広めた人物として知られている．そして，ジェイムズがプラグマティズムという言葉を通じて主張した内容こそが，ダーウィンの残した難題に対する解答でもあった．

　ジェイムズは一元論と多元論，自由意志論と宿命論などのように，相対する学説を調停するための方法として，各観念それぞれのもたらす実際的な結果を辿りつめてみることによって各観念を解釈するという考え方を提示している[16]．

そのとき諸君はその真理について,「それは真理であるから有用である」とも言えるし,また「それは有用であるから真理である」とも言える.これら二つの言い方は正確に同じことを,すなわち,これこそ充足され真理化されうる観念だ,ということを意味している[17].

これはすなわち,さまざまな観念や理論のなかから真理を見出すためには,それらがどのように役立つのかを考えてみる必要があるということを意味している.そして結果として,そのなかから最も役立つとみなされるものが,真理となり得る観念や理論というわけである.したがって,ダーウィンの学説を受け入れることで神の存在が否定されてしまうとしても,神を信じる信仰によって心の安定や良き生き方の指針が得られるのであれば,その宗教の教義が科学的には不条理であろうとも,それによって救われた人にとっては真理となり得るのである[18].換言すれば,現実に神が存在していなくとも,神への信仰によって救われた人物にとってみれば,そこに神は確かに存在するということができるのである.

物事の真理を明らかにする際にそれが有用であるか否かによって判断すること,これがジェイムズの示したプラグマティズムであり,またジェイムズ以降の多くのプラグマティストが引き継いだ考え方でもある.

3)環境と相互作用しながら変化する人間という認識を継承したデューイ

デューイはプラグマティストのなかでも,20世紀以降の教育にかかわる多くの分野に対して影響を与えた人物として知られている.後述するとおり,野外教育への影響も例外ではない.特に,経験主義教育とも称されるデューイの教育論は,環境と相互作用しながら変化する人間という認識のうえに展開されている.そして,そこで示された経験概念の特徴は経験の相互作用の原理にある.

デューイは経験の相互作用について,経験が人間と環境との相互作用によって生じる結果であるとし,次のように述べている.

経験は真空のなかで生起するものではない.言うまでもないことである.経験を引き起こす源は,個人の外にある.経験はこれらの源泉によって,絶えず養い育てられている[19].

　これはすなわち，経験というものが人間を取り囲んでいる自然環境をはじめ，物や人，場所や状況，あるいは社会制度などとの相互作用の結果として生じているということを意味している．このように，人間を身の周りの環境から独立させて捉えるのではなく，常に環境のなかに存在するものとして捉えるという視点は経験概念に限らず，デューイの教育論全体に通底する特徴でもある．

▌4．生物の進化の過程に基づく人間の成長と教育

1）生物の進化の過程から人間の成長の過程へ

　デューイが提示した経験の相互作用の原理は，人間は環境と相互作用する存在であるというダーウィンによって証明された認識をさらに裏付ける概念の1つとなった．それに加えて，デューイは経験の連続性の原理を示しているが，この概念もダーウィンが提示した生物の進化の過程を人間の成長の過程へと援用した考え方として読み解くことができる．

　経験の連続性とは，現在の経験が過去の経験から何かを受け取るとともに，将来の経験に影響を与えることを意味する．それはデューイが，「経験は継続して生起するが，それは生物と環境的諸条件の相互作用が，生命過程そのもののなかに含まれているからである」[20]と述べているように，人間は生きているなかで常に経験を繰り返しているということである．すなわち，人間は環境に働きかけ，それによって変化する環境からの働きかけに応答し，さらに環境に働きかけ返すという繰り返しによって生きているのである．したがって，日常生活のあらゆる出来事，つまり平凡な事柄から大事に至るすべての出来事が経験ということになる．このように，過去−現在−未来へとつながる相互作用の不断の連続が経験の連続性である．

　つまり，デューイが展開した経験概念に関する議論によって，環境に対する適応を通した変化が種という生物分類上の長い時間の流れのなかだけで起こるものではなく，個という非常に短い時間の流れのなかでも起こり得ることが明らかにされたのである．

2）環境との相互作用を基盤に据えた教育論

　ここまで概説してきたとおり，デューイはダーウィンに端を発する環境と相互

作用しながら変化する人間という認識を継承しつつ，それをさらに発展させ，経験の生成過程，および人間の成長の過程を描き出すことに成功した.

　そのうえでデューイはさらに，経験の過程と成長の過程は同義のものであると結論し，教育とはそのような経験と成長の過程を引き出す営みであることを示している[21]．つまり，未知の経験を既知の経験へと変化させながら経験を累積し続ける発展の過程こそが，人間にとっての自己更新の成長過程であり，その成長過程を作り出すことこそが理想の教育の形であることをデューイは示したのである.

　このように，デューイが環境との相互作用の認識のうえに教育を語ったことは，ダーウィンが示した自然環境のなかに存在する人間という認識に端を発する一連の思想的潮流が，教育を考えるうえでの基礎思想に位置付けられることを意味している．なお，それがゆえにプラグマティズムは野外教育に対しても思想的影響を及ぼすことになった.

3) プラグマティズムから野外教育への影響

　2章や10章でも紹介されているように，日本の野外教育は海外からの思想的影響も受けており，そのうちの1つとしてアメリカからの影響がある．たとえば，アメリカの野外教育を先導したシャープ（Lloyd B. Sharp）もまた，デューイの教育論の影響を強く受けていたとされる．「シャープは，デューイの教育思想である学校と社会の関係や経験を通した教育，民主的な課題解決学習を outdoor and camping education つまり『野外教育』という形で具現化しようと考えていた」[22] という指摘は，この両者の関係を端的に言い表している.

　なお，ジェイムズやデューイといった古典的プラグマティズムの考え方は，時代を超えて現在のアメリカ思想の根幹にも根付いているものである．古典的プラグマティズムから引き継がれている特徴とはすなわち，理論や観念を判断する際にそれが実際にどのように役立つのかという結果を重視すること，そしてそれを実際の行為のための道具，あるいは手段として用いる点にある.

　たとえばこの特徴を表す事例として，3章でも指摘されたように，アメリカにルーツをもつ野外教育の定義における野外の捉え方が人間と不可分にかかわり合う自然ではなく，教育の手段・道具として自然を位置づけている点をあげることができる．つまり，古典的プラグマティズムから続く道具主義的な思考方法という特徴は，野外教育の定義における野外の捉え方にも現れているのである.

4）ダーウィンに端を発する思想的潮流の功罪

生物の進化の過程を通して，環境のなかに存在する人間という認識を証明することになったダーウィンの学説は，環境と相互作用しながら変化する人間という認識へと発展しつつ，その考え方がプラグマティズムにも大きな影響を与えた．しかし，その一連の過程で神に対する信仰と神の存在を否定することとの関係という難題を解決するために，プラグマティズムには道具主義的な思考が付随することになった．

野外教育の立場からすれば，これらの思想的潮流は人間が環境内存在であることを裏付けた点では大きな功績を残しているが，環境を教育の手段として捉えてしまう道具主義的な思考の傾向を生み出したという点を踏まえると，功罪両側面が評価されるべきものであると考えられるのである．

5．自然に対する美的感覚

前節までに概説したような，自然環境のなかに存在する人間という認識をもちつつ，自然の美しさとは何かについて論究した人物に美学者の中井正一がいる．ここからは話を転じて，自然が美しいものであるという自然に対する美的感覚についての論拠を考えていきたい．

中井によれば美学とは，「美しいこととは何であるか，芸術とは何であるかを考え，たずねていくこと」[23]と定義される．ここでは中井による論考を拠り所にしたうえで，自然についての美しさについて，身体で感じる美しさ，動きを通して感じる美しさ，自然と人間とが作り出す美しさの3つの観点から考えてみたい．

1）身体で感じる自然の美しさ

空，海，山，川といった自然の景色を眺めたとき，私たちは美しさを感じることがある．しかし，それは絵画や彫刻を眺めて美しいという場合とは少し意味合いが異なるように思われる．

絵画や彫刻を眺めるとき，私たちはそれを対象として認識しているため，そこには主体（見るもの）と客体（見られるもの）の関係が成立している．それはいわば，主体と客体とを区別して認識する二元論的な世界観に支配されている状態ということができる．しかし，自然を眺めているときには，眺めている側の私たち

もその景色のなかに入り込んでいる存在である．つまりそれは，一元論的な世界観，すなわち自然環境のなかに存在する人間という環境内存在としての自己として景色を眺めているという状態である．

このように環境内存在として感じることのできる自然の美しさについて，中井は次のように述べている．

> 自然の景色の中につつまれ，「ああいいな」とうっとりとその中に吸い込まれていくことがある．この時私たちは，宇宙の秩序の中につつまれることで，その中に引き込まれて，自分の肉体もが自分は意識しないけれども，じかに，直接に響きあっているのである．美にうたれるというこころもちはこんなことではあるまいか．（中略）こんなこころもちの時，それを美しいこころとか，美の意識とかいうのである[24]．

中井が表現するのは，自然と自己が主客未分の状態になるからこそ感じることのできる自然の美しさである．ここではまさに，人間が自然の一部になり自然に溶け込んでいく様が描かれている．それは中井によれば，「みずから安けさを感じ，暢びのびと，気が開けていくこころもちになる」[25] といった状態であると説明される．このように自然は，単に見て感じる美しさだけでなく，身体全体で感じとる美しさという独自の美的感覚を呼び起こすものなのである．

2）動きを通して感じる自然の美しさ

自然は絵画や彫刻とは異なり，単に眺めるだけではなく，そのなかで自ら動くこともできる．つまり，人間は自然環境のなかに存在するからこそ，自然のなかで自ら動きながら感じることのできる美しさというものも存在するのである．中井はそのような動きを通してしか感じることのできない自然の美しさについて，スキーでの滑降場面を例にあげて次のように書き表している．

> いわんや針葉樹の樹氷のきらめく処女雪の上をスプールの跡あざやかに独りしずかに直滑降する場合，音なき音，色なき色，のただなかにただ，疾さのみを，雪の触りのみを味わうと誰がいえよう．（中略）高山，ことに森林の中に漲ぎるオゾーンの味，蝦夷松やトド松の脂の香を雪の上に嗅ぐしみと

おる心持，踏みしめてククと鳴る粉雪の音，まして全山すでに暗く吹雪の足を痛く頬に感ずる時，疾風を追って滑降する心境は「動き」そのものの中ならで味倒し尽せぬ甘露地である[26]．

　スキーを経験したことがある人は思い浮かべてほしい．晴れた冬の朝，前日の夜に降り積もった新雪が綺麗に圧雪され，まだ誰一人滑り降りていない一面バーンを一番乗りで滑り降りる際の気持ちよさは何物にも変え難いものではないだろうか．それはまさに中井が述べるような，動きそのもののなかで味わう自然の美しさといえるのである．

3）自然と人間とが作り出す美しさ

　自然のなかで自ら動きながら感じることのできる美しさは，自然それ自体の美しさだけではない．人間もまた自然の一部であるからこそ，私たちは自分の身体という自然に対しても美しさを感じることができる．

　中井は渡し船の船頭である渡守を例にあげ，人間の身体と自然環境の関係性を述べているが[27]，40年以上櫂を取っている渡守の櫂先には，水の物理的機能に対し人体の生理的機能が微妙に滲み入っているのを感じるという．そして，こういった身体と自然環境の関係は渡守と水とに限らず，ボートや水泳における水，スキーヤーと雪面との関係も同様なものであるとし，身体と自然環境の相互作用をみごとに描写している．

　　　　長い練習のうちに，ある日，何か，水に身をまかしたような，楽に浮いているようなこころもちで，力を抜いたこころもちで，泳いでいることに気づくのである．（中略）初めて，グッタリと水に身をまかせたようなこころもち，何ともいえない楽な，楽しいこころもちになった時，それが，美しいこころもち，美感にほかならない[28]．

　人間が自然の一部であるからこそ，人間の内側にも自然の美しさが存在することを中井は描き出している．しかし，この美しさは自然の景色が美しいというような場合の美しさとは異なり，人間と自然との間に人間が作り出した新たな美しさであって，不変的に存在する自然の美しさではない．人間と自然とが相互作用

するなかで独自に作り出された，人間の内側で感じることのできる人間という自然の美しさであると考えられるのである．

▌6．自然保護の倫理観を支える思想

1）未来を生きる人々のための自然保護

　自然環境の保護の必要性については，各所でさまざまな提案や提言が示されている．そのなかでも近年，注目されている取り組みの1つとして，国連が示した持続可能な開発目標（SDGs）がある．SDGsでは2030年までに人類が達成すべき行動目標が17の観点から示されているが，その前文で掲げられた5つの決意の1つにPlanetがある．

　　　我々は，地球が現在及び将来の世代の需要を支えることができるように，
　　持続可能な消費及び生産，天然資源の持続可能な管理並びに気候変動に関す
　　る緊急の行動をとることを含めて，地球を破壊から守ることを決意する[29]．

　この文言のなかで持続可能という言葉が使われていることからもわかるように，自然保護が語られる際にまず考えられているのが，未来を生きる世代のために自然環境を守り続けていくことの必要性である．そこには，自然環境が現在を生きる世代のためにだけ存在しているものではないという前提がある．つまり，現在の世代は未来の世代に対しても自然を守っていくという責任を有していると考えられているのである．

　現在，そして未来の世代のために自然環境を守っていく必要があるという考え方は未来志向の倫理観に基づくものである．しかし他方では，過去の世代を射程に入れながら現在について考えるという過去志向の倫理観も存在する．自然保護の必要性の論理をより強固に裏付ける意味でも，ここからは過去志向の倫理観を援用しながら自然保護の必要性について考えてみたい．

2）オルテガが示した過去への眼差しの必要性

　過去志向の倫理観を考えるうえで参考になるのが，スペインの思想家オルテガ（Ortega Gasset）が展開した社会批判論である．彼は「生きている死者」[30]とい

う特徴的な表現を用いて，過去の世代が残してきた叡智を忘却してしまうことの危険性について警鐘を鳴らしている．

オルテガによれば人間は2度死ぬとされる．1度目は生物的な死であり，2度目は世の中からの忘却による死である．つまり，人間は2度目の死を迎えるまでは生きている死者としてこの世に存在しているということである．

オルテガは現在の社会が過去の世代の成功や失敗の蓄積のうえに存在していることから，現在の社会秩序を支えているのは生きている死者の存在であることを指摘した．そしてさらに，今を生きている人間の価値観だけで既存の取り決めに変更を加えてしまうことの危うさ，すなわち過去を無視し，今の価値観のみを重視する現代人の考え方が非常に傲慢なものであることを次のように批判する．

> われらの時代は，すべての過去の時代よりも豊かであるという奇妙なうぬぼれによって，いやそれどころか，過去全体を無視し，古典的，規範的な時代を認めず，自分が，すべての過去の時代よりもすぐれ，過去に還元されない，新しい生であるとみなしていることによって，特徴づけられるのだ[31]．

オルテガが憂慮しているのは，過去を生きた人々が築き上げてきた叡智に目を向けることなく，今を生きる人間が今の自分たちの価値観だけで物事を決めたり，既存の秩序を変えたりしてしまうことの危うさである．オルテガの指摘は，彼が活躍した20世紀初頭の急変するヨーロッパの社会制度を意図して述べたものであるが，それは自然保護の倫理観に対する提言としても読み解くことができる．

3）過去に目を向けた自然保護

人間は自分たちの生活をより豊かにするために，時に自然環境に負荷を掛けながらも都市整備等の開発を進めることがある．そのこと自体は一概に否定できるものではなく，自然環境を人間の手によって都市化することによって，人類はより快適な暮らしを手に入れてきたという歴史がある．しかし，オルテガの指摘を引き受けるのであれば，今私たちの目の前にある自然環境は，過去の人類，過去の生命，過去の地球の歴史が築き上げてきたものということになる．仮に自然環境に負荷を掛けてしまうような環境開発が今の価値観だけで進められているのだとするならば，それは非常に危険な考え方であることをオルテガの指摘は気づか

せてくれるのである.

　しかし一方で，自然環境が大切なものであることを理解できたとしても，私た
ちはもはや環境負荷が少なかった過去の時代の生活へと歴史の針を戻すことはで
きない．一度知ってしまった便利さや快適さを手放すことが困難であることは容
易に想像できるものである．このジレンマを解消するための方途として，オルテ
ガは次のような提言も残している.

　　　その背後にたくさんの過去を，たくさんの経験をもつことである．つまり
　　　その手段とは，歴史を知ることである．歴史の知識は，老いた文明を維持し，
　　　継承するための第一級の技術である[32].

　オルテガによれば，「過去はそれなりの正当な理由を持っている」[33]とされる.
したがって，現在の問題を考える際にも，まずは過去を知り過去に学ぶことが必
要になる．人間は自然の一部であり，自然と相互作用しながら適応し現在に至る
存在である．つまり，人間の生存の歴史とは，自然環境との関係性構築の歴史で
あるといって相違ない．過去の世代が築き上げてきた自然環境との関係性構築の
叡智を今の自然保護の倫理観を考える際にも忘れてはならないのである.

4）ヴァレリーが描き出した過去を振り返る人間の姿

　過去志向型の倫理観は突飛な発想ではなく，元来より人間が持ち合わせていた
考え方であることを指摘したのがフランスの詩人ヴァレリー（Paul Valery）であ
る．ヴァレリーは，過去を振り返り，未来を展望するのは動物のなかでも人間だ
けが行う活動であることを指摘する.

　　　人間が発明したものの中でも刮目に値するある発明について，（中略）そ
　　　れは外でもない，過去と未来の発明である．これ等は決して自然的な概念で
　　　はない，（中略）人間は原始状態に近ければ近いほど，それだけ過去や未来
　　　を意識することも少なくなるのである[34].

　「我々は未来に後退りして進んでいく」[35]とヴァレリーが表現するように，人
間の歴史の歩みは進んでいく方向と反対を向きながら進んでいくものである．そ

れはいうなれば，ボートを漕ぐように後ろ向きに未来へ進んでいく状態である．

　過去を振り返ることは人間だけに許された活動である．そして，現在は過去の
うえに成り立っており，また未来は過去と現在のうえに成り立つものである．ヴァ
レリーの指摘もまた，過去を知り現在を改善することでしか未来を良いものにす
ることができないという考え方を強く裏付けてくれる．

┃ おわりに

　共通了解を目指して哲学・美学・倫理学的観点から論を展開してきた．哲学的
な営みは対象を常に刷新に開く過去と未来をつなぐたゆまぬ努力ともいえる．そ
れは分野を問わず問題を提起した瞬間からはじまり，また，決して高みから眺め
る高邁な議論などではない．たった今，開陳した論自体（持論）も常に刷新の可
能性にさらされる対話（ダイアローグ）である．この全方位的な訂正可能性こそ
が対象の領域を拡大し発展を担保するのである．

　この人類的な叡智がメタ理論として野外教育学を支えている．

注・文献

1）伊藤邦武（2012）：物語-哲学の歴史-，中央公論新社，東京，i.
2）久保正秋（2010）：体育・スポーツの哲学的見方，東海大学出版会，東京，v.
3）前掲書[1]，i.
4）前掲書[2]，vii-x.
5）苫野一徳（2019）：ほんとうの道徳，トランスビュー，東京，7-9.
6）佐藤巨彦（1993）：体育哲学の可能性-形式的および内容的アプローチ-，体育原理
　　研究，第24巻，67-72.
7）ダーウィン著，八杉竜一訳（1978）：種の起源（上），岩波書店，東京．ダーウィン
　　著，八杉竜一訳（1983）：種の起源（下），岩波書店，東京.
8）伊藤邦武，山内志朗，中島隆博ほか責任編集（2020）：世界哲学史7-近代II自由と
　　歴史的発展-，筑摩書房，東京，29.
9）前掲書[8]，34.
10）前掲書[8]，30.
11）大賀祐樹（2015）：希望の思想-プラグマティズム入門-，筑摩書房，東京，37.
12）前掲書[11]，30.
13）魚津郁夫（2006）：プラグマティズムの思想，筑摩書房，東京，16.
14）前掲書[8]，179-180.

15）W・ジェイムズ著，桝田啓三郎訳（1957）：プラグマティズム，岩波書店，東京，52．

16）前掲書[15]，51．

17）前掲書[15]，203．

18）前掲書[11]，37．

19）J・デューイ著，市村尚久訳（2004）：経験と教育，講談社，東京，56．

20）J・デューイ著，河村望訳（2003）：経験としての芸術，人間の科学新社，東京，52．

21）J・デューイ著，松野安男訳（1975）：民主主義と教育（上），岩波書店，東京，127．

22）星野敏男（2018）：野外教育の概念，日本野外教育学会編，野外教育学研究法，杏林書院，東京，2．

23）中井正一（1975）：美学入門，朝日新聞社，東京，9．

24）前掲書[23]，11．

25）前掲書[23]，11．

26）久野収編（1981）：中井正一全集第1巻 哲学と美学の接点，美術出版社，東京，440．

27）前掲書[26]，438-441．

28）前掲書[23]，13．

29）国際連合広報センター：我々の世界を変革する－持続可能な開発のための2030アジェンダ－，外務省仮訳，（https://www.mofa.go.jp/mofaj/gaiko/oda/sdgs/pdf/000101402_2.pdf，参照日：2024年1月1日）

30）オルテガ著，寺田和夫訳（2002）：大衆の反逆，中央公論新社，東京，37．

31）前掲書[30]，47．

32）前掲書[30]，110．

33）前掲書[30]，115．

34）ポール・ヴァレリー著，吉田健一訳（2017）：精神の政治学，中央公論新社，東京，34．

35）前掲書[34]，65．

さらに学びたい人のための参考文献

・伊藤邦武（2012）：物語哲学の歴史－自分と世界を考えるために－，中央公論新社，東京．

・加賀裕郎，高頭直樹，新茂之（2017）：プラグマティズムを学ぶ人のために，世界思想社，京都．

・苫野一徳（2017）：はじめての哲学的思考，筑摩書房，東京．

ノルウェーとアメリカの野外教育
－比較文化論的考察－

　本章では，野外教育が盛んな国としてわが国においても認知度の高いノルウェーとアメリカの野外教育について取り上げる．歴史や思想そして概念などさまざまな点に着目した比較を通して，日本の野外教育の現状や本書で提示している野外教育学について課題の抽出を試みる．

1．ノルウェーにおける野外教育

1）権利としての野外生活

　ノルウェーはもとより，北欧の人々は屋外で過ごす時間を大切にしている．冬の日照時間が短いため，日が差す短い夏の時期には公園や庭先で日光浴をする人を実際によくみかける．また，外の新鮮な空気に触れることが心にも身体にもよいということをよく知っている．こうした屋外での生活習慣が，単に北欧の人々の伝統的慣習や嗜好で行われているだけではなく，権利とされていることは注目に値する．北欧には,自然環境のなかで活動する権利(自然享受権)があることは,日本でも知られているだろう．こうした権利は，北欧独自の権利ではなく世界の国々でも認められるものであるが,北欧の国々では特に大切な権利として扱われ,守られてきた．

　一方，日本では自然のなかで過ごしたいと思えば，いつでも誰もがそれを楽しむことができるだろうか．その環境が整っているだろうか．都市化が進み，近くに豊かな自然環境がない地域が多くあり，また自然環境が豊かな山間部でも所有者が山や森への立ち入りを禁止している場合もある．日本人の勤勉さから自然のなかへ出かける時間がないという人もいるだろう．さらには山野の開発や年々進行する気候変動の影響により，それまで活動できていた豊かな自然環境が少なく

なっている状況を心配する人もいる．日本は豊かな自然環境に恵まれているにもかかわらず，十分に自然を享受できる状況にないように思われる．

ところで，ノルウェーには人々のアイデンティティともいわれる「フリルフツリーブ（Friluftsliv）」と呼ばれる野外生活スタイルがあり，2021年の統計によれば96％の人たちは年間に何らかのフリルフツリーブを行っているという[1]．義務教育で科目内容として取り入れられているので，皆がその言葉を理解している．フリルフツリーブは，自然のなかで生活すること自体を目的としており，特別にハードな運動をすることでも長期の遠征に出かけるようなことでもない．近くの自然豊かな林に出かけ散歩したり，家族で焚き火を囲んだりするシンプルな活動である．ノルウェーの野外教育をテーマに取りあげるうえで自然享受権やフリルフツリーブについての背景を知ることは重要である．

この節ではノルウェーを事例に，自然享受権とその制定法としての野外活動法，国民がアイデンティティとするフリルフツリーブについてまとめ，さらに野外教育として実践する民間団体や教育制度について検討し，日本の野外教育がおかれている状況と比較し考察を試みた．

2）ノルウェーの地理的特徴

ノルウェーは北ヨーロッパのスカンジナビア半島西岸に位置している（図10-1）．北欧と呼ばれる国の分類はいくつかあるが，ノルウェー，デンマーク，スウェーデン，フィンランド，アイスランドの5カ国を指すことが多い．このうちノルウェー，デンマーク，スウェーデンの3国がスカンジナビアと呼ばれる．スカンジナビアの3国は言語（ノルド諸語）や文化，そして歴史的つながりでも共通点や類似点が多い．フィンランドはスカンジナビアの国と気候や環境が似ており，またスウェーデンの支配下にあった時期もあったことから文化も混じり合っている．したがって，自然とのかかわり方などの生活文化についても類似点が多い[2]．

ノルウェー北部には，およそ12000年前からアザラシ漁やトナカイ猟をしながら人々が暮らしていた．氷河が急速に後退しはじめた紀元前8000年頃には，スキーやそり，皮製のボートで広範囲の移動が可能になったことが岩絵や出土品などからわかっており，豊かな文化が根付いていたと考えられる．さらにその後，現在もスカンジナビア半島の北部やフィンランド，またロシア地域に暮らしてい

図10-1　北欧の地図

る先住民族であるサーミ人がやってきて同化していったとされる．サーミ人はこの土地がノルウェーと呼ばれる前からこの土地の自然とともに暮らしており，その生活様式や風土はノルウェーのフリルフツリーブに大きく影響しているという．つまり，ノルウェーのフリルフツリーブはこの土地の長い歴史に根ざしているといえる[3]．国土に北極圏が含まれるほどの高緯度にありながら，このように古くから人々が定住できたのは暖流の影響により緯度に比較して温暖であるためである．特に西ノルウェー沿岸部では真冬でも平均気温が零度を下回らない地域もある．北極圏にあるトロムソでも1月の平均気温が-6.5℃程度である．

　ノルウェーの国土は約386,000 km^{2}であり，日本の約378,000 km^{2}と同程度の面積である．外洋に面した細長い地形で，沿岸部から内陸に向かって氷河が後退する際に形成された，いくつものフィヨルドが入り組んだ特徴的な地形を形作っている．急峻な山岳地帯には雪も多く「ノルウェー人はスキーを履いて生まれてくる」といわれるほどスキーが盛んである．ただしここでのスキーといえば，移動の道具，生活用具としてのノルディックスキーである．

　面積だけでなく外洋に面していることで，海洋の文化を有している点や急峻な

山岳地帯に降雪があり雪の文化を育んできた点でも日本とよく似ている.

　その一方で，人口は約 549 万人（人口密度 14.3 人/km^2）であり，日本の人口約 1 億 2,500 万人（人口密度 338.2 人/km^2）と比べるとかなり少ない.この点は，ノルウェーの自然享受権をそのまま日本（あるいは他国でも）に取り入れることは難しいのではないかといわれる理由の 1 つにあげられる.

　さらに日本との違いをあげれば，気候帯の違いがある.ノルウェー北部および北極圏のスヴァールバル諸島は寒帯に属し，日本ではみられない気候帯になる.一方，日本は南部に沖縄や奄美，あるいは小笠原などの島嶼部があり，亜熱帯の地域を有している.また，気候の違いからノルウェーの森林面積は 33.2 ％であることから日本の 68.5 ％と比較すると大きな差があり，日本の方がより多様で豊富な自然環境を有している.

3）自然享受権と野外活動法

　ノルウェーを含め北欧の国々には自然享受権（Allemansretten）がある（直訳した万人権や自然環境享受権と表記する例もある）.自然享受権はスカンジナビア特有の慣習法ではなく，ヨーロッパではいくつかの国に存在する.呼称や運用内容については各国によって異なっているものの，その考え方は，自然がすべての人間にとって不可欠な資源であったという原則から生まれ，すべての人々が自然環境への無条件のアクセスおよび使用を許可されるべきである，とする権利といえる.これはすなわちフリルフツリーブを行う権利の保障を意味する.

　ノルウェーの自然享受権の内容は，通過する権利，自然の中で滞在する（宿泊する）権利，および，収穫する権利の 3 つが含まれている.また，これらの権利には，土地所有者，利用者，そしてフリルフツリーブ活動に従事している人に対して，権利だけでない義務（主に環境問題に関わる）も含まれている[4].

　ノルウェーの自然享受権はこれ自体を法律で成文化しているわけではなく，自然環境へのかかわり方についての諸々の法律を総称した権利という概念である.しかしながらその内容は 1957 年に施行された野外活動法（Friluftsloven）によって成文化され規定されている.この法律のなかでは，誰もが自然環境のなかで自由に活動できることが保障され，たとえば以下のような活動が認められている.

　　・郊外で，徒歩またはスキーで自由に移動すること

　　・カヌー，カヤック，手漕ぎボートで湖や川に行くこと

・野営地を設置して野外で夜を過ごすこと

・郊外で自転車や馬に乗ること（ただし道路やハイキングコースのみ）

・海水と内陸水域で泳ぐこと

野外活動法ではさらに詳細にルールが示されている．たとえば，野営に関しては「土地所有者または使用者の許可なしに，耕作地でピクニックまたは一晩過ごすことは許可されていない」「耕作されていない土地では，居住する家や小屋から150 m の距離に保たれていれば，48 時間のキャンプが可能」となっている．このような法的な保障があることでフリルフツリーブが公に展開できるのである[5]．

他方，日本において自然享受権がどのように保障されているだろうか．登山者の権利について，溝手[6] は「日本では自然享受権にあたる明文化されたものはない」と述べている．登山者の権利は，憲法第 13 条の幸福追求権，自由権に該当するが，日本の裁判や実務では認められておらず権利がないことに等しい扱いになっている．本来は公共の福祉に反しない限りは，自由に登山することが保障されなければならないが，土地の所有者が制限しようとすればできる状態であるという．

日本における登山以外の野外活動についても同様な状況に置かれていると考えられる．自然享受権についての日本とノルウェーの間には大きな隔たりがあるといえるだろう．

4）ノルウェーのフリルフツリーブとは

ここまでにも述べてきたように，ノルウェーにおける伝統的な野外活動としてフリルフツリーブがあげられる．ノルウェー語では Friluftsliv と表記する（日本ではフリルフスリフと表記されることもある）．Friluftsliv を分かち書きすると，fri（free 自由）-lufts（air：空気）-liv（life：生活）となる．英語でいえば Free Air Life または Open Air Life の意味であると説明される．英訳では Outdoor Life，Outdoor Recreation，Outdoor Pursuits などがあてられるが，必ずしも同意語ではないであろう．日本語では，野外生活，野外活動，アウトドアレクリエーションと訳されている例がある．

フリルフツリーブの定義としては 1986 年にノルウェー環境局によって示された，「環境の変化や自然体験を目的とし，余暇に屋外で過ごす時間や身体活動」

が一般的に使われている[7]．

　その活動事例としては，狩り，釣り，ベリー摘み，きのこ狩りなどの狩猟採集活動や，現代的にはハイキング，サイクリング，クライミング，バックカントリースキーといったアウトドアアクティビティもフリルフツリーブの例にあげられる．現代的にはという意味は，フリルフツリーブが古くから伝統的に行われてきた過程のなかで，アウトドアスポーツが生まれた時期が現代という意味である．

　活動は多岐に渡るものの，一定の原則は示されている．ホフマンらはフリルフツリーブの原則を次のように示している[5]．

　　・自然を体験する
　　・機械的な輸送手段を使用しない
　　・自然を全体的に，すべて人の感覚によって経験する
　　・同じ活動をしている人との競争はしない
　　・自然と調和して生きる，すなわち自然に害を及ぼさない

　このような活動の原則が示される背景には，後述するように環境思想と強い結びつきがあるなどのフリルフツリーブが発展してきた経緯があり，自然とのかかわりが重要視されている．

　ところでこのような野外生活スタイル自体は伝統的に行われてきたわけであるが，フリルフツリーブという言葉が初めに使われたのは19世紀中頃になってからであった．劇作家であり詩人のヘンリク・イプセンが，1859年に書いた詩『高みに』（Paa Vidderne）において，friluftsliv という用語を造り出したと考えられている[5]．その後，社会の近代化，都市化，産業化の流れのなか，改めてフリルフツリーブの価値に目が向けられるようになり，用語として定着していった．そこには，20世紀に入りフリルフツリーブが権利として認知され，教育制度に加えられ，あるいは環境問題へのかかわりに使われるなどの過程において，いわばキャッチフレーズのように意図的に使われていったようにも考えられる．

　それでは日本における野外活動の代名詞は何であろうか．日本ではそれを意味する言葉が多種多様であったり，その言葉の定義が曖昧であったりする．野外教育をより広め，あるいは制度化するうえでの障壁になってきたのではないだろうか．

5）ノルウェーにおける野外教育

（1）野外活動関連団体の設立

用語としての野外教育がノルウェーで使われ始めたのは1970年代からといわれているが，アメリカで1943年に L.B. シャープが Outdoor Education という語を使ったのが初めてといわれているので当然のことではある．しかし，それまでもフリルフツリーブをはじめとしてさまざまな野外活動は活発に行われていた．

たとえば1868年には早くもノルウェートレッキング協会（Den Norsk Turistforening：DNT）が発足し，フリルフツリーブの普及に貢献した[9]．2018年には150周年を迎えている．DNT は30万人以上の会員を擁するノルウェー最大のフリルフツリーブ団体である．全国の57会員協会で構成され，国内のトレイル22万km に道標（主に赤いTマークや緑の地名看板）を整備し，500カ所以上の山小屋の管理も行っている．また，全国を網羅したトレッキングマップの販売も行っている．ノルウェーで山歩きをすればほとんどの登山道で赤いTマークと緑の看板を確認することができる（**写真10-1**）．自然にアクセスするための環境整備は普及のための欠かせないポイントである．これらの運営が多くのボランティアによってなされていることは，ノルウェーに浸透しているボランティアの精神を反映したことでもあるが，一方でフリルフツリーブが広く普及していることの証しである．

DNT 以外にも多くのフリルフツリーブ関連団体があり，たとえば YWCA-YMCA（ノルウェーでは合同組織）は1880年，スキー協会は1883年に設立され

写真10-1　Tマークや緑の地名看板

ているなど古くから活動している．現在ではこれらの民間団体による合同組織ノルウェー・フリルフツリーブ（Norsk Friluftsliv：団体名）があり，18団体が加盟し，95万人以上の会員が登録している[10]．これらの団体の他に，狩猟・漁協会，カヌー協会，スカウト，登山協会，赤十字社，ケンネルクラブ，オリエンテーリング協会，自転車協会，セーリング協会，森林協会，キノコ有用植物協会，キリスト教関連の団体などがあり，互いに連携しながら活動している．加盟している組織は，自然のなかで動力を使った移動をしたり，競技活動を組織したりすることを主な目的としていないと決められている．活動エリアの自然環境保護の面でも協力が重要であるとされている．

　こうした団体には教育的なキャンプ，すなわち野外教育を行っている団体もある．それぞれの団体の野外活動が教育活動として行われていくのも19世紀後半ころからであろうと思われる．

　フリルフツリーブは，本来は家庭で行われる野外生活スタイルであり，教育を目的とした活動ではない．結果として教育効果が期待されるとしても，元はそれ自体を楽しむために行われ，どちらかといえば余暇活動，レジャー，レクリエーションとして行われてきた．価値はあるものの，むしろ教育活動として扱うことでフリルフツリーブの自由さや芸術性，創造性が失われてしまうとの指摘もされている[5]．張本・土方[11]は，「教育において意図的，無意図的の2つの視座があると指摘し，日本では意図的な野外教育が主流を占めている．」と述べている．その意味ではフリルフツリーブは主として無意図教育に視座をおく野外教育であると考えることもできる．ノルウェーと日本の野外教育を比較するうえで対照的な点かもしれない．

（2）探検の時代と野外教育

　19世紀後半から20世紀初頭の探検の時代には，ノルウェーにおいても極地探検が行われた．1888年にグリーンランド氷原をスキーによって横断し，1893年にはフラム号による北極点遠征（未到達）を行った探検家フリチョフ・ナンセンは，科学者また政治家という経歴をもち，公の場での発言が多く残されている．彼はフリルフツリーブを性格形成に欠かせないものであると考えており，教育的な視点でみていたという．ナンセンは1921年という早い時期に「フリルフツリーブ」と題した青年向けの講演において，その当時のレジャー化，リゾート化するスポーツとしてのスキーを批判的に捉え，自然のなかでシンプルな生活を過ごす

フリルフツリーブの価値について述べている[12]．自然体験に教育的な意味づけをした点でノルウェーにおける野外教育の萌芽とみることができる．また，ホフマンらはナンセンを以下のように評している[5]．

　　ナンセンは自然生活の静けさ，美しさ，そして独自性についても深い印象を述べているが，彼にとってのフリルフツリーブは，今日の「エクストリームフリルフツリーブ」や「アドベンチャーフリルフツリーブ」の先駆けとなる，真の「冒険の精神」である．（p28）

　このことは，この頃からノルウェー社会の近代化とともにフリルフツリーブの教育としての必要性が語られるようになったことを示すとともに，ノルウェーの野外教育としてのフリルフツリーブに人格形成を育むというような冒険教育的要素が含まれていくことにも影響している．

（3）環境思想とフリルフツリーブのつながり

　フリルフツリーブは1974年に体育教科の科目として教育課程に組み込まれていくが，その背景には1950年代ころから環境問題が顕在化し，自然保護運動が活発化したことも影響している．

　環境思想の1つであるディープ・エコロジーを提唱したアルネ・ネスは，世界的に知られる哲学者である．地球規模の環境危機の要因として人間中心的な世界観を否定し，生命圏平等主義を主張した．ネスは登山家でもあり，自らのフリルフツリーブこそがディープ・エコロジー思想の原郷であると述べている[13]．

　さらにネスを始めとするディープ・エコロジーの哲学者であるニルス・フォールン，シーグムン・クヴァーレイらが，フリルフツリーブの研究者，実践者らとともに，ダム建設に反対する自然保護活動に自ら身体を張って取り組んだことは，フリルフツリーブと環境思想のつながりを一層強めた．

　先述のフォールンは，ネスと同じく登山家でディープエコロジストであった．哲学的なアプローチによってノルウェーにおけるフリルフツリーブの概念を確立した第一人者の1人であり，フリルフツリーブに関する多くの論考を発表している．著作『故郷に帰る道』（A Way Home）において，ディープ・エコロジー思想とフリルフツリーブをつなぐようにしながら，近代化していく社会への警告を述べている[14]．ここでいう故郷とは手つかずの自然であり，その自然こそが人間

の故郷であるという．しかし，近代化のなかでますます故郷から遠ざかってしまう人間が，そこへ帰るための道こそがフリルフツリーブであるという．また，特にノルウェーでの独自性やアイデンティティとして触れながら次のように述べている．

　　　スウェーデンやデンマークでもフリルフスリフ（原文ママ）という言葉が
　　使われているが，それは整備されたコースでのクロスカントリー・スキー・
　　レースや，入念に作られた農村の散歩道，あるいは，休日で混み合う群島を
　　めぐるクルージングに対して使われている．一方，ノルウェーのアウトド
　　ア愛好者の多くは，「本物の」フリルフスリフをやっていないと言われたら，
　　とても強く反発することだろう．ノルウェーにおけるフリルフスリフという
　　言葉は，もっと限定した使われ方をされていて，どちらかといえば手つかず
　　の自然の中での活動のことを指している．（p90）[14]

　そうした背景からノルウェーのフリルフツリーブでは，自然との関係性が色濃く含まれることとなった．野外教育，冒険教育，体験教育などと比較した場合，これらの教育では自然環境を単に教育の場として利用することも含んでいるのに対して，フリルフツリーブでは自然は主に生物圏と生活空間と考えるという点も指摘している[5]．

　ノルウェーにおけるフリルフツリーブは，自然との調和を優先事項にしている．それはネスやフォールンのディープ・エコロジーを代表とした哲学，環境思想の裏付けがあっての考え方なのである．これらについて北欧哲学の研究者である尾崎が詳細にまとめている．筆者の知るところではフリルフツリーブについて日本語で書かれたきわめてまれな専門書籍である[15]．

6）教育制度のなかでの野外教育

　ノルウェーの学校教育では，1922年と1925年のシラバスから「自然への遠足」というような記述がみられる．そして1939年にはフリルフツリーブという文言が記載されるようになり，学校教育のなかに取り入れられている．

　そして同時期の1930年代からは学校教育としてのキャンプ活動であるキャンプスクール（Leirskolen）も行われている．これはデンマークやイギリスのキャ

ンプスクール運動に影響されて導入された[5]．他に，野外スクール（Uteskolen, Friluftsskolen）という呼称も使われている．こうしたキャンプ活動は，先述の民間団体などが学校と連携し運営されている．

現在，全国野外レクリエーション協議会（Friluftsrådenes Landsforbund：FL）は 28 の地域協会で組織され，241 の自治体が加盟している．地域協会は，自治体からの活動資金を得て連携しながら運営されており，地域のフルルフツリーブを推進するとともに，その地域での活動エリアの確保等の活動をしている．また，幼稚園や学校などでのフリルフツリーブの支援や促進のため，子ども向けの野外スクールや指導者の派遣，プログラムの開発なども行っている[16]．

また，1974 年にはフリルフツリーブが体育カリキュラムの科目内容として扱われている．これは 1957 年に野外活動法が制定され，フリルフツリーブへの権利意識の高まりや社会の都市化，また産業の発展によるライフスタイルの変化により，自然のなかでの教育の必要性が強まったことで教育内容として科目化したとされている．以前は普段の生活や遊びのなかで家庭や友人らとともに身につけていた習慣が，社会や自然環境の変化とともに失われ，それを補うように教育として扱われるようになったと考えられる．

現在ノルウェーの学校教育としては，幼児から大学，一般成人に至るまで全般に渡ってフリルフツリーブが科目として認識されている．これはすなわち教育制度における野外教育といえる．一方で伝統的なフリルフツリーブ側からは，制度化や教育化によって，自由で自発的な余暇活動としての活動であったものから，その芸術性と独創性を奪ってしまったと批判的にみられることもある[5]．

7）考察とまとめ

以上，ノルウェーの野外教育について，地理的特徴，自然享受権と野外活動法，フリルフツリーブとの関連，そして教育制度の中での扱われ方などの面からみてきた．こうした経緯をたどりつつノルウェーの野外教育は，ノルウェーらしさや独自性も含んだ内容になっているが，実際，現在のノルウェーにおいてはイギリス，アメリカ，ドイツなどの諸外国で実践・研究され，日本でも聞き馴染みがあるアウトドアエデュケーション，アドベンチャーエデュケーション，体験学習，リーダーシップ等の考え方も導入されており，教育として多様な方法が混在し行われている．国際化が進行する現代では，ノルウェーにおいても野外教育が伝統

的な方法だけでなく，目新しい概念や手法を取り入れながら発展，進歩している
と考えられる．それは日本の状況と同様である．しかしそれは別の見方をすれば，
均一化，標準化していっているともいえる．自然を源泉とする学びを野外教育と
呼ぶならば，その地域ごとに存在する多様な自然や風土を背景に野外教育を考え
る必要があるようにも思える．

　最後にノルウェーの野外教育について述べてきた内容から，日本の野外教育を
取り巻く状況と比較し，いくつかの考察を試みる．

①両国はともにその土地に暮らしてきた歴史をもっている．しかし，現代社会
　において伝統的な自然環境とのかかわり方には違いがある．ノルウェーでは
　フリルフツリーブの形で伝統的な野外教育を継承しているが，日本では野外
　教育のなかにフリルフツリーブのような伝統的な野外教育の概念や言葉がな
　いか，あるいは曖昧な形で認識されている．アウトドアが日本に入ってくる
　以前の伝統的な日本人の自然観や自然とのかかわり方はいったい何と呼ぶの
　か，その定義は何か，何を目指すのかといった，哲学的，思想的な検討がな
　されていない，といえるかもしれない．

②ノルウェーには自然享受権と野外活動法があり，自然環境についての権利意
　識の違いは明らかである．この権利意識は，教育制度における野外教育の位
　置づけの違いにもつながっている．人口密度の違いは大きく，日本では土地
　の所有者の権利を尊重する必要性が大きいので自然享受権は認められづらい
　であろうといわれる．しかし，ノルウェーでその権利が野外活動法として成
　文化されたのは1957年であり，自然とできあがったのではなく，いわば人々
　の意志や努力の上に成り立った法律であった．そもそも日本も自然豊かな国
　土をもっており，自然とともに暮らす生活文化をもっていたのではなかった
　か．もしその必要性や価値があると多くの国民に認識されるならば，制度化
　していくことは可能であろう．逆に現代の日本においては，土地所有者の権
　利の方がより重要であると多くの人が望んでいる結果でもあるともいえる．

③1950〜1960年代には，経済成長の時代を経過し，それに伴う環境危機，環
　境問題の顕在化を両国は経験するが，そこで野外教育の方向性の違いが生じ
　たのではないだろうか．ノルウェーではフリルフツリーブをキャッチフレー
　ズに，野外教育は社会の都市化や産業化に向き合い，環境問題や持続可能性
　に必須の教育として野外教育を位置づけてきている．一方，日本では経済

成長期に野外活動や野外教育はスポーツに組み込まれていった．たとえば，1961 年のスポーツ振興法において野外活動が文言として取り入れられている．その後，1980 年代にはリゾート法なども振興に力を添え，野外活動はアウトドアスポーツとして，ダイビングやアルペンスキーあるいはゴルフやテニスなども含めたレジャー産業として日本経済に貢献していった．すなわち日本の野外教育には，アウトドアスポーツによる教育，という側面が大きくなったのではないだろうか．

④自然享受権はフリルフツリーブという方法でノルウェーのすべての国民が積極的に自然とかかわり，自然のなかで過ごすことを保障している．それは単に自然について学ぶ環境教育的な意味合いだけではなく，子どもたちの人格形成に必要な経験，すなわち体験学習，冒険教育的側面も含んだ野外教育としても認識されている．それは生活のなかで実践され，日常として野外教育の機会が保障されているといってもいいかもしれない．一方，日本ではライフスタイルの近代化，都市化を振興するため，子どもたちの学びの場，遊びの場も近代化を進める方向にシフトしていった．子どもたちにとっての日常的な居場所としての森や林，川や海は安全のため管理され立ち入りが制限され，野山での遊びによる野外教育より，スポーツ教室でのスポーツ教育に価値をおいた．野外教育は自然のなかでの非日常の体験こそがその価値と考えられ，遠隔地での宿泊体験，特にキャンプが野外教育の形態として発展したのではないだろうか．

本節は，多田[17]を加筆修正し執筆した．

┃ 2．アメリカにおける野外教育

野外教育という言葉は Outdoor Education の訳語である．アメリカにおける野外教育は，それが生まれた当時の社会的背景が色濃く反映されたものであり，社会の変化によって重視されるものも変化していると考えられる．

また，日本は古来より自然を源泉としてさまざまな学びの機会をもってきた．その一方でわれわれは野外教育を輸入し，実践および研究を重ねてきた．

そこで本節では，アメリカにおける野外教育について，1）源泉となる自然

に対するアメリカ人の自然観を知る手がかりとして，アメリカにおける環境思想の変遷，2）アメリカにおける野外教育の原点の1つとされる組織キャンプ（Organized Camp）の発展と野外教育，3）アメリカにおける野外教育およびその周辺領域の概念，これら3点について概観し，日本との比較考察を試みる．

1）アメリカにおける環境思想の変遷

ナッシュ（Roderick Frazier Nash）は，原生自然（wilderness・ウィルダネス）をアメリカ文化の基礎的な構成要素と位置づけ，『原生自然とアメリカ人の精神』という著作を残した[18]．ここではナッシュの著作を中心に，アメリカにおける環境思想の変遷を概説する．

（1）旧世界における自然観の起源

古来より自然は，人間が生きていくためのさまざまな恵みを与えてくれると同時に，人間の生存を脅かすものであった．特に恐怖の対象となったのが荒野，原野とも訳される原生自然であった．ナッシュは，人間による原生自然の収奪・破壊行為を，神の思し召しであるという宗教的な理由を根拠として正当化していると指摘した．

つまり，キリスト教的な自然観としての，神＞人間＞自然というヒエラルキーに基づく，人間中心主義的思想（anthropocentrism）が存在していた．

（2）近代産業社会における自然観

18世紀後半に起こったイギリスにおける産業革命は，産業化による工業の進展や，農村から都市への労働者の大量移住による都市化といった経済的基盤によって，近代産業社会を生み出した．モノを大量に生産し，消費するために天然資源を収奪・破壊していくことが必要とされた．

つまり，自然を人間の物質的欲望を満たしていくための道具として捉えるという，功利主義かつ人間中心主義的な自然観が近代産業社会の思想的基盤となった．

（3）アメリカ人の自然観−西部開拓による自然征服の正当化−

17世紀に入ってから新大陸アメリカには，政治的抑圧からの逃避，信教の自由，貧困からの脱出などを目的に，欧州から大量の移民が上陸した．こうした入植者は，新世界であるアメリカで土地を開墾し，それは東部を除く国土の大半を占めた．彼らは原生自然状態であったフロンティア（西部の辺境地帯）へ移動し，未開の地を次々と開拓していった．

ナッシュは，①旧約聖書を糧にした強固な意志を原動力として制服と支配を拡大してきたこと，②欧州からの移住者たちはキリスト教的精神を拠り所として，原生自然を開拓することは善であると考えたこと，③暗黒の森（原生自然）に開拓という文明の光をあてることは神の意志であること，などを人間が自然を征服してくための正当化の論拠として指摘している．

（4）ロマン主義と原生自然

欧州で18世紀末から19世紀初めに文学や芸術分野で勃興したロマン主義（romanticism）は，近代産業や科学技術への反発から生まれたもので，自然の崇高さと美を賛美し，自然と人間との情緒的一体性を訴えるものであった．当時のアメリカでも，移民者による開拓により，アメリカバイソンやリョコウバトなどが大量殺戮され，多くの種が絶滅したことなどから，開拓による自然支配の状況に対する反動がロマン主義の出現を背景にして起こった．

エマーソン（Ralph W. Emerson）は，自然は人間の想像力の源であり，人間の精神を反映したものとして人間の精神と自然の間の密接なかかわり合いを主張し，当時のニューイングランドの若い世代に大きな影響を与えた．また，ソロー（Henry D. Thoreau）が，自然のなかに身を置くことで，理性や科学よりも直観によって自然のなかのすべてのものに浸透しているはずの大霊（Oversoul）と直接的に交流し，人間の精神をみつめていくとする自然の全体性，さらには人間と自然の一体性を説いた．

このような思潮の伝統が，すでに開拓によって都市化の波を受けたアメリカ東部の人たちに支持された．つまり失われつつあった自然を回復しようという思潮として出現したのである．

独立戦争以来，絶えずアメリカのアメリカたるものが問われていたが，ヨーロッパと比較して広大な手つかずの土地や，終わりのない原生自然のあることがまさにアメリカらしさとして愛国的な対象となった．

フロンティアの存在，西方に広がる自由な大地が，アメリカ社会特有の民主主義や個人主義を育てたというアメリカ史家ターナー（Frederick J. Turner）の有名なテーゼがあるが，まさにその意味で，アメリカ的な民主主義はアメリカの森から生まれたことになる[19]．

（5）保全と保存

20世紀初頭の近代産業社会の成立を背景として，アメリカでは人間と自然の

関係に対する異なる2つの環境思想的な立場が現れた．その1つは，自然環境を人間のための有効な利用として位置づける保全主義（conservationism），つまり人間中心主義的・功利主義的立場である．もう1つは，人間にとっての倫理的・審美的な重要性を唱え，自然環境を原生自然の状態で保存することが自然環境保護につながるという保存主義（preservationism）である．

　この2つの対立した考え方は，1908年にカリフォルニア州のヨセミテ国立公園内にあるヘッチヘッチ渓谷のダム建設計画から始まった．前者の立場を推進したのは，自然環境の功利主義的な利用を容認する連邦政府の森林局長官であり保全主義者ピンショー（Gifford Pinchot）であった．後者の立場からヘッチヘッチ渓谷の保存・保護運動を推進したのは，保存主義者であり自然保護運動家ミューア（John Muir）である．

　1913年の下院でダム建設が決定され，ミューアをリーダーとする自然環境保護派は敗北という結果に終わった．しかし，その後国立公園局法（National Park Service Act）が1916年に成立し，公園内における経済開発は困難となったという事実からすると，自然環境の保存・保護のための環境主義思想がアメリカ国民に引き継がれていったといえよう．

（6）レオポルドの土地倫理（ランド・エシック）

　レオポルド（Aldo Leopold）は1933年にウィスコンシン大学の獲物管理学教授として迎え入れられるまで森林官として活躍し，獲物の管理，狩猟シーズン制の強化，有害動物の除去，獲物の保護区の創設に従事した．その意味では保全主義の流れを汲んでいた．その後，危機的状況に直面する原生自然を保護し，その領域を拡大することを目的とした原生自然協会の発足にかかわることになった．

　これらの出来事を機に，レオポルドの自然保護に関する考え方は大きく変化した．レオポルドはダーウィンの進化論を取り入れ，個体は相互依存的な諸部分からなる共同体の一員であるとした．そして，共同体の枠を，土壌，水，植物，動物，つまりはこれらを総称した土地にまで拡大することが進化の道筋であると論じた．

　レオポルドは自分の考えを要約し，生態学的良心が自然に対する倫理的態度を拡大しうると指摘した．人間の役割を，土地という共同体の征服者から共同体の一構成員と変えたのである．科学者の論理をロマン主義の倫理的・美学的な感受性と統合し，原生自然を守るための効果的な武器に仕立てた[20]．

（7）原生自然法の成立

ヘッチヘッチダムから 40 年後，新たなダム建設が国中を巻き込む大論争となった．コロラド州とユタ州の境界線上にあるダイナソー国立公園を流れるグリーン川にエコーパークダムの建設が計画されたのである．5 年間にわたる論戦の後にダム計画は保存派の勝利に終わった．

これにより，保存主義者の運動は大きく前進した．当時の国立公園局法や国立記念物を規定する法律は，道路や宿泊施設を建設できる余地が残されていた．これに対して，原生自然を変えることなく保存するという原生自然法が 1964 年に制定された．

その一方で，一般大衆の原生自然の保護への賛同，保存のための環境倫理が進展することによって，原生自然の保存に成功したものの，原生自然にレクリエーション的価値を見出した人が原生自然の価値を低下させているという課題も提起されている．

2）アメリカにおける組織キャンプの発展と野外教育
（1）組織キャンプの始まり

コネチカット州の私立学校ガナリースクール校長のガン（Frederick W. Gunn）が，1861 年に生徒たちを連れて 2 週間のキャンプ旅行にでかけ，ボート，ヨット，ハイキング，釣りをして過ごしたのが組織キャンプの始まりとされる．南北戦争が始まり，生徒たちが兵士のような生活をすることを望み，そこに教育的意義を認め，学校の正課に取り入れた．このことからガンは「組織キャンプの父」と呼ばれている．

一方，ペンシルバニア州の開業医ロスロック（Rothrock）が，1876 年に虚弱な少年を自然のなかに連れ出し，キャンプ生活をしながら健康な生活を取り戻すことができるようにペンシルバニア州ノース・マウンテンに「体育学校」を設立したのが最初の私営キャンプとされている．女子を対象とした組織キャンプは，1892 年に自然科学キャンプであるキャンプ・アレイで女子を対象に 1 カ月プログラムを実施したのが最初だとされている．1902 年には女子のためのキャンプとしてマットンによってキャンプ・ケンホンカが設立された．その後，民間の青少年団体でキャンプに対する関心が高まっていった．YMCA，YWCA，ボーイスカウト，ガールスカウトといった団体が青少年活動の一環として取り入れるよ

うになった.

1910年には,組織キャンプの指導者団体としてアメリカキャンプディレクター協会(Camp Directors Association of America:CDAA)が設立され,1924年にはアメリカ女子キャンプディレクター協会(National Association of Girls' Camp:NAOGC)と合併してアメリカキャンプ協会の前身であるキャンプディレクター協会(Camp Directors Association:CDA)が設立された[21].

(2)組織キャンプが発展した社会的背景

①フレッシュ・エア・ムーブメント

産業革命から始まった近代産業社会は,多くの農村から都市への移住を増加させた.19世紀終わりには,急激な都市化により住宅衛生環境,生活環境の悪化が,子どもたちの健康や道徳を脅かしているという懸念が広まっていた.その解決策の1つとして,フレッシュ・エアの遠征,カントリー・ウィーク,都市近郊での短期キャンプ(しばしばコロニーとして知られる)は,有望なアプローチであった.新鮮な空気の治癒力と回復力は,自然に対する当時の関心や信仰と一致していた.

②セツルメント運動

セツルメント運動とは,スラム街に住む人々の生活環境の改善をねらいとした人道主義的博愛の精神による社会改良を目指した運動であり,イギリスで始まりアメリカで開花した.

大量の新移民(1889年には80万人,1912年のピーク時には130万人)は不衛生なスラムでの生活に苦しんでいた.援助者(セツルメント・ワーカー)は,外国人居住区に移り住み,アメリカ社会のさまざまな層の間に理解の架け橋を築くことが最優先事項となった.セツルメント運動の拠点となったセツルメントハウスでは,語学教育,職業訓練,文化活動が行われていた.

子どもたちの健康,特に暑い夏に必要な遊び場とレクリエーションには,かなり早い時期から注意が払われ,セツルメント運動の一環として,キャンプが活用されてきた[21].

③フロンティアとアメリカ先住民の影響

前述したように,フロンティアの開拓は,アメリカ社会の構築に大きな役割を果たした一方で,アメリカ先住民との衝突も生み出した.個人の土地所有という概念をもっていなかった先住民に対し,入植者たちは土地を所有し,家を建て,土地を耕した.

入植者たちは先住民を恐れ，忌み嫌う一方で，自然環境，新しい世界で生き残るために必要なスキルや，先住民のもつ文化（歌，踊り，勇敢さと不屈の精神の伝統など）について学んだ．こうした先住民の生活や文化を取り入れたキャンプも行われていた[21]．

（3）野外教育の成立

キャンプにおける教育的効果や教室外での授業の有用性に気づいていた関係者たちにより，組織キャンプが学校教育に導入されていった．これらの学校キャンプを野外教育へと統一し発展させた中心人物がシャープ（Lloyd B. Sharp）である．彼は，デューイ（John Dewey）やキルパトリック（William H. Kilpatrick）らによって唱えられた進歩主義，経験主義教育とキャンプの教育特性との接点に注目し，野外教育の用語と考え方を全米の学校教育現場に広めていった[22]．

シャープは野外教育を，inside the classroom に対する outside での教育と捉えている．教科カリキュラムのうち，教室内で教えたほうがよいものと教室外で教えたほうがよいものを分け，後者は教室外のあらゆる環境を利用しながら授業を展開するべきであるとしている．また，学校内施設としてキャンプ場をもち，キャンプ生活のなかで地域社会の暮らしや生活，民主主義を学ぶ場としての野外教育を提案している[23]．

シャープが提唱した野外教育は，当時アメリカの教育界で自然学習を推進していたベイリー（Liberty H. Bailey）やヴァイナル（William G. Vinal）らの支持も得られ，アメリカの学校教育に広く浸透していった．

3）アメリカにおける野外教育およびその周辺領域の概念

星野[24] は，野外教育という用語に明確な定義付けをしにくい理由として，「教育学そのものが明確に定義しにくい学問分野であること，関係する人々の立場に応じて野外教育が多様に解釈されてきたという歴史的経緯がある．」ことをあげている．そこで，アメリカにおける野外教育に関連する分野に関する用語について概観し，野外教育のモデルを紹介する．

（1）環境教育

萩原[25] は，「①自然への共感を強調するネイチャースタディ（自然学習），②自然破壊に対抗しアメリカの豊かな自然を守ろうとした自然保護教育，③自然のもつ教育的価値に注目する野外教育，という3つの流れが合流してアメリカの環

境教育が誕生した.」と述べている. これら3つの教育が1960年代後半の環境運動や思想を触媒として新しい視点の下に統合され, 環境教育として再編された. 1970年代には, 環境教育法の成立や環境教育の目的に関する合意の確立, カリキュラム開発の進展がみられ, 環境教育の発展期として位置づけられる.

1980年代前半には社会の保守化と軌を一にして環境教育は衰退していくが, 後半には, 環境団体や州議会などの教育の外部セクターの主導による環境教育の反転攻勢がみられるようになり, 1990年代以降の全米環境教育法の制定につながった.

環境保護庁 (EPA) の諮問機関である全米環境教育諮問委員会 (NEEAC) は, 環境教育を以下のように定義している[26].

> 「環境教育とは, 個人が環境問題を探求し, 問題解決に取り組み, 環境を改善するために行動を起こすためのプロセスである. その結果, 個人は環境問題に対する理解を深め, 十分な情報を得た上で責任ある決定を下せるようになる.」

環境教育の構成要素は以下のとおりである.
・環境と環境問題に対する認識と感受性
・環境と環境問題に対する知識と理解
・環境に関心をもち, 環境の質を改善・維持しようという意欲をもつ態度
・環境問題を特定し, 解決するための技能
・環境課題の解決につながる活動への参加

環境教育にはさまざまな定義があり, 混乱することもある. しかし, 環境教育の実施には, いくつかの共通テーマがあり, 以下のようにまとめられている.

①環境教育の成果は, 自然界に関する知識を増やすことを通じて, 自然界に対する認識と感謝の念を高めることである.

②環境教育は, 環境問題の解決に重点を置く傾向があり, 幼稚園から12年生までの初等・中等教育や, 高等教育 (学部生や大学院生) を対象に行われることが多い.

③科学教育の一形態ではないが, 科学的概念を用いて自然界について教えるもので, できれば屋外で行うことが望ましい.

（2）冒険教育

冒険教育は大自然のような環境の中で，あるいは自然や身体能力開発を通して，対人関係の成長を促したり，野外での探求等において身体能力を高めたりするために行われる教育のことである[27]．

冒険を活用した教育プログラムは以前から存在していたが，1964年にコロラド州に最初のアウトワード・バウンド校が設立されたのが，アメリカにおける冒険教育の始まりとされている．創設者であるマイナー（Joshua L.Miner）は，イギリスで行われていたプログラムを単にアメリカで実施するのではなく，前述したアメリカ人の精神性と自然資源に着目し，原生自然においてアウトワード・バウンドの創設者であるハーン（Kurt Hahn）の教育哲学の展開を試みた．そしてハーンの特徴的な実践であった長期遠征（Expedition）を原生自然で実践すること，さらに環境への認識・取り組みや地域社会への奉仕事業を取り入れ，現在のウィルダネスエクスペディションの確立に至った．

北アメリカを中心に急速に普及したアウトワード・バウンドのチーフインストラクターであったペッツォ（Paul Petzoldt）は指導者養成を目的としたNational Outdoor Leadership School（NOLS）を創設した．NOLSの使命は，人と環境に奉仕する野外スキルとリーダーシップを伝えることであり，価値を置くものとして，ウィルダネス，教育，リーダーシップ，安全，コミュニティ，卓越性を掲げている．現在のNOLSは世界14カ所で，指導者養成に限らず，幅広い冒険プログラムを提供している[28]．

ペッツォはさらに1997年にWilderness Education Association（WEA）を設立した．WEAの使命は，基準，トレーニング，資格認定を通じて野外教育指導者のプロフェッショナリズムを促進することであり，すべての野外教育指導者が業界基準を満たすことにより，参加者の安全確保と持続可能な環境を維持し，質の高い野外体験を提供できるようになることを目指している．これを達成するためにペッツォは数名の大学教員と協力し，教育者を対象としたプログラムを提供した．これらのプログラムは大学のレクリエーションやレジャーのカリキュラムの一部としても取り入れられるようになり，現在でも多くの大学や民間団体が認定校としてWEAのプログラムを提供している[29]．

アウトワード・バウンドの基礎理念や冒険教育的手法を短期間で普及しやすい形にして，人材育成プログラムの一手法として展開したのがプロジェクト・アド

ベンチャーである．その使命は，冒険の力を通じて人々，学校，コミュニティの学習と発達を促進することである．その特徴として構造化された冒険プログラムがあげられる．具体的には，安全基準を満たした施設内で，低い位置に設置されたコース（ローエレメント），高さ6〜10ｍに設置されたコース（ハイエレメント）に挑戦することで，グループでの課題解決活動や個人でのチャレンジを通して葛藤から学びを生み出す効果が期待されている．また，さまざまなグッズを用いてコミュニケーションの促進や課題解決につながるアクティビティも数多く用意されている[30]．

（3）経験教育

哲学者であり教育改革者でもあったデューイは，その基礎となるテキスト『経験と教育』のなかで，教育における直接的な経験の活用，すなわち経験教育について述べている．経験教育とは，本物の体験を通して行われる学習のことである．

デューイによれば，経験教育には教師による多くの計画，組織，構成が必要である．経験教育とは，単に野外で体験をすることではなく，挑戦的であり，厳密な科学的原則に従わなければならない．経験教育における教師の役割は，生徒が非教育的（学習に効果がない）あるいは誤教育的（学習が間違っている）な学習体験ではなく，教育的な機会を得ていることを確認することである[31]．

経験教育協会（AEE）は，経験教育を指導する国際的な専門組織である．彼らは経験教育を次のように定義している[32]．

> 「経験教育とは，知識を増やし，スキルを開発し，価値観を明確にし，地域社会に貢献する能力を開発するために，教育者が意図的に学習者と直接かかわり，集中して内省する多くの方法論に影響を与える教育哲学である．」

経験教育者には，教師，カウンセラー，企業のチームビルダー，セラピスト，チャレンジコースの実践者，環境教育者，ガイド，インストラクター，コーチ，メンタルヘルス専門家など，幅広い専門家が含まれる．

野外教育や冒険教育，ノンフォーマル教育，場の教育，プロジェクトベースの学習，グローバル教育，環境教育，生徒中心の教育，インフォーマル教育，アクティブラーニング，サービスラーニング，協同学習，遠征学習など，多くの分野や場面で経験教育の方法論が活用されている．

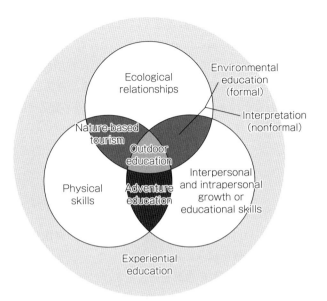

図10-2　ギルバートソンら野外教育の定義
(Gilbertson KG, Evert A, Siklander P, et al. (2023)：Outdoor Education: Methods and Strategies, Human Kinetics, Champaign, IL., 6)

（4）アメリカにおける野外教育の定義

　ドナルドソン・ドナルドソン[33)] は，野外教育を教育の諸目標を達成するために天然資源や野外を最高度に活用しようとする教育の方法であり，その具体的な内容として，野外における（in），野外についての（about），野外のための（for）教育をあげている．これは，野外教育の行われている場所，野外教育の扱う内容，野外教育の目的を最も簡潔に表現している定義として現在も使用されている．

　また，野外教育，環境教育，冒険教育の関連を木のモデル（野外教育の木）で表現したプリースト[34)] は，野外教育の木には環境教育と冒険教育という2つの大きな枝があるとしている．太陽（野外の場）と土壌である六感（視覚，聴覚，味覚，嗅覚，触覚，直覚）や3つの学習領域（認知，感情，行動）からの養分を吸い上げ，どちらの枝を登ろうとも体験学習過程を通し4つの関係（人間と自然，生態系，他者と自己，自分自身との関係）の理解が得られると解説されている．

　他方，ギルバートソンら[35)] は，野外教育を構成する要素として生態学的関係，身体的スキル，対人関係・個人の成長と教育的なスキル，という3つをあげてい

る．そして，野外教育とは，身体的スキル，生態学的知識，教育方法論，自己成長を組み込んだ，社会的知識と生態学的知識の交差点と定義している（図10-2）．野外教育は自然界について，また自然界のために行われるものであり，一般的に野外で行われる．野外教育の目的は，野外で快適に過ごし，自然界を保護・保全する意欲を育むことである．また，3つの構成要素の観点から，環境教育，自然解説（インタープリテーション），冒険教育，ネイチャーベースドツーリズム（アドベンチャーツーリズム）など野外教育と関連のある分野が位置づけられている．

4）アメリカの野外教育からの示唆

　ここまでアメリカの野外教育について，3つの観点から概観してきた．本項では2点に絞って日米の比較を試みたい．

（1）アメリカと日本それぞれの自然を通した学び

　アメリカは，その広大な国土のなかに雄大な山脈，広漠たる砂漠，幅広く深い渓谷，なだらかな丘陵，尽きることのない大平原，凍結したツンドラ，原生林も含めた大森林，熱帯の島々，大湖，さらには湿地や沼地など無数にして多様な自然を抱えている．

　一方，国土の広さはアメリカに及ばないものの，東西南北に長い島国である日本も，国土の70％近くが森に覆われ，変化に富んだ山，川，海と豊かな自然に恵まれている．また，日本の農村には，水田や雑木林，草原など，人が利用することで維持されてきた里山と呼ばれる自然も育まれてきた．

　アメリカにおいては，都市化によって急速に悪化した生活環境が子どもの健康や道徳を蝕んでいるという懸念の解決策の1つとして，都会の喧騒から離れ，自由で楽しい体験に専念し，よく訓練されたリーダーとともにキャンプ・コミュニティ内の小グループで民主的な野外生活を送るという組織キャンプという教育環境を生み出してきた．

　また，アメリカ人にとって，開拓者精神と一致し，その場で困難に打ち勝って自分の道を切り開くことで広がる可能性を象徴している原生自然に挑む遠征はハーンが撒いた冒険教育の種をアメリカの大地で咲かせたといえるだろう．

　アメリカで生まれた野外教育は，日本にも根付き，多くの子どもや若者の成長の機会となっている．キャンプ生活のなかでかけがえのない仲間ができること，

初めてのチャレンジに臨む感情の高まりは，日米両方でプログラムを経験した著者には変わりがないように思われる．

しかし，野外における直接体験を通した学びを生起させる社会・文化・歴史的な営みで自然を源泉とする，という本書で再定義された野外教育によれば，日米で違う学びが生起されている可能性があるともいえよう．

（2）多様性，公平性，包括性

ジェンダーや障害の有無，人権的・民族的背景などの違いを超え，多様性（Diversity）を尊重し，公平性（Equity）と包括性（Inclusion）を実現することが世界的に重視されるようになっている．これら3つの頭文字を取ってDEIとも呼ばれている．

現在アメリカの野外教育団体のウェブサイトをみると，どの団体においてもDEIのページが作成されている．これは，アメリカの青少年団体が抱えた問題点をこれから起こさないためのものといえる．

本節の2）‐（2）‐③「フロンティアとアメリカ先住民の影響」における「こうした先住民の生活や文化を取り入れたキャンプも行われていた」という記述である．

アメリカの青少年教育団体では，アメリカ先住民に関連する木工品や踊りなどが特権的な役割を果たし，一般に「インディアンごっこ」として知られる模倣を通じて，アメリカ市民の意識を構築することに貢献してきた一面があった．文化の多様性に対処するための方法が，前記のような先住民の文化の盗用ではなく，多文化の包摂へと変化し，反差別法が制定されるにつれてこれらの青少年団体はその伝統を変革する必要に迫られている．

さまざまなバックグラウンドのある人が集まっている移民の国アメリカでは，過去にも人種や性，障害などによる差別を乗り越えて自らの市民権（公民権）を獲得してきたという歴史がある．

日本においてもすでに多くの企業では，労働市場における人材の多様化，ビジネスのグローバル化，労働人口の減少を背景にDEIに取り組んでいる．野外教育の実践場面でも，無意識の偏見は参加者の尊厳を傷つける恐れがある．野外教育にかかわる団体はすぐにでも取り組むべき課題であると思われる．

📖 **注・文献**

1）ノルウェー統計局，https://www.ssb.no/en（参照日：2023年12月15日）

2）百瀬宏，熊野聰，村井誠人編著（2022）：北欧史 上，山川出版社，東京.

3）エイヴィン・ステーネシェン，イーヴァル・リーベク著，岡沢憲美監訳，小森宏美訳（2005）：ノルウェーの歴史−氷河期から今日まで−，早稲田大学出版部，東京.

4）Reusch, M.（2012）：Allemansretten, Flux forlag, Oslo.

5）Hofmann, A., Rafoss, K., Rolland, C., et al.（2018）：Norwegian Friluftsliv, Waxmann.

6）溝手康史（2018）：登山者のための法律入門−山の法的トラブルを回避する−，ヤマケイ新書，山と渓谷社，東京.

7）Klima- og Miljødepartementet（2016）：Friluftsliv -Natur som kilde til helse og livskvalitet, Stortingsmelding nr18（2015-2016），Klima- og Miljødepartementet.

8）Ivar, M., Annette, B.（2018）：Friluftsliv 3rd ed., Gyldendal undervisning.

9）ノルウェートレッキング協会（Den Norske Turistforening：DNT），https://www.dnt.no/ruter/（参照日：2023年12月15日）

10）ノルウェー・フリルフツリーブ（共同組織，Norsk Friluftsliv），https://norskfriluftsliv.no/（参照日：2023年12月15日）

11）張本文昭，土方圭（2016）：「教育」および「体験」に関するレビューと野外教育における課題と展望，野外教育研究，第19巻第1号，27-40.

12）Nansen, F.（1942）：Friluftsliv, Røst Artikler og Taler av Fridtjof Nansen II 1908-1930, Jacob Dybwads Forlag, Oslo, 576-580.

13）Arne, N.（1994）：The norwegian roots of deep ecology, Dahle,B,ed., Nature the True Home of Culture, Norges Idrettshøgskole, Oslo, 15-18.

14）前田和司（2008）：ノルウェーにおけるアウトドア・ライフの思想（1）−ニルス・ファールンド「故郷に帰る道」−，北海道教育大学紀要（人文科学・社会科学編），第50巻第2号，58-96.

15）尾崎和彦（2006）：ディープ・エコロジーの原郷−ノルウェーの環境思想−，東海大学出版会，神奈川.

16）全国野外レクリエーション協議会（Friluftsrådenes Landsforbund：FL），https://friluftsrad-no.herokuapp.com/（参照日：2023年12月15日）

17）多田聡（2019）：ノルウェーのフリルフツリーブにみる「野外」「教育」「体験」，土方圭，張本文昭編，野外教育学序説，三恵社，東京，119-142.

18）ナッシュ・R.F.著，松野弘監訳（2015）：原生自然とアメリカ人の精神，ミネルヴァ書房，東京.

19）鬼頭秀一（1996）：自然保護を問い直す，筑摩書房，東京.

20）レオポルド・A（1997）：野生のうたが聞こえる，講談社，東京.

21）Eells, E.（1986）：Eleanor Eells' History of Organized Camping: The First 100 Years, American Camping Association, Martinsville, IN.

22）Sharp, L.B.（1930）：Education and the Summer Camp: An Experiment, Teachers

College, Columbia University, New York.

23）Sharp LB（1943）: Outside the Classroom, Education Forum, 7（4）, 361-368.

24）星野敏男（2018）：わが国の野外教育の歴史と現状，日本野外教育学会編，野外教育研究法，杏林書院，東京，1-6.

25）萩原彰（2011）：アメリカの環境教育，学術出版会，東京.

26）National Environmental Education Advisory Council（NEEAC）, https://www.epa.gov/education/what-environmental-education（参照日：2023 年 12 月 15 日）

27）Evert, A.W., Sibthorp, J.（2013）: Outdoor Adventure Education, Human Kinetics, Champaign, IL.

28）National Outdoor Leadership School, https://www.nols.edu/en/about/mission/（参照日：2023 年 12 月 15 日）

29）Wilderness Education Association, https://www.weainfo.org/Mission_and_History（参照日：2023 年 12 月 15 日）

30）Project Adventure, https://www.pa.org/mission-vision（参照日：2023 年 12 月 15 日）

31）ジョン・デューイ著，市村尚久訳（2004）：経験と教育，講談社，東京.

32）The Association for Experiential Education: https://www.aee.org/what-is-experiential-education（参照日：2023 年 12 月 15 日）

33）Donaldson, G.W., Donaldson, L.E.（1958）: Outdoor education:a definition, Journal of Health, Physical Education, and Recreation, 29, 17.

34）Priest, S.（1986）: Redefining outdoor education: a matter of many relationship, Journal of Environmental Education, 17（3）, 13-15.

35）Gilbertson, K.G., Evert, A., Siklander, P., et al.（2023）: Outdoor Education: Methods and Strategies, Human Kinetics, Champaign, IL.

■■ さらに学びたい人のための参考文献

・尾崎和彦（2006）：ディープ・エコロジーの原郷-ノルウェーの環境思想-，東海大学出版会，神奈川.

・Henderson, B., Vikander, N.（Eds.）（2007）: Nature First- Outdoor Life the Friluftsliv Way, Natural Heritage, Toronto.

・Hofmann, A., Rafoss, K., Rolland, C., et al.（2018）: Norwegian Friluftsliv: A Way of Living and Learning in Nature, Waxmann Verlag GmbH, Münster.

・ナッシュ・RF 著，松野弘監訳（2015）：原生自然とアメリカ人の精神，ミネルヴァ書房，東京.

動き：野外運動
－理論と実践の往還に向けて1－

　戦後に広まった野外活動という用語は，当初から教育的かつ行政的要素の強い用語であり，「自然の中で，自然の影響を受けながら行われるスポーツ的諸活動を総称するもの（p3）」として用いられてきた[1]．一般的に，野外活動と野外運動は，ほぼ同様の意味合いで使われているが，本章においては野外運動を「自然環境下におけるあらゆる身体にかかわる動き」のように広義に捉える．つまり，人は外的環境のなかで常に動きながら，生命体としての身体を維持している．この事実に立ち返り，自然のなかにおける呼吸から散歩，さらにはアウトドアスポーツ等の動きについて多角的に論考を進める．

┃1．野外運動と新たな関心テーマ

1）野外運動の概念と分類
　ここでは野外運動や関連用語の定義および分類を概観し，これまでの野外運動への関心軸を探ってみたい．

　まず，日本語の「運動」という用語を考える．運動とは，①物体が時間の経過につれてその空間的位置を変えること，②化学変化・生物進化・社会発展などを含んだ物質の存在と不可分に結びついた変化一般，③目的を達成するために活動すること，④体育・保健のために身体を動かすことを意味し，英語では①から③は movement，④は exercise に該当する[2]．仮に厳密に運動を語るならば，この周辺の整理は避けられないだろう．しかし後述するように，これまで野外運動の概念規定は，「野外」と「運動」を分解せずに解釈されてきた．それぞれの用語の難解さを避けて，あえて用語の多義性を甘受したうえで整理されてきたように思われる．

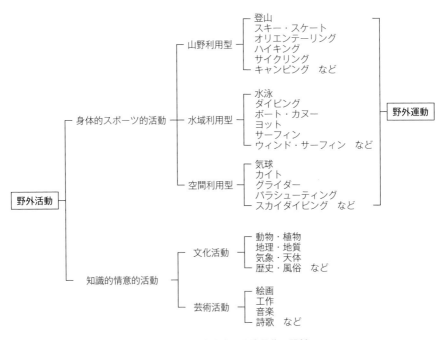

図11-1 野外活動と野外運動の関係
(吉田章（1984）：野外運動および野外活動の概念規定に関する考察，筑波大学体育科学系運動学類運動学研究，第1巻，101-109より改変)

表11-1 野外運動の運動形態による分類

野外活動	野外運動	歩く	登山，ハイキングなど
		走る	オリエンテーリングなど
		滑る	スキー，スケート，ソリなど
		泳ぐ	水泳，ダイビングなど
		乗る（操作する）	サイクリング，乗馬，ボート，ヨット，カイトなど
	それ以外	旅行する	史跡・景勝巡り，寺社参詣，ホステリングなど
		生活する	キャンピング，ピクニックなど
		探索する（冒険する）	ケービングなど
		観察する	天体観測，バードウォッチングなど
		採集する	釣り，潮干狩り，山菜採りなど
		創作する	絵画，詩歌，ハンドクラフトなど

(吉田章（1984）：野外運動および野外活動の概念規定に関する考察，筑波大学体育科学系運動学類運動学研究，第1巻，101-109より改変)

表11-2　自然環境における行動欲求の分類

1. 冒険や競争・運動・健康への欲求	冒険（いどむ） 競争（きそう） 運動・健康（うごく・あるく）
2. 収穫や作業，採集への欲求	作業（はたらく） 収穫・狩猟（とる）
3. 娯楽・遊び・生活・コミュニケーションへの欲求	娯楽（あそぶ） 体験（やってみる） 生活（すごす・くらす） 仲間（であう）
4. 調理や火を扱うことへの欲求	料理・火（つくる・たべる・もやす）
5. 創作や芸術，発見や鑑賞，科学的知への欲求	創作（つくる） 発見（みつける） 鑑賞（みる）
6. 感性や癒し，生き物への欲求	動物（ふれる・そだてる） 癒し・休養（いやす・やすむ）
7. 宗教や学び，洞察などの精神領域への欲求	感性（あじわう） 精神（かんがえる） 宗教（あがめる・うやまう）

（星野敏男（2001）：野外活動の定義と分類，日本野外教育研究会編，野外活動－その考え方と実際－，杏林書院，東京，2-11より改変）

　さて今日では，この野外運動に類似した用語として，野外活動，自然体験活動，野外スポーツなどが日常的に使われている．わが国において，野外活動が教育活動として認知されはじめた 1980 年代において，吉田[3] は，野外運動の概念規定として野外活動と野外運動の関係（図11-1）と運動形態による分類（表11-1）を示している．前者では運動としてのダイナミック性（身体的スポーツ的・知識的情意的）や，運動が実施される物理空間（山野・水域・空間）を軸とし，後者ではバイオメカニクス的な動き（歩く・滑るなど）や，動きの志向や欲求（旅行する・採集するなど）の観点から分類されている．

　ところで星野[1] は，野外活動の分類にはさまざまな観点があることに言及しているが，特に野外活動の本質を考えるうえで「行動欲求」が重要であると指摘している（表11-2）．その理由として，生命を維持するために生きる喜びを満たす欲求と野外活動は深いつながりがあることをあげている．つまり，野外運動の本質とは，運動が実施される物理空間やバイオメカニクス的な動きだけで捉えられるものではなく，生に対する欲求の観点からこそ理解されうるという．

　最後に，調査研究の一環として，向後ら[4] は福田・吉織[5] の分類を元に，自然

観察活動，創作活動，レクリエーション活動，生活体験，地域学習，アウトドアスポーツの6タイプ（57種類）に自然体験活動を分類している．この分類には，「運動の形態」だけでなく，「運動を介した学習内容」といった基準を垣間みることができる．

　以上，先行知見を概観してきたが，これまでの野外運動の分類には，運動が行われる空間，運動の形態，運動への志向や欲求，運動を介した学習内容といった観点が見出されるが，この分類基準がこれまでの学術的な野外運動への関心軸であったと考えられる．しかしながら，野外運動の体系的な解釈は思いの外容易ではなく，実際はこれらが絡み合って分類整理がされてきたように思われる．

2）野外運動の用具と身体性

　野外運動を多角的に理解するうえで，用具と身体性という切り口から新しい関心軸を考えたい．周知のとおり，野外運動には専門的な用具が多く存在するが，たとえばスキーやスノーボードのように，その用具自体が特定の野外運動を規定する場合もある．これに関して吉田[6, 7]は，身体的資質のみによる野外運動（第1次；登山や遠泳など），専門用具を使いこなす野外運動（第2次；スキーやカヌーなど），動力用具を使いこなす野外運動（第3次；スノーモービルや水上バイクなど）の3区分を示している．改めて，野外運動にかかわる用具の多様性を理解することができる．

　次に身体論のごく一部に触れる．伊藤[8]は，身体的な障害の11のケースから身体のアイデンティティ形成を描き出し，記憶はともにありながら本人の意思を超えて作用し，いつしか体の固有性を形作ると指摘している．また伊藤[9]は，目の見えないアスリートのプレイから，特殊だからこそ彼らの発想は新しい可能性を開拓する創造性に満ちていることを見出す．このように，身体は物体としての身体を超えて，アイデンティティ形成や創造性に大きくかかわっている．

　ところで，野外運動における用具とは，われわれに一体何を与えてくれるのだろうか．渡邉[10]は，登山装備への意識変化において，身体論の哲学者である市川[11]の「身体と用具・記号の組み込みや固有の論理」の概念を参考に，「ハーケンやカラビナといった用具は身体の活動可能性を大きくしてきたし，（中略）身体がカムディバイスという固有の論理に取り込まれることで，『環境倫理』という新しい世界認識の地平を見ることができた．（p67）」[12]と言及している．

　つまり，野外運動の用具への習熟（一体化）は，単にパフォーマンスを高度化することにとどまらず，まさに身体の拡張であるといえる．と同時に，その新しい身体を通して世界認識（モノの捉え方）を拡張していく貴重な機会となる可能性を秘めている．特に野外運動では，無常の自然と対峙するために，独特な野外用具を一体的（変幻自在）に扱うことを要請する．こういった新しい身体から世界を再認識し，人は豊かで柔軟な価値観を創造していく．

3）野外運動の自然水準

　野外運動が実施される自然環境は，空域・山域・水域のいわば地形学的な違いから分類されてきた．ここでは本分類から一旦離れて，自然の深淵さ（仮に，自然水準と表現しておく）という軸から野外運動を考えたい．

　まず，自然の代表格である森林を取り上げる．植生地理学では，森林を自然林，一次林（原生林），二次林，極相林のように分類をする[13]（図11−2）．自然林とは人間が植栽した林以外のすべての林を指し，伐採や火入れをした林で自然に回復した林も含む．また，一次林（原生林）とは自然林のうち過去一度も人為の加わらない林であり，二次林とは過去に幾度か人為の加わった林である．

　人にとっての自然とは何かを論考するにあたり，技術評論家の星野[14]は，人の手が入らないある意味恐ろしい自然を一次自然，道や港がある少し手の入った自然を二次自然，田や畑や牧場や庭園が作られた自然を三次自然と区別している．この区分は，自然と人間の有り様を考えるうえで示唆的である．

　日頃，私たちは自然を細分化してみない．しかし上述したように，野外運動が実施される自然には，さまざまな自然水準があることが理解される．たとえば，街路樹や公園といった身近な自然から，よく整備された森林をもつキャンプ場，そして手付かずの原生自然などが想定できる．ここで問題の俎上に載せることと

図11−2　森林の分類
(林一六（1990）：植物とその環境，植生地理学，大明堂，東京，1−23)

は，同じ野外運動でも，それが実施される自然水準の相違によって，行為者の体験をまったく異なるものにしてしまう可能性があるということである．この違いは，貯水池でのカヌーと激流ホワイトウォーターでのカヌー，あるいは人工壁フリークライミングと山岳アルパインクライミングから，容易に想像できる．

このように野外運動の本質は，「運動形態」の軸，あるいは「自然水準の軸」だけでは理解することはできない．また，運動と自然（野外）を安易に分解して要素還元的に解釈を進めても，その本質は明らかにならないだろう．運動と自然をそれぞれ部分ではなく総和として扱うこと，いわばゲシュタルト的[15]な解釈の必然性があり，これが野外運動の本質を理解するための主要な関心軸になると思われる．以降，本章はその観点に基づいてさまざまな論考を進める．

2．自然環境下の動きの主体性

1）自然環境を生きる動物と植物

生物は動物と植物に分類されるが，ミドリムシのようにどちらでもない生物も多数存在している[16]．動物と植物の違いは何だろうか．生存戦略から考えてみると，動物は移動して食べる．そして食べられないように逃げるために，感覚器，脳などの神経，筋肉や脚などの効果器，消化器官を備えている．一方，植物はその場で光合成をして，食べられにくくするために，栄養等を吸収する根，支える茎，光合成する葉などを備えている[17]．

ところで，生物にとっての野外運動（自然環境下の動き）とは，すなわち生きることである．動物は捕食と逃避のために動くから能動的であり，植物は防衛のために動かないから受動的であるとイメージされている．しかし，捉え方によっては，動物の逃避は受動的であり，植物の先制防衛は能動的と解釈できるかも知れない．動物でも植物でも程度の差はあるかもしれないが，自然環境で動くこと（生きること）とは，能動と受動，刺激と反応，入力と出力の繰り返しである．そして，その繰り返しのなかで，さまざまな成長（変化）を経ていく．つまり，自然を生きるということは，空間位置の変化だけでなく，立場や対応の変化，あるいは身体や認識の変化を伴う，まさに変化・変身・変態（メタモルフォーゼ）[18]そのものなのである．

2) 自然環境下の意識的動きと無意識的動き

先に述べたように，動物である人間には，生きるために筋肉や神経などを備えている．筋肉系は，骨格筋などの随意筋，心筋や平滑筋などの不随意筋に分類される．また神経系は，脳と脊髄の中枢神経と末梢神経（体性神経・自律神経）に分類される．

随意筋と体性神経は意図的にコントロールしやすい意識に関連しており，不随意筋と自律神経は意図的にコントロールしにくい無意識に関連した器官である．以下では，自然環境での動きについて，この意識と無意識の軸で考えていく．

（1）自然環境下の意識的運動

自然環境における意識的運動の代表格は，行為の意思が必要となるアウトドアスポーツ（たとえば，登山，クライミング，スキー，カヌー，サーフィンなど）があげられるだろう．また，エクストリームスポーツ[19]や冒険教育プログラムもその範疇に入る．これらは随意筋と体性神経を意識的に活用している．

これらの動きは，自然環境の過酷な状況に挑戦することを旨とした，きわめて強い意志や意識が要求されるものである．場合によっては生死にかかわる自然環境のなかで，理想とする動きを完遂したとき，行為者は自分自身の有り様（自己概念）や課題遂行への自信（自己効力感）を深める[20]．事前の意志や意識が強いほど，また自然環境での動きが困難であるほど，完遂の後に認識される自己概念や自己効力感は高いものになる．

このように説明すると，行為者はさぞかし苦しい体験をしているように思われるが，行為者の能力に対して課題レベルが適当であると，むしろ感動や恍惚感といったフロー体験（flow experience）[21]となる．先鋭的な登山家やエクストリームスキーヤーあるいはビッグウェーバーは，このフロー体験を求めて，繰り返し過酷な自然環境に踏み込み，引き込まれていく．過去，自然環境におけるフロー体験をもたない人からは，到底理解のできない動きかも知れない．

（2）自然環境下の無意識的運動

ここでいう自然環境における無意識的運動には，森のなかでの呼吸，自然での何気ない散歩，森林浴などが該当する．厳密には，これらはまったく意識が働かない行為ではないが，先に説明した意識的運動に比べると，行為への強い意思は必要とせず，まさに何気ない動きといえるだろう．さて不随意筋と自律神経は，どのように意識的にコントロールされるのだろうか．果たしてそれは可能なのだ

ろうか.

　ジャーナリストのフローレンス・ウイリアムズ（Florence Williams）[22] は，脳を最大限に活かすためのアウトワードバウンド[23] での体験もさることながら，ゆったりと自然のなかに身をおくことで（大）脳の実行ネットワークを休止し，注意回復やストレス軽減がされていくことを，最前線の研究者とのやりとりから報告する．

　二重過程理論（dual process theory）[24] では，思考は意識的過程と無意識的過程の2つの異なったプロセスから生まれるとされるが，自然のなかでの何気ない動きは，日頃の意識優位を無意識の思考プロセスにシフトさせる可能性が考えられる．先の報告を例にすると，日常生活では，過度に意識的に何かに注意を向けていなくてはならなかったが，自然のなかに身をおくことで大脳が休められたのだろう．そして，小脳が賦活し，無意識的で身体的で本能的な注意に移行していたのではないかと推察される．近年，注目を浴びているマインドフルネス（mindfulness）は，この原理に基づくものである．

3. 自然環境と動きの関係

1）自然環境にあるアフォーダンスと動き

　アフォーダンス（affordance）という言葉は，日常的にはまだ馴染みのないものかも知れない．この言葉は，動詞アフォード（afford：与える，提供する）を名詞化した知覚心理学者ギブソン（Gibson, J.J.）の造語であり，アフォーダンスとは，環境が動物に与え提供している意味や価値，であるとされる[25]．一例として，「ドアの取手には人がドアを開ける行為のアフォーダンスがある」は，言い換えると「ドアの取手は人がドアを開ける行為をアフォードする」と表現することができる．アフォーダンスとは，良い悪いにかかわらず，環境が動物に与えるために備えており，環境のなかのすべてのものに存在し，また同じものでも人によって異なるアフォーダンスを知覚する．

　ところで金子[26] は，野外教育における「場」の意味論について，アフォーダンスの観点から試論している．そこでは，自然環境が人に対して豊かなアフォーダンスをもっている事実や，人が自然の一部である事実を知る重要性を指摘し，人が自然を主観的に評価しすぎる現状に警鐘を鳴らしている．また高橋[27] は，金

子の先行知見[26, 28)]等を概観し，アフォーダンスから自然環境にふれることの教育的意義について検討している．そして，野外教育における「環境」の原理的な問いに対するアフォーダンスの有効性に言及している．

　さて今一度，ここで自然環境での「動き」に立ち返ろう．野外運動としての登山やスキーという行為は，行為者の志向の先にある実践であり，つまり意識的かつ能動的な動きである．しかし，先述したアフォーダンス的視点では，私たちは自然環境から多様な動きが図らずとも（無意識的に）引き出されている．登山家ジョージ・マロリーは，「なぜエベレストに登るのか？」の問いに，「それがそこにあるからだ（because it's there.）」と答えた有名な逸話がある．おそらくエベレスト登頂とはマロリーの積極的な追求であったに違いないが，マロリーにとって「エベレストに登頂行為のアフォーダンスがあった」，換言すれば「エベレストが登頂行為をアフォードした」ことも事実であろう．

　この両義的・相互作用的な関係を考えると，果たしてこれらの動きは何が端緒であろうか．おそらく，自然環境における動きの誘発あるいは動機づけには，まずは自然環境を知覚することが前提になる．自然環境ほど豊かな外的環境は存在しない．私たちのような現代人には，この豊かな「自然環境」から多くの「動き」が引き出されるために，まずは自然環境を知覚するという「ただ自然に身をおく」ことが必要とされるだろう．

　そして，アフォーダンス理論から自然環境下で動くことを解釈するもう１つの関心は，行為者の意思や意識を超えて，当人が想像もしなかったような行為が自然という環境から半強制的に引き出され，新たな身体感覚や世界認識に向かう可能性があるということである．この究極の状態を「悟り」と表現するのかも知れないが，程度の差はあるが，この事象はすでに報告がされている（近年では，坂本ら[29)]，吉松ら[30)]）．今後，この一連のメカニズムについて，アフォーダンス理論は，これまでの動機づけ理論で説明しきれなかった部分（自然が自己変容になぜ有効なのか）を強力に補完するだろう．

　最後に，ここまで説明した一連のプロセスこそが，場を規定しない運動と野外運動（自然環境下の動き）の最大の相違といえる．さらに，私たちがこの可能性をメタ認知しうるならば，あるいは感覚的でも捉えられるならば，これまで「客体であった自然」の見え方が変わっていくに違いない．

2）動きの舞台は空間か場所か

ギブソン[31]は，動物と環境とは切り離すことができない対であることが見過ごされがちであり，またこれらの相互関係は物理学や自然科学によって説明される類のものではないと指摘している．要するに，人間は原子やクォーク単位で世界を知覚するわけではなく，物理学の時間と空間の中で生きているわけではないというのである．当の人間が知覚するのは環境世界であり，自分のニーズや関心のあるものしか知覚しない．

野外運動に引き戻すと，その本質は物理学の世界から明らかにされるものではなく，意味論的に見出されるべきものである．また英語の physical environment は，物理環境あるいは自然環境を意味するが，文脈を把握しなければ適訳ができない．たとえば，スキーにおけるバイオメカニクス的な議論であれば前者になるが，本書のテーマに則すなら後者になるだろう．

ところで，現象学的地理学を牽引したイーフー・トゥアン（Yi-Fu Tuan）[32]は，空間（space）と場所（place）について経験をキーワードに論考している．これに関して，「場所すなわち安全性であり，空間すなわち自由性である．つまり，われわれは場所に愛着をもち，空間には憧れを抱いているのである．（p11）」と表現している．この指摘は，自然環境での動きを考えるうえで興味深い視点を与えてくれるが，次のような疑問が生起する．野外運動の動きの舞台となる自然環境は，行為者には「（憧れ・開放・自由の）空間」と「（愛着・安全・安寧の）場所」のどちらに位置づくものであろうか．

近年，Place-based Outdoor Education（場に根ざした野外教育）に注目が集まっている[33]．また布目[34]は，キャンププログラムへの歴史文化資源の活用の可能性に言及しているが，まさにこれらが意図する動きの舞台は場所として位置づくものである．一方，スキーやクライミングあるいは冒険教育プログラムなどの動きの舞台は，親しみある場所のみならず，未知の開放的な空間を志向する．

フランスの地理学者であるオギュスタン・ベルク（Augustin Berque）[35]は，「均衡のとれた生活環境には空間（自由）も，場所（安全）も必要である．人間の環境には，楽園への回帰願望（もっとつよくいえば，子宮への回帰願望）を叶える面も欠かせないし，逆に理想郷への道を拓く面も欠かせない．（p410）」と言及する．野外運動における生活環境とは，自然環境であることに論を俟たないが，おそらく，私たちはそこに空間と場所の両方を見出しているに違いない．

　空間と場所は相補的な概念であり，自然環境における動きは両者を射程とする．自然環境は，平ら・斜め・凹凸といった物理的な水準，山・谷・坂といった地形地理学的な水準，そして富士山・白神山地・三陸海岸といった社会文化的な水準において，それぞれに動きのアフォーダンスが存在し，行為者の観点とも相まって意味が紡ぎ出されるのだろう．

▌4．自然環境における動きから生まれる創造性

　常に変化し続ける自然において，自らの身体を曝け出しそして積極的に動かしていくことは，人間本来の創造性を開花させる可能性を秘めている．

1）身体と外界環境

　脳は，外界への身体反応つまり刺激から作られる．しかし，ルイーズ・バレット（Louise Barrett）[36]は，「私たちは自分の大きな脳ばかりに目が行っているせいで，認知が脳だけでなく生体全体の特性である可能性を見落としているようだ．（p137）」と言及し，さらに動物の脳と身体を生息環境と切り離して考えてはいけないと警告する．

　『身体化された心（The Embodied Mind）』を著したフランシスコ・ヴァレラ（Francisco Varela）ら[37]は，「認知とは行為からの産出である」とし，この見解としてレベッカ・フィンチャー・キーファー（Rebecca Fincher-Kiefer）[38]は，「思考の進化が身体とともに始まり，身体の発達とともにより進化し，洗練されていく．（p14）」と説明する．近年の認知科学では，脳を身体の一部と捉え，身体と環境との関係に取り組む「身体性認知科学」が注目されている．

　このように「身体と環境の相互作用」を含む「身体–環境というシステム論」的な観点に注目が移っているが，本稿の主題となる「自然環境における動き」が何かを理解するうえで，これらは有益なフレームワークとなる．

2）自然環境における動きと創造性

　創造性を高めるためには，整いすぎているよりも乱雑な環境の方が創造的な思考が促進されやすい[39]．自然環境が無秩序で乱雑であるかどうかには議論の余地があるが，一般的には多様性，混沌と形容され，これは創造的思考に適した環

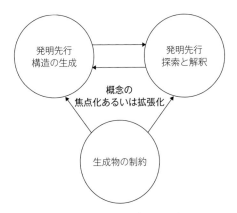

図11-3　ジェネプロアモデル

(Finke RA, Ward TB, Smith SM（1992）: Theoretical and Methodological Consideration, Creative cognition: Theory, research, and applications, The MIT Press, Cambridge, Massachusetts, 17-43を和訳)

　境に値するだろう．これに関しては，古代ギリシャの哲学者アリストテレスは，リュケイオンの美しい庭園を逍遥しながら創造的に思索したとされている[40]．

　ウォーラス（Wallas, G.）[41]は，創造プロセスの4段階モデル（準備・培養・発現・検証）[42]を示したが，特に培養段階では自然環境での身体的運動（散歩など）が有用であると指摘している．このように，近年では創造性の本質は，環境と身体との相互作用による認知行為であると示されつつある[39,43,44]．

　ところで従来から，自然環境における身体的活動の教育プログラムは，実践知レベルでは創造性を育むと指摘されてきた[45-47]．しかし，創造性概念の複雑さの影響もあり，野外運動を対象とした創造性の検討はほとんど見当たらない．

　近年になって，渡邉・坂本[48]は，野外運動の環境や構造に着目し，ジェネプロアモデル理論[49]に基づいて，野外運動による創造性の創発機序を理論説明している．ジェネプロアモデルとは，生成的（generative）と探索的（exploratory）からの造語であり，生成期（アイデアが自然と生起してくる局面）と探索期（アイデアがさらに価値あるものになるための意識的な探索解釈の局面）を繰り返してアイデアが洗練されていくが，この両局面は常に生成物になるために制約（課題・条件）を受けながら調整されている（図11-3）．このモデルを参照枠として，野外運動における生成物の制約の実体を検討した結果，自然環境，社会環境，課

表11-3　「課題解決の独特な制約」の3要素

要素			具体例	
自然環境	地形学的なもの	山野・山岳域	山地，丘陵，台地，岩壁，砂漠，雪原，氷壁など	
		水域	海，川，湖，池，滝，水流，波，水圧など	
		空域	空，気流など	
	気象学的なもの	天気・天候・気候	晴，雨，曇，雷，雪，雹など	
		大気状況	気温，湿度，日差し，風など	
	生態学的なもの	動物	虫，動物など	
		植物	雑木林，広葉樹，針葉樹，はいまつ地，竹林，しの地，荒地など	
社会環境	個性	身体的特徴	身長，体重，体力，運動能力など	
		パーソナリティ	活動的な，社交的な，冷静な，物静かなamong	
		経験値・能力	年齢，知識量，コミュニケーション力，野外スキルなど	
	関係性	個々の関係性，グループダイナミクスなど		
課題内容	野外運動にかかわる集団課題	ASE，火おこし，野外炊事，テント設営，ウォークラリー，登山，沢登り，MTB，スキーツアー，カヌー，スキンダイビングなど		

（渡邉仁，坂本昭裕（2024）：大学体育としての野外運動によるGeneplore Modelに基づく創造性の創発機序に関する理論的検討，大学体育スポーツ学研究，第21巻，13-27）

題内容から構成される課題解決の独特な制約であることを明らかにしており，その3要素の具体例を整理している（**表11-3**）．また，このように野外運動の行為者は，常に「課題解決の独特な制約」を受けながら創造の生成に取り組んでいると考えられるが，これらを反映したモデルを示している（**図11-4**）．

　この理論研究において，渡邉・坂本[48]は，「特に，『自然環境』は，野外運動にとっては特異な制約であると位置付けられる．（p10）」と言及し，創造性の創発に関して，他の2つの制約とは異なる存在であることを考察している．おそらく，能動的な動きとしての野外運動は，「自然環境への対峙」が必然であり，これこそが野外運動による創造の源泉であること，あるいは自然環境（野外）は単に活動空間にとどまらないことを意図していると思われる．

　以上のとおり，自然環境における動きによる，行為者の創造性への影響について概観した．自然環境における動きと創造性の関連性は，実践知レベルでは認識がされていたが，そのメカニズムの解明には自然性，身体性（動き），創造性の定義の難しさと，3変数を同時に取り扱う煩雑さがある．野外運動の価値や意義を社会に明示するために，今後も研究の蓄積が期待される．

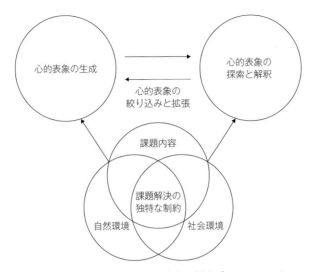

図11-4　野外運動における個人内の創造プロセスのモデル
（渡邉仁，坂本昭裕（2024）：大学体育としての野外運動によるGeneplore Modelに基づく創造性の創発機序に関する理論的検討，大学体育スポーツ学研究，第21巻，13-27）

▌5．野外と動き

　以上のように，野外運動（自然環境下における動き）とは何かについて，多角的な視点から検討をしてきた．そこでは，自然（環境）と運動（身体）を「部分ではなく総和」あるいはシステム論的に捉える観点と，自然から身体に与えられる価値についてアフォーダンス理論を適用する可能性に言及した．さらに野外運動に，空間と場所の両者が舞台となり，そして自然を生きることこそが創造そのものであることを垣間見たのではないだろうか．

▐▐ 注・文献

1）星野敏男（2001）：野外活動の定義と分類，日本野外教育研究会編，野外活動－その考え方と実際－，杏林書院，東京，2-11．
2）朝岡正雄（1990）：運動学用語解説，金子明友，朝岡正雄編著，運動学講義，大修館書店，東京，253-284．
3）吉田章（1984）：野外運動および野外活動の概念規定に関する考察，筑波大学体育科学系運動学類運動学研究，第1巻，101-109．
4）向後佑香，岡村泰斗，坂本昭裕（2009）：中学校における教科と自然体験活動の関

連−中学校教員の意識に着目して−，野外教育研究，第 12 巻第 2 号，23-34.

5）福田芳則，吉織伸（1992）：自然教室に関する研究（Ⅰ）−伊丹市における実施実態及び参加教員の意識−，大阪体育大学紀要，第 23 巻，47-55.

6）吉田章（1994）：アウトドア・レジャー（1），製品と安全，第 55 号，20-26.

7）吉田章（1995）：アウトドア・レジャー（2），製品と安全，第 56 号，14-20.

8）伊藤亜沙（2019）：記憶する体，春秋社，東京.

9）伊藤亜沙（2016）：目の見えないアスリートの身体論−なぜ視覚なしでプレイできるのか−，潮新書，潮出版社，東京.

10）渡邉仁（2016）：継続型登山授業における登山初心者の基礎装備に対する意識変化，野外教育研究，第 18 巻第 2 号，67-79.

11）市川浩（1992）：精神としての身体，講談社，東京，11-63.

12）カムディバイスとは，ロッククライミングで使われる登山用具の 1 つで，これを岩の割れ目に差し込むことで支点をつくる．渡邉[10]によると，カムディバイスは自然を傷つけないクリーンクライミングを達成するために生まれてきた背景をもっている（カムディバイスという固有の論理）と説明される．

13）林一六（1990）：植物とその環境，植生地理学，大明堂，東京，1-23.

14）星野芳郎（2001）：自然・人間−危機と共存の風景−，講談社，東京.

15）ゲシュタルト（独；gestalt）とは，形や形態を意味する．ゲシュタルト心理学の基本概念でもある．部分の総和として捉えられない，1 つのまとまりのある全体性のある構造をもったもの．

16）井上勲（2004）：特集 植物の世界（平成 16 年度筑波大学公開講座），つくば生物ジャーナル 3，（https://www.biol.tsukuba.ac.jp/tjb/Vol3No10/TJB200410II.html，参照日：2024 年 1 月 7 日）

17）高橋英一（1989）：動物と植物はどこがちがうか，研成社，東京.

18）メタモルフォーゼ（独：metamorphose）とは，生物学的には変態を意味し，前後で形態が変化することを指す．また，ゲーテのいうモルフォロギー（独：morphologie）の中心概念でもある．

19）エクストリームスポーツの定義は曖昧であるが，いわゆる過激な要素をもった危険さや華麗さを売りとするスポーツの総称．たとえば，断崖絶壁を滑走するスキーヤーや巨大な波をサーフィンする行為などが該当する．

20）伊原久美子，飯田稔，井村仁ほか（2004）：冒険教育プログラムが小中学生の一般性セルフエフィカシーに及ぼす影響，野外教育研究，第 7 巻第 2 号，13-32.

21）フロー体験とは，深い集中にあり無我夢中になって自我が没入している心理状態のこと．ハンガリー出身の米国心理学者ミハイ・チクセントミハイによって提唱された概念．日常的には，至高体験・ゾーン・peak experience などと表現される．

22）フローレンス・ウイリアムズ著，栗本さつき，森嶋マリ訳（2017）：NATURE FIX：自然が最高の脳をつくる−最新科学でわかった創造性と幸福感の高め方−，NHK 出版，東京.

23）アウトワードバウンド（Outward Bound）とは，ドイツ人教育者クルト・ハーンが，第二次世界大戦中に亡命先のイギリスで開校した青少年を対象とした冒険教育学校のこと．現在では全世界に広がっている．

24）二重過程理論とは，人間の思考は2システムの処理の結果から生まれていることを説明するもの．一方は，進化的に古いシステムであり，自動的・無意識的に処理がなされ低負荷である．他方は，進化的に新しいシステムであり，制御的・意識的に処理がなされるが高負荷である．さまざまな学者がこの理論を取り扱っているが，ノーベル経済学賞のダニエル・カーネマンは，『ファスト＆スロー』において，2つのスタイルを直感（システム1）と推論（システム2）と呼んでいる．

25）佐々木正人（2015）：新版アフォーダンス，岩波書店，東京．

26）金子和正（2002）：野外教育における「場」（環境）の提供が意味するもの－アフォーダンスからの考察－，筑波大学野外運動研究室編，キャンプ〈知〉－自然と人との教育実践から－，勉誠出版，東京，167-182．

27）髙橋徹（2020）：自然環境にふれることの教育的意義－アフォーダンスの観点から－，日本野外教育学会第23回プログラム・研究発表抄録集，64-65．

28）金子和正（2018）：野外教育をアフォーダンスの視野からさぐる，日本野外教育学会編，野外教育学研究法，杏林書院，東京，221-224．

29）坂本昭裕，大友あかね，佐藤冬果ほか（2022）：長期キャンプセラピーにおける発達障害児の自己概念と自己発達に及ぼす影響，野外教育研究，第25巻，1-17．

30）吉松梓，渡邉仁，大友あかねほか（2023）：身体性に課題を抱える青年期前期の事例における長期冒険キャンプの意味－市川浩の身体論に着目して－，野外教育研究，第26巻，69-87．

31）J.J.・ギブソン著，古崎敬，古崎愛子，辻敬一郎ほか訳（1985）：生態学的視覚論－ヒトの知覚世界を探る－，サイエンス社，東京．

32）イーフー・トゥアン著，山本浩訳（1993）：空間の経験－身体から都市へ－，筑摩書房，東京．

33）前田和司（2015）：「場所に感応する野外教育」は何を目指すのか，日本野外教育学会第18回プログラム・研究発表抄録集，72-73．

34）布目靖則（2001）：キャンプ・プログラムにおける歴史文化資源の活用を考える，筑波大学野外運動研究室編，キャンプ〈知〉－自然と人との教育実践から－，勉誠出版，東京，57-74．

35）オギュスタン・ベルク（1993）：日本語版解説，イーフー・トゥアン著，山本浩訳，空間の経験－身体から都市へ－，筑摩書房，東京，405-410．

36）ルイーズ・バレット著，小松淳子訳（2013）：野性の知能－裸の脳から，身体・環境とのつながりへ－，合同出版，東京．

37）フランシスコ・ヴァレラ，エヴァン・トンプソン，エレノア・ロッシュ著，田中靖夫訳（2001）：身体化された心－仏教思想からのエナクティブ・アプローチ－，工作舎，東京．

38）レベッカ・フィンチャー・キーファー著，望月正哉，井関龍太，川﨑惠理子訳

（2021）：知識は身体からできている−身体化された認知の心理学−，新曜社，東京．

39）阿部慶賀（2019）：創造的思考を助ける外的資源と外化，日本認知科学会編，創造性はどこからくるのか−潜在処理，外的資源，身体性から考える−，共立出版，東京，61-84．

40）彼らのことを，ペリパトス派（逍遥学派）と呼ぶ．アリストテレスが創設した古代ギリシャ哲学者のグループのことで，散策をしながら思考を行ったことからこう呼ばれる．

41）グレアム・ウォーラス著，松本剛史訳（2020）：思考の技法，ちくま学芸文庫，筑摩書房，東京．

42）創造性プロセスの4段階モデルとは，グレアム・ウォーラスが提唱したもので，準備（preparation）では意識的に知識を集め，培養（incubation）では意識的に主題から離れてアイデアが生まれるのを待ち，発現（illumination）では突然確信が伴ったアイデアがひらめき，検証（verification）ではそのアイデアを意識的に適正な形にしていくというもの．

43）阿部慶賀（2010）：創造的アイデア生成過程における身体と環境の相互作用，認知科学，第17巻第3号，599-610．

44）諏訪正樹（2018）：身体が生み出すクリエイティブ，ちくま新書，筑摩書房，東京．

45）江橋慎四郎（1987）：野外教育のすすめ，江橋慎四郎編著，野外教育の理論と実際，杏林書院，東京，1-8．

46）野沢巌（1988）：野外活動の概要，日本野外教育研究会編，野外活動テキスト，杏林書院，東京，2-8．

47）青少年の野外教育の振興に関する調査研究協力者会議（1996）：青少年の野外教育の充実について，文部省生涯学習局青少年教育課．

48）渡邉仁，坂本昭裕（2024）：大学体育としての野外運動による Geneplore Model に基づく創造性の創発機序に関する理論的検討，大学体育スポーツ学研究，第21巻，13-27．

49）Finke, R.A., Ward, T.B., Smith, S.M.（1992）：Theoretical and Methodological Consideration, Creative cognition: Theory, research, and applications, The MIT Press, Cambridge, Massachusetts, 17-43．

■■■ さらに学びたい人のための参考文献

・ゲーテ著，高橋義人，前田富士男訳（1982）：自然と象徴−自然科学論集−，冨山房，東京．
・ゲーリー・スナイダー著，重松宗育，原成吉訳（2000）：野性の実践，山と渓谷社，東京．
・ルイーズ・バレット著，小松淳子訳（2013）：野性の知能−裸の脳から，身体・環境とのつながりへ−，合同出版，東京．
・レベッカ・フィンチャー・キーファー著，望月正哉，井関龍太，川﨑惠理子訳（2021）：知識は身体からできている−身体化された認知の心理学−，新曜社，東京．

癒し：野外療法
－理論と実践の往還に向けて2－

▊ 1．野外教育と野外療法

　本書はこれまでの野外教育への批判的検討から，プラットフォーム原則を踏まえたうえで新たな野外教育学の構築を目指している．しかしながら，本章で筆者に与えられた課題は，野外教育学の基礎となる野外（学），教育（学）のうちの教育を手放し，新たに療法という視点から捉え直す試みである．

1）野外療法（自然体験療法）とは
　では，野外療法とはいったい何を指すのだろうか．近年，この野外療法の直訳にあたる Outdoor Therapies[1] という書籍が出版された．同書では，基礎理論に加えて，ウィルダネスセラピー，乗馬療法・動物介在療法，園芸療法，自然と感覚統合・小児作業療法，サーフセラピー，森林療法，などの実践アプローチが紹介されている．また，Outdoor Therapies の概念についての直接的な定義づけはなされていないが，含まれるアプローチの共通点として次の3点があげられている．それらは，野外での場に根ざした療法であること，野外への積極的な身体的関与をともなう療法であること，自然と人間との親和性を認識する療法であること，である．

　国内に目を向けると，野外療法に類似の概念として，キャンプセラピー[2,3]，キャンプ療法[4]，治療的キャンプ[5]といった用語が用いられている．また，自然体験療法[6]という表現も散見される．これらの用語はおおむね共通して，「日常生活から離れた豊かな自然環境のなかで，クライエントとキャンプカウンセラーとの生活を含む野外活動などの直接体験から生ずる出来事や課題に取り組みながら，クライエントの身体的，心理的，社会的なリハビリテーション，発達，成長を援

助する方法．（p637）」[5] という意味で使用されている．

　加えて，新しい用語を用いて積極的に概念化しようという取り組みもある．Harperら[7]は，前述した Outdoor Therapies の各実践アプローチをエコセラピー（環境保全の哲学と心理学から発展したもの）とアドベンチャーセラピー（野外教育と体験教育から発展したもの）の2つに大別した．そして，両者のセラピーの共通項として「自然のなかで，自然とともに（in nature, and with nature，p31）」という場への志向性と関係性をあげ，新たにネイチャーベースドセラピー（Nature-based Therapy）という名称を掲げた．ネイチャーベースドセラピーとは，従来の標準的なセラピーである屋内（オフィスベース）での実践とは対照的に，物理的な空間とその空間が設定する文脈・感覚・活動の場が自然のなかに位置づけられているものである．そして，ネイチャーベースドセラピーでは，単に自然を資源として利用するのではなく，自然を癒しのためのパートナーとして表現する．

　ここまで述べた野外療法に関する各概念を概観すると，いずれも本書のプラットフォーム原則の内の2つである，源泉としての自然に帰属，身体を介した直接体験に通底していることがわかる．加えて，その実践アプローチは多様であることから，本書のもう1つのプラットフォーム原則である多様な教育と学びを置き換え，多様な療法と癒しと表現できるものでもある．そこで，本章においては野外療法を，「自然を源泉とし，直接体験から生じる出来事に取り組みながら，身体的，心理的，社会的な回復，発達，成長を援助する，多様な療法と癒し」という意味で用いる．また，この内容をより直接的に表現できる用語として自然体験療法という名称も推奨していきたい．

2）療法と教育の異同

　前項では，主に野外教育と野外療法の共通点から野外療法の概念を考察した．ここでは，野外教育と野外療法の差異に着目し，その異同を検討する．なお，その際に，多様な療法すべてを扱うのは困難であることから，比較的実践が盛んな心理療法に焦点を当てて述べる．

　アメリカにおいてアドベンチャーセラピーの指導的立場にあったショーエル[8]は，同分野を牽引したギリスの「教育－治療のスペクトラム」モデルを表 12-1 のようにまとめている．表 12-1 から，教育とセラピーは共通項をもちつつも，目標，扱う問題，境界（範囲），トレーニングレベルといった点で異なっている

表12-1　リー・ギリスによる教育-治療のスペクトラム

	教　育	治　療
目　標	・情報を授ける. ・一般的な問題に取り組む, またはグルー 　プの焦点から問題に取り組む. ・学んだ問題を「現実の世界」に転移する.	・行動変容 ・個々のメンバーの特定の問題に取り組 　む, またはよりグループに焦点を当て 　て取り組む.
扱うのに適切 な問題	・コミュニケーション ・信頼 ・楽しさ (fun)	・トラウマ ・身体・性的虐待 ・物質（薬物）乱用
境　界	・「今ここ」に焦点を当てる. ・体験の中にあるグループに焦点を当て 　る. ・仲間に焦点を当てる.	・第1には「今ここ」に焦点を当てるが, 　グループの過去や, 個々のメンバーの 　過去や現在の関係性にも開かれている.
トレーニング レベル	・活動ができる能力と, グループの中の 　身体的な安全も精神的な安全も守れる 　ように行う.	・活動ができる能力と, 焦点を当ててい 　る領域についての特別なトレーニング. 　グループのなかの身体的な安全も精神 　的な安全も守れるように行う.

（ジム・ショーエル, リチャードS.メイゼル著, 坂本昭裕監修, プロジェクトアドベンチャージャパ
ン訳 (2017)：グループの中に癒しと成長の場をつくる-葛藤を抱える青少年のためのアドベンチャー
ベースドカウンセリング-, みくに出版, 東京, 24)

ことがわかる.

　またイギリスの Institute for Outdoor Learning[9] では, 野外でのメンタルヘル
ス介入のモデルを作成している（図12-1）. このモデルでは, 横軸に野外での
能力, 縦軸にセラピーの能力を置き, それぞれの能力を3つのレベルに分類し
ている. 野外での能力は, 個人的な能力（アクティビティや野外での活動経験が
あるレベル）, アクティビティ能力（野外での活動を安全に指導できるレベル）,
アウトドアプロフェッショナル（野外でのさまざまな活動を用いて, 段階的な学
習と変化を開発し, 提供するレベル）の順に専門性が高くなる. セラピーの能力
は, 心理学的思考（自他の認知的, 感情的な幸福に関心をもつレベル）, セラピー
に関する知識（精神的な健康と幸福を支援するために, 意図的に援助関係に携わ
るレベル）, プロフェッショナル登録者（心理的な困難, 障がい, 意味と成長に
対処するための学習と変化を積極的に可能にするレベル）の順に専門性が高くな
る. そして, 両軸によって導かれる実践の範囲と特徴を表12-2に示した.

　国内において, 野外療法に特化して教育と療法の異同を論じたものはないが,
河合[10] が示した心理療法のモデル（図12-2）が参考になるだろう. 図12-2の

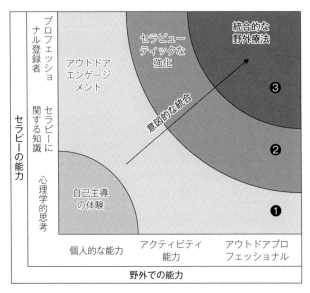

図12-1　野外でのメンタルヘルス介入モデル
(Richards, K., Hardie, A., Anderson, N. (2020)：Outdoor Mental Health Interventions & Outdoor
Therapy: A statement of good practice, Institute for Outdoor Learning, Carlisle, 7)

表12-2　野外でのメンタルヘルス介入モデル−実践ゾーン−

ゾーン①		ゾーン②	ゾーン③
自己主導の体験	アウトドアエンゲージメント	セラビューティックな強化	統合的な野外療法
自分の健康や幸福を維持・向上させるために，野外での余暇活動を選択すること.	計画されたセッションやプログラムを充実させるために，心理的または野外的な側面を導入すること.	野外活動と心理療法的実践を融合させ，ターゲットを絞った介入を強化すること.	野外教育と心理療法の両方の専門的能力を統合し，クライエントのニーズに応えること.

(Richards, K., Hardie, A., Anderson, N. (2020)：Outdoor Mental Health Interventions &
Outdoor Therapy: A statement of good practice, Institute for Outdoor Learning, Carlisle, 7)

　上側にある医学モデルおよび教育モデルは，症状や問題の背景には原因があると
いう因果関係のモデルである．一般的にこのような自然科学の原理に基づくモデ
ルは非常にわかりやすい．しかしながら，助言や指導（教育モデル）によって問
題を解決できないような人が心理療法にくることから，心理療法においてはこの
因果関係のモデルは有効ではないという．次の成熟モデルは，「治療者の態度に

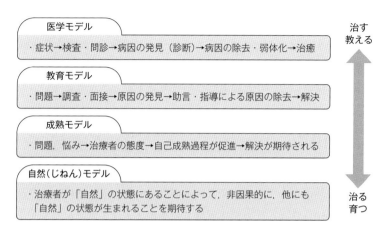

図12-2　心理療法のモデル（河合[10] より作図）

よって，クライエントの自己成熟過程が促進され，それによって問題解決が期待される（p12）」[10] というものである．無条件の肯定的な関心，共感的理解，純粋・自己一致といった基本的態度は，心理療法全般に広く受け入れられている．治療者が治すのではなく，開かれた態度をとることによってクライエントの潜在的な自己成熟の力が引き出されると考える．

　さらに河合は，成熟モデルも完全な非因果的モデルとはいえないことから，心理療法の本質を最もよく示すものとして自然（じねん）モデルを提案した．福永[11] によると自然（じねん）とは，「『オノズカラシカル』すなわち本来的にそうであること，もしくは人間的な作為の加えられていない，あるがままの在り方（p321）」を意味する．これを受けて河合は，治療者が自然（じねん）の状態にあることによって，非因果的に，他（すなわちクライエント）にも自然（じねん）の状態が生まれることを期待した．河合は主に治療者とクライエントとのモデルにおいて自然（じねん）の概念を適用したが，自然（じねん）はNature の訳語としての自然とは異なり「必ずしも外界としての自然の世界，人間界に対する自然界をそのままでは意味しない（p321）」のであり，「物我の一体性すなわち万物と自己とが根源的には1つであること（p322）」を認めるものとされている[11]．

　この概念は野外療法を捉えるうえで示唆に富んでいる．すなわち野外療法は，自然の中で過ごすことによって自然（じねん）の状態が生まれることを期待する療法ともいえるのではないだろうか．この点については，後の項で詳しく論じていく．

　以上のように，野外教育と野外療法は共通性をもちつつも，目標や扱う問題，支援者の専門性や態度，そして背景となるモデル（認識論）に異なる方向性をもつものと考えられる．野外療法を実践する際には，これらの異同を認識し，自身の実践がどこに位置づくのかを熟慮しながら実施することが望ましい．

■ 2．自然と身体性

1）なぜ癒やされるのか－源泉としての自然－

　では，なぜ自然のなかで人は癒やされるのだろうか．ここでは，その理論的説明としてよく用いられる，注意回復理論とバイオフィリア仮説に基づく生態心理学の理論を紹介したい．

　まず，注意回復理論（Attention Restoration Theory）とは，自然環境が注意力の回復に及ぼす影響を示したものである．注意力とは，適切な意思決定（実行機能），行動の管理（自己調整），新しい体験の処理（内省）に必要なものである[7]．この注意力には2つの方向性があり，たとえば，学校の授業に集中しなければならないときや，多量のインターネット情報から適切なものを取捨選択しなければならないときなどは，トップダウン型の注意力が必要となる．そしてこの注意力が過剰になると，イライラしたり，精神的に疲労したり，集中力が低下してミスが増えたりする．もう一方の注意力はボトムアップ型のもので，これは疲労をもたらすのではなく，むしろ回復させるものである．そして自然環境はこの注意力を回復させるための理想的な環境とされている．

　注意力が回復的に働くには，逃避，魅了，広がり，適合の要素が必要とされる．都市での日常生活から離れ（逃避），焚き火のゆらぎや小川のせせらぎに魅了され（魅了），山頂からの雄大な景色や水平線に沈む夕日に広がりを感じて無意識のうちに自分が自分よりも大きなものの一部であることを認識するような体験は（広がり），注意力の回復に必要な要件を満たすものであろう．そして，そのような自然環境はその人との適合性，つまり生活経験や文化・社会的背景を考慮して適切に選択される必要があるということである（適合）．

　実際に，この注意回復理論を実践に応用し，ADHDの子どもの野外療法において，本人と保護者に承諾を得た上で一定の期間ADHDの服薬を停止しても，ADHDの症状に悩まされることがなかったという先駆的な報告もある[7]．

　次に，バイオフィリア仮説とは，人間と他の生物や自然界との密接で生得的な情緒的関係を示したものである[1]．この仮説では，人類は進化の過程のなかで単に生物学的にのみ適応してきたのではなく，精神的にも自然界からの深い充足感を求めるようになったと考える．つまり，人が自然を求め，自然に惹かれるのは，生まれつきそのような心性をもっているからだと仮定する．そして，人間にはエコロジカルな無意識があるという前提の元に，そのエコロジカルな無意識と自然界との相互関係の枠組みを想定する生態心理学（Ecopsychology）が生まれた．生態心理学の主要な指針として，以下があげられる．

　生態心理学の目的はエコロジカルな無意識に対処し，それを意識化することで，人間と自然界の関係を癒すことである．生態心理学では，人間が自然を支配し，コントロールしようとすることを否定する．生態心理学の核心は，人の精神的な幸福と地球の健康との相乗効果であり，地球のニーズは人のニーズであり，人の権利は地球の権利であると考える．

　さらに，生態心理学の実践としてエコセラピーが考案された．エコセラピーの導入のレベルにおいては，人が自然のなかに入りその恩恵を受けるという単方向の関係が想定されているが，より深い発展的なレベルにおいては，自然を癒やすこと（環境保全活動への参加など）によって自分自身が癒やされるという双方向の循環関係が想定されている．具体的には，園芸療法のなかでその土地固有の植物や野生生物にとって有益な植物を使うことがあげられている．また動物介在療法においては，動物に人間との交流を強要せず，セラピーが動物と人間の相互に有益なものとすることなどである．

　このような注意回復理論や生態心理学における自然の役割は，自然をセラピーの舞台，またはパートナーとして捉えるものとも言い換えることができるだろう．このような捉え方は，医学における処方薬のように自然を道具や手段として利用するという位置づけとは異なり，人間と自然との関係性をより調和的に捉えたものといえる．しかしながら，舞台またはパートナーとしての自然は，人間という個に対するもう1つの個を想定した関係でもある．先述した自然（じねん）のような，人間と自然の一体性・渾然性を捉えた概念とは距離があるようにも感じる．そこで以下では，日本的（東洋的）な思考・思想を踏まえつつ，さらに野外療法の可能性を探っていきたい．

2）身 (み) と自然 (じねん) −身体を介した直接体験−

　河合[12] は「現代において心理療法を行なう者は，身体性という点に強い関心を払うべき（p17）」と指摘している．なぜなら，現代は身体に対して意識（精神）優位の社会となっており，そのひずみがさまざまな心の問題の増加につながっていると考えられているからである．それに対し，日本を含む伝統的な東洋的アプローチでは，禅やヨーガなど，まずは身体の状態を整えることによって，心身の全体性を回復していこうという試みが古来より行われてきた．すなわち，身体と精神（心）を明確に分ける心身二元論ではなく，心身一元論を背景としてきたのである．そこで本項では，日本の身体論の代表作ともいわれる市川[13,14] の「身」の概念に着目し，野外療法における身体を介した直接体験の意味を考察する．さらに，人間と自然とのセラピューティックな関係性を，身と自然という日本的（東洋的）な視座から論じてみたい．

　市川[13] は，心身一元論に基づく身体観を「精神といい身体といっても，それは生を理解するための１つの手がかりであり，一種の極限観念にすぎない．われわれの具体的な生の大部分は，いわゆる精神とも身体ともつかない独自の構造のなかで送られている．（pp66-67）」と述べている．そして，「われわれが日々生きている具体的な身体においては，主体としての身体[15]，私の対象身体（客体としての身体)[15]，私にとっての対他身体[15] は，（ときとしてその相関者としての他者の身体[15] をも潜在的に含意しつつ，わかちがたく融合した１つの統合体としてはたらいている．（p116）」と指摘し，その多義的な様相をもちつつ潜在的に融合した統合的な身体を錯綜体としての身体と名付けた．

　さらに，錯綜体としての身体が具体的現実のなかで表現される言葉として身をあげ，「『わが身』『身につく』『身にしみる』『身を入れる』『身になってみる』『身につまされる』…というとき，『身』は，ある場合には『身体』，ある場合には『心』，ある場合には『自己』，（中略）ということばで近似的におきかえることができる．（中略）『身』は単なる身体でもなければ，精神でもなく−しかし時としてそれらに接近する−精神である身体，あるいは身体である精神としての＜実存＞を意味する．（p196）」と，身体性の多義的な視点が「身」という用語に包含されていることを示している．

　野外での場面に置き換えてみよう．はじめてクライミングに挑戦するＡは岩壁の高度感に思わず身をすくませる（主体としての身体），実際自分でも足が小

刻みに震えているのがわかる（客体としての身体）．その様子を感じとったビレイヤーのBは，ロープにテンションをかける（他者の身体）．さらにそのテンションを感じたAは（私にとっての対他身体），身を奮い立たせて一手先に手を伸ばすのである（主体としての身体）．このように具体的な現実場面では，現象として把握可能な，主体，客体，そして他者の身体が，根底では互いに錯綜し合って体験されると考える．

　さらに市川[14]は，「世界および他者とのかかわりをさけ，もっぱら自己自身とかかわることによって不安定な自己のアイデンティティを守ろうとする試みは，（中略）逆説的にそのアイデンティティを失わせるであろう．（中略）私は私のアイデンティティを維持するために，自己確認のみならず，他者による確認を必要とする．（pp98-99）」と指摘し，中心化・脱中心化・非中心化，同調といった働きによって身体は他者とかかわりをもつと論を展開する．

　野外療法においても，悩みを抱える仲間とともに過ごすことで，他者の身になってみたり（脱中心化），それを自分に取り入れたり（再中心化），また仲間の身体に無意識に共振したり（同調），これらのことを身体を介して体験している．このことは，他者とのかかわりのなかでの，自己のアイデンティティへの取り組みとも捉えることができるだろう．

　加えて市川[14]は，「身知り（身をもって知る）」という概念を示した．これは，「身体には，世界にかかわり，世界に働きかけ，世界を変化させるという外部指向的・外部作用的な側面があると同時に，世界とのかかわりの中で自分自身を調節するという自己作用的な側面がある．（p190）」と説明されている．そして「自己とかかわりつつ世界とかかわる身のあり方の基礎に身体感覚がある．（中略）身体感覚を失うことが，世界を失うことにつながる．（p190）」と言及している．さらに市川[13]は，「人間の現実存在を身体として把握するかぎり，自然を単に対象的なもの，（中略）それを征服し，支配するといった思想は生まれてこないであろう．具体的身体において，対象にはたらきかけることは同時にはたらきかけられることであり，身体と自然との相関に基づく対象とのより深まる交叉において，われわれと自然との関わりもまた奥行きをまし，われわれは自然認識の更新を求められるであろう．（p318）」と重要な示唆を述べている．われわれが山に登るとき，海を泳ぐとき，自然という世界に働きかけていると同時に，自然から働きかけられているのである．このように都市化・情報化の進行により失いつつある身体感

覚を，自然のなかでの「身知り」によって取り戻すことは，野外療法の意義の1つと考える．

　一方で，身体で自然につながることは，単に身体感覚の回復に留まらないように思う．河合[17]は，日本の自然の考え方をもとに，山を登っている人は，山と融合している感覚を持っているのではないかと指摘し，その融合をもっと徹底するとだんだん区別がなくなり「存在」としかいいようがなくなる．実際はその「存在」が「山してる」「人している」という見解を述べている．これは，前述した自然の「物我の一体性すなわち万物と自己とが根源的には1つであること，（p322）」[11]と重なるものであり，森羅万象に生命が宿っているという日本の自然観にもつながるものである．またこの河合の存在や自然が根源的に1つであることは，市川の身の概念における実存とも共通するものであろう．前述の生態心理学では，個人のなかにエコロジカルな無意識を仮定していたが，その無意識のさらに深層には，人や自然が分けられない融合一体した存在や実存があるとも仮定できる．このような意味で野外療法は，表層的には，自然を源泉とし，身体を介した直接体験を通して注意力や身体感覚を取り戻すもの，そしてその深層では身と自然との融合によって，おのずから生きる意味を回復する療法ともいえるのではないだろうか．

3．野外療法における事例研究の意義

1）キャンプにおいて身体を受け入れることで症状が治まっていった事例

　ここでは，ある野外療法の個別事例を紹介する．個人の生育歴や生活環境，抱えている問題といった背景を踏まえ，その個人にとって野外療法がどのような意味をもったのか考察するためには，事例研究が有用と考えるからである．

（1）事例の概要

○事例C：女子，15歳（中学3年生）

問題の経緯：中学2年生になってクラスに仲のよい友だちがおらず，教室で過呼吸が始まる．夏休み明けの9月，部活動でボールが耳にあたり，そのときから耳の聞こえが悪くなる．耳鳴りやめまいなどの体調不良もあり，徐々に学校に行けなくなる．病院では心因性難聴，前庭障害と診断を受ける．厳しい父親には「なんでそこから進めないんだ」と怒鳴られて，そのうち母親も「お父さんのいうこ

とが正しいのかしら・・・」と，父親の意見に追随するようになってしまった．同年12月から適応指導教室に通い始め，そこでキャンプのパンフレットをみつけ，「これなら変われそうな気がする」と参加した．

（2）キャンプの経過

「」はCの言葉，＜＞は著者（Co）の言葉，『』は第三者の言葉，そのほかの文はキャンプ中の様子や補足説明とする．

○第1期：不安を身体化しつつ，少しずつキャンプに適応した時期

キャンプ初日，Cは緊張しているのか，表情がこわばっていた．夕方から耳の痛さと頭痛を訴え，夕食もほとんど食べなかった．2日目，マウンテンバイクでのタイムトライアルが始まると，Cは他の参加者からすぐに離される．途中でキャンプディレクターや他の参加者から応援を受けると，それまで止まりそうになっていたのを無理にこぎ続けてしまい，ゴール後には「気持ち悪い」「くらくらする」とその場にしゃがみ込み動けなくなる．その様子は，人の応援に応えようと，無理をして自分の力以上に頑張ってしまうようにみえた．また，その夜の振り返りでは，キャンプの目標を「自分を知る」と書いていた．4日目の振り返りでは「坂の前にキャンプディレクターに『頑張っているのだから，自分の存在を認めてあげて』って言われて，みんなも頑張ってるし，自分も頑張ろうって思った．長時間こげたのは自信になった」と語る．

○第2期：冒険的活動よるストレスが身体症状として噴出した時期

5日目の沢登りで，Cは「怖い・・・」と泣きそうになりながら，仲間やスタッフに半ば引き上げられるようになんとか登っていた．7日目の午前中は，17kmの峠道における個人でのタイムトライアルであった．Cはスタートしてからすぐに他の参加者から離されてしまい，1人で泣きながらこぐ．午後のグループランで再び上り坂となると，Cは遅れはじめ，だんだんと呼吸が荒くなる．休憩をしようとグループが止まると，Cはその場でしゃがみこみ過呼吸になる．呼びかけに反応できないほどの激しい過呼吸で，それまでCにかかっていたストレスが一気に噴出しているように感じられた．著者はCを抱きかかえ，Cが苦しそうに呼吸をしようとするのに合わせて背中をさすっていた．しばらくするとCの過呼吸は次第に緩やかになり，スーっとそのまま眠ってしまったようだった．そしてCは「上り坂でみんなを待たしてしまって申し訳ない．・・・（坂を）上りながら，辛かったことを思い出しちゃった．過呼吸はそのとき以来・・・もう，上

りたくないな・・・」とぽつりぽつり話す．著者は＜みんないろいろな思いや悩みがあってキャンプに来ているから，Ｃのことをわかってくれるんじゃないかな．（ゴールまで）もうちょっとだし，歩いてもいい，自分のペースでいけば大丈夫だから＞と返した．その後，マウンテンバイクを押して歩くＣの様子をみて，グループの他のメンバーが自発的にＣに合わせて歩きはじめ，結局はグループ全員が歩いてその日のゴールまでたどり着いた．

　○第3期：スタッフや仲間から受け入れられ，身体症状が治まっていった時期

　10日目のカヌーは2人組で行う．Ｃは不安そうな顔をしていたが，ペアが著者だと知るとホッとしたような表情を見せる．11日目，Ｃはグループからは遅れつつではあるが，自分のペースで一度も歩かずに坂を上りきった．振り返りでも「きつかったけど，一回歩いちゃうともう一回こぐのが辛くなるし，いろんな気持ちが出てくるから，歩かないでいこうと思った．・・・一番後ろにいたから，少しずつ（前との）距離があいていって・・・自分のペースでいいって思ってても，待たせたくないなっていうのもあって．でも前でみんなが待っててくれるのが安心で，そこまでがんばろうって思えた」と自らの変化を語る．13日目，表情が明るくなってきて身体的な訴えもほとんどなく，キャンプ前半と比べると安定しているようだった．洞窟探検についてＣは「洞窟の出口の光が見えてきて，外に出たときは，はじめての空間に包まれたような感じで気持ちよく，不思議な感覚」と話す．

　○第4期：冒険的活動を通して，弱い部分をもった自分と向き合った時期

　14日目，この日から2日間をかけて登山がはじまった．歩きはじめるとＣは，ゆっくりではあるが自分のペースを守って歩いていた．その表情にもキャンプ前半のような悲壮感はなく，休憩時などは景色を楽しむ余裕もあるようだった．そのときのことを，「登っているときは，自分のペースでって思ったけど，自分が止まると後ろの人も止めちゃうので，それを気にしていた．・・・前と離れちゃったときは，みんなと一緒に行きたい気持ちもあってイラついたりもした．でも自分が登りたいって思ったから自分のペースでなんとかがんばろうと思った」と話した．15日目，早朝に山荘を出発していよいよ山頂の鳥居に到着すると，Ｃは本当に嬉しそうな，そして何かホッとしたような笑顔を見せていた．また下り道では，はじめは苦労をしていたが，歩き方のコツを聞くと一気にスピードが上がり，「みんなと歩いてる感じで嬉しかった」という．振り返りでは，「（山頂の）鳥

居についたときはすごい気持ち良くって，自分の中で存在が大きな場所に立てたのが嬉しかった」と語り，また登山全体を「・・・今までとは全然ちがうパワーや自信がついた．自分の中で○○山に登るということは，乗り越えたいことのレベルがすごい高かったから，それができたのが大きかった」とやや高揚気味にふりかえった．17日目，キャンプ全体のことに対して「キャンプが始まったときは環境に慣れなくて心配で，帰りたくなった．でも，ちょっとずつ自分のペースでできるようになってきた．・・・キャンプの前は何のために生きてるかって思ってたけど，キャンプで生きてるって楽しさを感じて，いろんな人と関わったり，いろんなことを試したり，それが自分にとっていいことなんだなって気づけて，それが変わったから，キャンプをここまでやってこれたのかなって思う」と振り返る．

　（本事例は，吉松・坂本[18]から加筆修正し執筆した．）

2）実践と理論の往還のために

　ここでは，上述した野外療法の事例の実践について，先に述べた野外療法の理論を踏まえつつ考察を述べる．

　Ｃは意識的には，教室に上手く馴染みたい，親の期待に応えたいと思っていたのだろう．一方，Ｃの身体は，馴染めない辛さや親に理解されない惨めさを過呼吸やめまいなどの身体症状として表現していたと考えられる．しかしながら，身体症状を通じた「わかってほしい，助けてほしい」という必死のメッセージは，残念ながら周囲に理解されず，Ｃ自身も受け止められずにいた．Ｃは，意識と身体が解離して，自分の身体を実感できない状態であったともいえるのではないだろうか．そのようなＣは，キャンプにおいても当初は冒険的活動のストレスをさまざまな身体症状として噴出する．それに対し，著者が過呼吸のＣを抱きかかえたり，仲間がＣのペースに合わせて自転車を押して進んだりと，身をもってＣの身体に同調するような構造が生じた．そして，Ｃはマウンテンバイクや登山でのペースをめぐる葛藤のなかで（脱中心化・再中心化），自分のペース（主体としての身体，アイデンティティ）をみつけていく．また「みんなと歩いている感じ（15日目）」という，他者と同調し，身体が個を超えて非中心化していくような感覚も味わうことができた．さらに，このような身体での融合は他者との関係に留まらず，「洞窟の出口の光が見えてきて，はじめての空間に包まれたよ

うな不思議な感覚（13日目）」「（山頂の）鳥居についたときは気持ち良く，自分
の中で存在が大きな場所（15日目）」と，身（み）が自然（じねん）と融合していくような深い体
験を味わったのではないだろうか．キャンプでの体験は C にとって，自分の身
体感覚（主体としての身体）を取り戻すものであったと同時に，「キャンプで生き
てるって楽しさを感じて（17日目）」と生きることの本質的な価値に気がつく機
会ともなっていたと推察する．

　野外療法は，多様な自然を源泉とし，多様な実践方法を用いて，参加者（クラ
イエント）の個別の問題やニーズに対応する療法である．その多様性・個別性を
平均化して数量的に検証する自然科学の方法では，今，目の前にいる参加者をど
う理解すればよいのか，私（支援者）に何ができるのだろうか，といった実践知
を明らかにすることはできない．事例研究は，固有性，多義性，身体性をそなえ
た行為，という原理を実践の知として導き出す方法である[19]．事例研究が，読
み手によって主観的に理解され，個別事例の背後にある普遍的な意味が解釈され，
実践への新たな意欲やヒントを得たりする転用可能性を刺激するのである．今後，
野外療法の分野においても事例研究が積み重ねられ，議論が深められることで，
実践と理論が往還し，その発展に尽くすことができるのではないだろうか．

▌おわりに

　本章では，まず野外教育と野外療法の同異点を論じ，次に，癒しの源泉として
の自然の理論を踏まえた上で，身（み）と自然（じねん）の融合という日本的な視座から野外療法
の概念化を試み，事例においてその意味を考察した．都市化・情報化が進み，こ
ころの病の増加が課題ともなる現代社会において，私たちは普段は遠ざけてし
まっている身（み）および自然（じねん）を顧みることも必要なのではないだろうか．

📖 注・文献

1) Harper, N.J., Doherty, T.M.（2021）: Outdoor Therapies -An Introduction to Practices, Possibilities, and Critical Perspectives, Routledge, New York.
2) 坂本昭裕（2002）：キャンプを利用したセラピー，筑波大学野外運動研究室編，キャ ンプの＜知＞自然と人との教育実践から，勉誠出版，東京，101-116.
3) 坂本昭裕（2023）：キャンプセラピーの実践−発達障碍児の自己形成支援−，道和書 院，東京．

4）木本多美子（2011）：キャンプ療法，星野敏男，金子和正監修，自然体験活動研究会編，野外教育の理論と実践，杏林書院，東京，66-74.

5）坂本昭裕（2008）：治療的キャンプ，日本スポーツ心理学会編，スポーツ心理学事典，大修館書店，東京，637-639.

6）竹内靖子，坂本昭裕（2018）：相互成長の場としての発達障害児キャンプ，野外教育研究，第22巻第1号，37-49.

7）Harper, N.J., Rose, K., Segal, D.（2019）: Nature-Based Therapy: A Practitioner's Guide to Working Outdoors with Children, Youth, and Families, New Society Publishers, British Columbia.

8）ジム・ショーエル，リチャードS.メイゼル著，坂本昭裕監修，プロジェクトアドベンチャージャパン訳（2017）：グループの中に癒しと成長の場をつくる-葛藤を抱える青少年のためのアドベンチャーベースドカウンセリング-，みくに出版，東京.

9）Richards, K., Hardie, A., Anderson, N.（2020）: Outdoor mental health interventions & outdoor therapy: a statement of good practice, Institute for Outdoor Learning.（https://www.outdoor-learning.org/Good-Practice/Good-Practice/Outdoor-Mental-Health，参照日：2023年12月26日）

10）河合隼雄（1992）：心理療法序説，岩波書店，東京.

11）福永光司（1985）：中国の自然観，新・岩波講座 哲学＜5＞自然とコスモス，岩波書店，東京，320-347.

12）河合隼雄（2000）：講座心理療法 第4巻 心理療法と身体，岩波書店，東京.

13）市川浩（1992）：精神としての身体，講談社，東京.

14）市川浩（1993）：＜身＞の構造-身体論を超えて-，講談社，東京.

15）市川[13]は，「錯綜体としての身体」および「身」の概念の前提として，現象として把握できる4つの身体を示した．主体としての身体は，われわれの内面から主観的な感覚や運動をもって把握される身体である．客体としての身体は，われわれが眺めたり触ったりできる外面から把握する対象化された身体である．私にとっての対他身体とは，他者によって把握された私の身体として私が捉える身体である．他者の身体とは，他者が主体としての身体をもっていることを私が把握していることを前提とした身体である．詳細については，市川[13]および吉松ら[16]を参照されたい.

16）吉松梓，渡邉仁，大友あかねほか（2023）：身体性に課題を抱える青年期前期の事例における長期冒険キャンプの意味-市川浩の身体論に着目して-，野外教育研究，第26巻，69-87.

17）河合隼雄（2000）：存在が山してる，山と渓谷社編，自然について，私の考えを話そう，山と渓谷社，東京，95-112.

18）吉松梓，坂本昭裕（2013）：冒険キャンプに参加した不登校女子生徒との体験過程-思春期における「身体性」に着目して-，臨床心理身体運動学研究，第15巻，53-64.

19）坂本昭裕，大友あかね，杉岡品子ほか（2018）：事例研究，日本野外教育学会編，野外教育学研究法，杏林書院，東京，157 - 200．

さらに学びたい人のための参考文献

・河合隼雄（2003）：臨床心理学ノート，金剛出版，東京．
・養老孟司（2009）：かけがえのないもの，新潮社，東京．

場所：野外教育と場所
－理論と実践の往還に向けて３－

　本章では場所と野外教育のかかわりについて触れたいと思う．それは場所を克服すべき対象としたり，場所を手段にするのではなく，場所と親密になり，場所を理解するような野外教育へと導かれるだろう．

1．場所とは

こんな経験をしたことはないだろうか．

　「電車やバスを降りたとき，すぐ近くの街なのに雰囲気がまったく違うのに驚く.」

　「新しい街に引っ越してきたばかりのときは，そこに住んでいる実感がわかずに寂しい思いをする．でも，散歩したり，買い物したり，気に入った店をみつけたりしているうちに，街に受け入れられたような気持ちになってくる.」

　「アルペンスキーでエッジをうまく使えるようになったら小回りターンが飛躍的に上達してうれしかった．きれいに整備されたコースでターンを決めるのは気持ちがよい．でもスキー場周辺の森のことや動物の足跡のことは何も覚えてない.」

　「夏休み，大学の友だちが実家に遊びに来た．街を案内していると，近所のおばあさんに声をかけたり，景色に感激したり，道端の看板に面白がったり．まるで私よりもこの場所になじんでいる感じがする．ここに来たのは，はじめてなのに.」

　これらは，場所のさまざまな経験の一部である．『場所の現象学』の著者，エドワード・レルフは，「場所のアイデンティティ，すなわちその場所固有の特性は，

物質的要素，人間の活動，そして意味から構成される.」と述べている[1]．それ
ぞれの街や村は，そこの自然環境や建物や道路などの物質的要素と，そこにお
ける生業や産業，人々の生活に伴うさまざまな人間の活動，そしてそこに暮らす
人々がそれらに込める意味によって，その街や村固有の場所のアイデンティティ
を持っているのである．自然環境，物質的要素，人間の活動，そこから生み出さ
れる意味の組み合わせは1つとして同じものはない．だから，すぐ近くの街であっ
ても，どこか違う雰囲気が醸し出されるのである．

　また，レルフは，「ある場所で活動する人間は，その場所に対して何らかのア
イデンティティを抱く.」と述べている[2]．行ったことのない街に何があるかは
携帯電話の地図アプリなどを使えばすぐにわかる．だからといってその街に一体
感のようなものをすぐに感じるということはあまりない．しかし，実際にそこに
住み，小路をくまなく歩き，近所の店で買い物をし，人々とあいさつを交わすな
ど，その場所でのさまざまな活動が積み重なってくると，街に対する印象が変わ
り，よそよそしさが居心地のよさになったり，その街に属しているという感覚さ
え覚えはじめるかもしれない．

　そして，スキー場での経験にあるように，私たちは場所にあるすべての物事に
気づいているわけではない．私たちがスキー場で意識するのは，圧雪されて整備
されたピステ（コース），スキーリフト，食堂などの施設，あとは雪，風，気温
くらいになるだろう．その山の成り立ち，地質，植生，生息している動物，地元
の人々の利用の変化，スキー場開発に至った経緯，環境保全の取り組みなどといっ
た，その場所に埋め込まれた多種多様な物語は，スキーを練習しているとき，ほ
とんど意識することはない．その山はスキーという私たちの活動のための舞台に
過ぎなくなっているのである．こうした態度をレルフは，付随的外側性[4]という．
しかも，舞台背景として後景に追いやられた物事は存在しないわけではなく，私
たちに意識されないまま私たちに影響を与え続けている．そして何かのきっかけ
で舞台背景は突然前景に躍り出てくることがあるのである．雪崩のように．

　また，自分が最もなじんでいる場所は，故郷とか自分の部屋だったりする．そ
こに居住している人は，その場所に対するアイデンティティをもち，特別に意識
しなくとも，その場所にさまざまな意味を込めている．それは他人には決して完
全に感じとることのできない感覚なのかもしれない．その一方で，よそ者である
にもかかわらず，その街や建物などの場所に強い関心をもち，積極的にかかわり

たいと思い，そこに居住している人と同じ意味を共有したいと思う人々もいる．そうした人々のもつ特性を，レルフは感情移入的内側性[5]という．この特性をもつ人は，熱心な観光客のようでもあるが，その場所にあるものへの関心の強さゆえに，その場所の居住者よりも深く理解できる可能性をもつ．

▌2．場所を意識する

このような場所についての議論と野外教育のかかわりについてはじめて触れたのは，オーストラリアの野外教育研究者 Andrew Brookes の論文「行間を読む-環境的なテクストとしてのアウトドア経験-」（以下著者訳）[6] を読んだときだった．Brookes は，アメリカの教育者で環境活動家の Chat Bowers を引用しながら，野外教育が行われる場所に私たちはもっと意識を向けなければならないと主張した．

たとえばオリエンテーリング競技に使う地図は，場所を抽象的で普遍的な記号へと変換してしまうという．その結果，私たちはその場所に何があるのか，その場所はどのような意味があるのか，一切気にすることなく行きたいところへ，よそ者として行きつくことができる．まさにレルフのいう付随的外側性である．一方，その場所と親密になるために森を散策する人々はまったく違う経験をしているかもしれない．そして次のように思うかもしれない．

「夏，その地域に棲むカンガルーの大きな群れは小さな集団に分かれる．日中の熱い時間になると，木の生い茂る再生林に身を隠す集団もある．そういうときはその場所には近づかないほうがよい．森の反対側には，ゴアンナ（オオトカゲ）が木の穴に住んでおり，朝と夕方に活動する．そこを訪れてもいいが，オリエンテーリング・マーカーを結ばないほうがいいだろう．クモランが毎年数日間だけ花を咲かせる場所がある．その時期，そこを踏み荒らさないようにしなくてはならない．（中略）こうした観察は，その場所に固有の知識に基づいている．しかし普遍的なオリエンテーリング・マップには必要とされない．」[7]

アウトドアの行われる場所は，そもそもアウトドアのための単なる会場ではな

い．その土地に脈々と受け継がれてきた生命の営みとそれらの意味に満たされた場所である．ここで私たちが考えなければならないことは，アウトドアという活動が場所に対して付随的外側性という特性を強くもたないようにすることである．そのためにも，野外教育と場所との関係，野外教育が場所に対してもっている意味，そして場所が野外教育にとってもっている意味を理解することが大切である．

3．場所に感応する野外教育

Brian Wattchow と Mike Brown が著した『A Pedagogy of Place』[8] は，オーストラリアとニュージーランドで積極的に議論されてきた場所と野外教育に関する研究成果の 1 つである．

彼らにとってアウトドアの場所は，たとえ自然地域であっても，複雑な歴史，政治，経済の力が現在のあり方と将来の姿に影響を与えている文化的生成物とされる．場所に感応するということは，そこに広がる自然環境とともに，その場所にかかわってきた社会と自然環境の相互作用の歴史にも触れていくことになるのである．しかし，国際的な「野外教育の主流である冒険教育の一部において，人間の行為の単なる背景として場所が沈黙させられている．それが野外教育における学習機会を貧困化している．」[9] と Wattchow は述べる．ここでも野外教育を通じて場所が手段化され，付随的外側性が強化されている．

これに対して Wattchow と Brown が主張しているのが，場所に感応する野外教育（Place-Responsive Outdoor Education）である．この野外教育は場所に感応していくだけに，それぞれの場所に対応しながら展開する．そして，それらに応じたさまざまな目的や方法があり，1 つの形にパッケージ化されることはない．場所に場所とともに存在する，場所に根ざした物語と語りの力，アウトドアの場所の見習いになる，場所の経験を表現する，という 4 つの道標[10] を手掛かりに，その場所において常に生成し続けるしかない．

1）道標 1：場所に場所とともに存在する

指導者は学習者をアウトドアの場所へと感覚的に結びつけるエキスパートであるべきである．われわれは，自分たちが経験している場所について，価値のある

物語を語る学習者のコミュニティを育てていく方法も知っているべきである.

2）道標2：場所に根ざした物語と語りの力
アウトドアの場所は，個人的，地理的，生態学的，歴史的，経済的，そして政治的な物語で満ちあふれている．アウトドアの場所への自然な好奇心を通じて，指導者は参加者たちとともに，こうした物語と意義深く結びつくこと.

3）道標3：アウトドアの場所の見習いになる
場所に場所とともに存在することと，場所にはさまざまな物語が埋め込まれていること．その2つを，場所の見習いになる，つまり場所に対して能動的に受け身になるという心理的，身体的姿勢によって結びつける．場所にはさまざまな物語が埋め込まれていることを知ることによって，思慮深く場所とかかわることになり，付随的外側性をもって，その場所を急襲しないようになる．あるいは，その場所を急襲しないことによって，そこに埋め込まれている多様な物語に気づいていく.

4）道標4：場所の経験を表現する
場所の経験を表現する仕方によっては，場所への感応性が制限されてしまうことがある．そうならないために，指導者は，場所には多種多様な物語が埋め込まれていることを理解できるように，参加者の批判的能力を養う．そして場所の経験を，場所に触発されつつ生成し，解釈させていく.

知っている場所
Wattchow は，彼の教え子の1人である Arthur の場所に感応する野外教育の実践を著書のなかで取りあげている[11]．Arthur は，オーストラリアのヴィクトリア州にある小・中学校で20年間にわたり野外教育プログラムを担当してきた．その実践は，野外教育の主流である冒険活動や遠方へのエクスカーションとはまったく違うものだという．Arthur の学校の野外教育は，アウトドアの場所において新たな意味が生み出される感覚を子どもたちが経験していくという理想にもとづいている．この学校の小学校3年生のサマーキャンプは次のような感じだった.

　子どもたちのはじまりの旅（授業）は信じられないくらいシンプルである．私たちがあのビーチに行ったのは，子どもたちがよく知っている場所だったからである．キャンプをするだけだった．キャンプのルーティンとリズムを確立することだけが，やることのすべてだった．本当にあの場所にいるだけだったし，活動範囲もたぶん半径 400 m のなかに納まっていた．大きなタープをキッチン用に立てるのを子どもたちに手伝ってもらった．みんなでロープを引っ張った．自分たちの場所をつくるというリアルなプロセスがそこにある．それは，その場所に属しているという感覚を養ってくれる．自分たちの場所とは私たちが出発し帰ってくる場所だ．なぜなら，ある意味，それを作りあげたのは自分たちだからだ．私たちはテントで小さな村を作る．そこは，あっという間に生きられた場所になる．（中略）岸近くのサンゴ礁に向かう．子どもたちが裸足になっているか，足の裏で感触をちゃんとつかんでいるか確認したくなる．立ち止まっている子たちもいる．砂を掘り返したり，お気に入りの貝殻を集めている．好奇心に満ちた本当の散策．集中．全員が同じことをしているわけではない．でもそのうちみんなサンゴ礁に向かいはじめる．そして私はお話をはじめる．いつのまにか全員がそろっている．たくさんのエコロジカルな物語．ボラ，ウニなど，サンゴ礁に住むものたちの物語．すべてが 1 つの場所の物語のなかに語られる．（中略）そこは小さな美しい砂浜のキャンプ地で，素敵な玄武岩礁へすぐ行ける．砕ける波が，この場所が大きな海とつながっていることを教えてくれる．キャンプするだけだが，1 つのルーティンだけはしっかりやる．朝起きたら，私は全員を起こし散歩に行く．静かで短い散歩．のんびり蛇行しながら，バンクシアという花をみて，それについて話す．ただぶらぶらして場所に対して目覚めるようにする．そして戻って朝食を食べる．そのあとはのんびりする．テントを掃除して，帽子や持ち物がどこにあるか確認する．そして今日何をしたいか話し合う．どこに行ったらいいか話し合う．『あっちはちょっと風が強いけど，その角を曲がってみたらどうなるかな？』とか．そうして彼らにその日の計画をさせるのである．そして持ち物を揃える．『あー，ランチを持って行かなきゃ』とか．そしてランチと水筒と帽子をリュックに詰める．そして出発する．『念のためレインコートをもっていこう』．『念のためルール』は道具と経験とを結びつける．ランチをもって，200 m 歩いたら座る．もし本当に

風が強ければ、小さな子どもたちにはうってつけだ。そんなに長く歩かない。そして風の当たらない場所をみつけて、子どもたちの気持ちを落ち着かせる。ランチを食べ、歩いてまた戻る。もしできれば、向かい風を歩けば、着いたときにちょっとした達成感を味わえる。夕食の手伝いもさせる。子どもたちのやりとりに委ねる。そして、遊びに没頭する時間が必要である。その時間は非常に想像力に富んだものになる。そしてちょっと早い夕食を食べ、そのあとお話をする。たいていはその場所の物語である。自分の子どもの頃の経験について話すことも多い。それはちょっと空想も加えて盛りあがるものが多かった。そうして、こうした場所にいる仕方はたくさんあるということを、子どもたちにゆっくりと伝えていこうと思っている。」[12]

　この場所は、地理学的に特徴があるからだけでなく、Arthur やスタッフがすでに何度も訪れて関係を築いているから選ばれたのである。彼らも子どもたちも、よく知っている場所である。環境破壊や気候変動の情報につきものの自然に関する危機感や恐怖感を取り去り、自然とともにある落ち着きや静けさ、喜びをもたらすにはうってつけの場所である。

4．地域に根ざした野外教育

　場所を意識した野外教育の取り組みは日本でも数多く展開されてきた。特に農山漁村という人々が自然と向き合って暮らしをつくりあげてきた場所において実践され、地域に根ざした野外教育（Community-based Outdoor Education）とよばれることもある。その目的は、農山漁村地域の人々と自然の相互関係の歴史、すなわち環境史を経験的に学ばせることである。次に筆者の実践[13]を通して、地域に根ざした野外教育の雰囲気を感じ取ってもらおうと思う。

1）地域を学ぶ、地域に学ぶ

　地域に根ざした野外教育を行うことになったのは、ある卒業生の一言がきっかけだった。彼は北海道北部の農村地域にある児童数13名の小さな小学校の教員をしていた。自然体験活動のモデル校となり、野外教育の授業を行ったのだという。内容を聞くと、隣町のキャンプ場にバスで出かけて、札幌から来てもらった

指導者にテントの張り方や炊事の仕方，自然を感じるゲーム，ペットボトルでの魚とりなどについて教えてもらったという．それを聞いて私は何か大きな違和感を抱いた．なぜ隣町まで出かけて行ったのだろうか．その学校がある地域は，水稲を中心に農業が営まれてきた自然豊かな地域である．そこは自然と直接向き合って生活を作りあげてきた人々が暮らす地域であり，自然とともに生きる文化が蓄積している場所である．彼は「野外教育ってどこか遠くのきれいな自然がある場所でやるものですよね．それにうちの地域にはキャンプ場もないし」と答えた．彼の言葉は，ごく一般的な野外教育のイメージを代表した意見かもしれない．ともかく，その次の年，その学校の野外教育の授業を手伝うことになった．そして，「地域を学ぶ，地域に学ぶ」を合言葉に，地域の自然，人々，文化に根ざした野外教育プログラムを地元の学校教員，PTA役員，自治会役員，北海道教育大学の教員，大学院生で実行委員会を組織し取り組むこととなった．

　自治会やPTAがこれだけ協力してくれた背景には，少子化で子どもたちの家が離れ離れとなり友だちと外で遊ぶ機会が減ってしまったり，地域での活動がなくなってしまうなか，彼らがこの地域を自分のふるさととして実感できなくなるのではないかという危機感があった．地元の子どもたちの間に場所に対するアイデンティティが消え去ろうとしていたのである．彼らの，ふるさとを実感してほしいという言葉は，子どもたちに地域に残ってほしいということでもあった．もっといえば，農家を継いでこの地域を守ってほしいという願いでもあった．

2）地域に根ざすことは，その場所の土地，人，文化に根ざすこと

　ある日，3・4年生6人，5・6年生4人の子どもたちは担任の先生から「村の長老から指令が来ている」と聞かされる．地域を探検していろいろな人に会って指令にこたえなさいということが書かれてある．当日の朝にも指令が届いた．そこには「最初の場所は十線川の上流じゃ．そこに長老の加藤さんが待っておる．加藤さんの話をしっかり聞き，課題をクリアするのじゃ」とある．自分たちが住んでいる地域に出かけるだけだが，子どもたちは，これからはじまる探検にウキウキした気持ちを隠せない．さて，加藤さんの課題は次のとおりである．

　　・昔，このあたりに出現した恐ろしいけものについて，どんな出来事があったのか，よく聞いて，わかったことをここに書きなさい．
　　・自然のものを使って，遊び道具をつくりなさい．

・食べられる植物について話を聞いて，川の近くで探して取りなさい.

十線川は幅1m，深さ20cmくらいの沢である．この地域を縦断するように流れ，水田の水源の1つになっている．この十線川の上流にある指定場所に子どもたちが着くと，そこには自治会役員の加藤さんが待っている．実は加藤さんはこの授業に協力することをはじめかなり渋っていた．以前，学校から頼まれて，地域の話を子どもたちに教室でしたとき，あまり興味をもってもらえなかったのを気にしていた．しかし，子どものころに自分もよく遊んだ場所で，子どもたちと一緒に活動するのはとてもやりやすそうだし，何よりも本人が一番楽しそうだった．

あいさつが済むと，子どもたちは，加藤さんにこの場所についてお話をしてもらった．開拓当時，つまり子どもたちのお母さんのおばあさん，お父さんのおじいさんの頃，この地域にはヒグマがたくさん出た．この場所に昔農家があって，ある日田んぼから帰ってくると家の前に大きなヒグマがいた．そのとき一緒にいた飼い犬がヒグマに吠えかかって，逃げたヒグマを追いかけていった．おかげで家族は助かったが，その飼い犬は帰ってこなかった，など．今ではめったにクマは出ないが，子どもたちは何度も後ろを振り返っていた．

お話のあとは，加藤さんが子どものころに作って遊んでいたイタドリ水鉄砲づくりである．イタドリは2mになる多年草で，茎のなかは空洞で竹のような節がある．茎の太い節の部分と細い節の部分を組み合わせて作る．子どもたちは川辺にたくさん生えているイタドリのなかから気に入った太さの茎をノコギリで切ってくる．太い茎と細い茎がちょうどよいものにしないとうまく水が飛ばない．何回か失敗するうちに，勢いよく水が飛び出す水鉄砲を作ることができるようになる．しかし繊維質でもろいイタドリの茎は，1回水を吹き出すと壊れてしまう．子どもたちはすぐ次の水鉄砲を作りはじめる．そのうちどんなイタドリが丈夫なのかわかるようになる．

イタドリ水鉄砲で十分遊んだあとは，沢の周辺にある山菜を加藤さんから教えてもらう．初夏なのでフキくらいしかないが，緑色の茎のものを根っこが抜けないように丁寧に収穫するようにといわれる．このフキは，お母さんたちが昼食の準備をしている地域の神社まで先生が車で届けに行く．子どもたちが着くころには自分たちが取った山菜を食べられるようになっている．

子どもたちは加藤さんにあいさつして，次の場所に向かう．昔，農作業にかか

せなかった馬の話を自治会長の森田さんにしてもらうことになっている．実際に馬もつれてきてくれるという．馬に会ったあとは，神社で地域の歴史の話を聞き，昼食でさっき取ったフキの味噌汁とおにぎりを食べ，開拓当時の舟のかわりのカヌーで十線川を 30 m ほど下り，網で魚を取り，100 年以上の歴史をもつ中村商店の倉庫からメンコを出してもらって遊び，馬車や馬そりで人や物を運んでいた話を聞いて，大学院生の引くリヤカーで学校に戻るという盛りだくさんのプログラムだった．学校に帰ってくると，長老代理の校長先生から○○地域人の証明書が全員に渡される．子どもたちも案外喜んでいた．

　この授業のプログラムを作成するにあたって，自治会の役員の方々にこの地域の開拓の歴史，食文化，子どもの頃の遊びについて聞き取りをさせてもらった．そこで掘り起こされたものを，この地域に根ざした野外教育の教材として組み込んでいった．これは明らかに，Arthur の場所に感応する野外教育とは，子どもたちが経験するものが異なっている．農山村での地域に根ざした野外教育の場合，まず自分たちの住んでいる地域の人々とあらためて出会い，農業にせよ食にせよ遊びにせよ，かなり具体的な自然の利用の仕方，つまり地域の文化を子どもたちは経験することになる．

▌5．都会の野外教育

　野外教育を自然にふれあう機会の少ない都会の人々のためのものと考えると，当然，どこか遠いところのきれいな自然のある場所への旅をともなうものになる．しかし，場所の野外教育では，それを実践する場所について，たとえ自然地域であっても人々の営みによって作られた文化的生成物だと考える．したがって，どんな大都会であっても，その場所が自然の表面に建設されたものである限り，場所の野外教育を実践することはできるはずである．もちろん，Arthur の実践や，北海道農村での実践とは，参加者たちが経験するものは異なっているだろう．それを確かめるために 1 つのプログラムを企画した．

　2023 年の秋，私が教えているアウトドア・ライフコースの 3 年生 7 名を，札幌市都心部に近い西区の琴似，山の手での日帰りのツアーに案内した．都会の野外教育（Urban Outdoor Education）である．しかし，このプログラムは，参加する学生によって意味が異なっている．札幌市外から参加した学生にとっては，

ちょっとした旅になり，感情移入的内側性の発揮が期待される．一方，札幌市内，特に琴似在住の学生にとっては，地元で活動する，まさに地域に根ざした実践となる．ガイド役の著者は，札幌に移住してから7年目．学生たちを案内する場所は，毎月のように訪れるよく知っている場所である．

1）三角山に登る

　その日は札幌駅から2駅のJR琴似駅に集合し，朝10時発の路線バスで三角山のふもとに向かうことになっていた．案の定1名電車に乗り遅れた．これが縦走登山の実習だったら間違いなく参加させないケースだったが，都会の真ん中だと融通も利くので放っておいた．あいにく大雨警報が出ていたが，予報をみると終了予定時間まではほとんど降らないとわかり予定通り行うことに決めた．天候が急変してもエスケープできる場所がいくつもある都会だからこその判断だった．

　バスは琴似の繁華街を通る．三角山のふもとでバスを降りたが所要時間10分．「意外と近いね」と学生たち．コンビニで昼食弁当などを買っているうちに遅れた学生が合流した．三角山は標高300 m．しかし登山道はややけわしく，かつて石切り場だった山であり，大きな岩が難易度をあげている．30〜40分程度で頂上に着くものの，案外本格的な登山となる．山林も二次林ではあるが天然更新なので雰囲気がよい．エゾリスや野鳥もよくみる．駐車場が完備していることもあって，多くの市民たちが訪れて登山を楽しむ山である．毎日登る地元の人，最新ギアに身を包んだアウトドア初心者，学校にあがる前の幼児を連れた家族，高校の部活で走る生徒たち，流行りのトレイルランナーたち．しかし戦前の札幌オリンピック誘致の際に，三角山がスキー会場候補となっていたことはあまり知られていないだろう．

　この日は大雨警報のせいか，いつも一杯の駐車場に車が停まっていない．そうすると心配なことが出てくる．2022年の春先，登山道から少し離れたところで，春熊の調査員が冬眠の穴から出てきた母熊に襲われてけがをしたのである．この日は朝から誰も登っていないとすれば，登山道までクマがうろうろと出てきている可能性がある．この札幌市の後背地に連なる手稲山から三角山，大倉山，そして藻岩山にかけては，少なくとも20頭のヒグマが生息していると市の担当者から聞いたことがある．しかも近隣での熊の目撃情報は増加傾向にある．ありえないことではない．学生たちが身につけている熊鈴だけでは心もとないので，大声

で歌をうたって行くよう指示する．三角山に登るようになってはじめての緊張感である．

　頂上は視界が開けていて札幌市が一望できる．ある学生は，その眺望をみながら，札幌市は山の麓から海までの森を切り開いて街にしたことがよくわかるといっていた．こんな大都会でもそのベースに自然があることを感じたのだという．また別の学生は，札幌の街と自然を切り離して考えていたが，実際に登ってみると，街のすぐそばに登山口があり，山頂からみた札幌は山に囲まれていて，自然とは切り離して考えられないということがわかったと話していた．都市の登山は，自然にふれあうだけでなく，単に身体運動というだけでなく，自分たちが置かれている場所のベースには必ず自然があって，そのごく表面で人間たちの暮らしが営まれている事実をみせてくれる．ヒグマの存在もリスクではあるが，ヒグマの森のすぐ近くまで開発を進めてしまったこと，そしてその場所に今，自分が立っていることを知らしめてくれる．

　三角山から下山したときの楽しみは，麓のリンゴ農家の直売所である．無事下山できて少しホッとする．それにしても学生がいっていたように，この登山口は「一歩踏みいれると自然，一歩踏み出せば都会」という不思議な場所である．まさに境界である．しかも，都会側からみると自然の領域にみえるリンゴ畑も，三角山から下りてきた目でみると，人間の領域にみえるのが面白い．ちょうどリンゴの熟れどきで，さまざまな品種のリンゴが売られている．学生たちは思い思いに買い求めてほおばっていた．

2）琴似発寒川で鮭に会う

　三角山からは朝にバスに乗って通った道路を琴似駅まで歩いて戻る．手稲山を源流とし，琴似を過ぎると数 km にわたる直線の水路になって石狩港まで流れる琴似発寒川で鮭の遡上をみるためである．JR 琴似駅の近くの農試公園のところに河口から最初の堰があって，海から登ってきた鮭が産卵をする場所になっている．そこまでなぜ繁華街を歩いていくのかというと，「自然から一歩踏み出せば都会であり，都会から一歩踏み込めば自然である」という不思議な感覚を鮭のいる川まで持続してもらいたかったからである．自然を意識すれば都市が際だち，都市を意識すれば自然が際だつように．

　繁華街への学生たちの反応はさまざまだった．都会は得意じゃないという態度

や，逆に琴似はたいしたことないという顔をする者もいる．そんなことはおかまいなしに，八百屋で安売りの野菜を買い求めている学生もいた．30分ほど歩くと，農試公園がみえてくる．その手前に人の住まなくなった古い団地があって，そこの公園に巨大な桜の木が3本あるので学生たちに紹介する．秋に春の花のことを説明しても学生たちはうわの空である．でも，都会の公園に植えられた木々は，山林のように密集していないので，その木本来の自然型をみせてくれていることが多い．しかも開拓当時に植えられたものだとすると樹齢は100年を超える巨木になる．その話は，巨木を前に誰もが興味をもってくれた．

そこから100mも行くと琴似発寒川に出る．その道路にかかった橋の下に堰があり，鮭の遡上をみることができる．時期的には最も遡上が活発なはずである．しかし，昨夜からの雨で水は茶色く濁っていた．いつもは底までみえる清流で鮭の泳ぐ姿がよくみえるのだが．たしかに残念なコンディションだったが，まだ可能性は残されていた．鮭は産卵のためにオスがメスを追いかける．そのとき，浅瀬で背びれを水面に出しながら激しく泳ぐ．もしかしたら水が濁っていても，それを確認することができるかもしれない．学生たちには水面で動く背びれを探したらみつかるかも知れないと告げる．5分もたたないうちに，岸近くで泳ぎ回る鮭をみつけることができた．都会の真ん中の川．頭上には車や電車が頻繁に行きかう．しかも雨で濁った川から自然の生命の営みを目撃することができたのは幸いだった．

その場にどれくらいいたたずんでいただろう．学生たちは鮭の遡上をみながら，「あの車は，ここでこんなことが起こっているのも知らないまま走ってるんだよね」とか，「私はこの近くで育ったけど，農試公園で鮭がみれるなんて知らなかった」などとつぶやいている．同じ場所にいながら，自分たちはそれぞれ違うものをみている．そして，自分たちの行動の仕方によってみえなかったものがみえたり，またみえるものがみえなくなったりすることに気づいたようである．情報というレベルではなく，身体のレベルで．この日のために紙芝居風の資料を作ってきたのだが，学生たちはあまり関心をもってくれなかった．場所は場所に語らせる方がよいようである．だからこそ，その場所に何度も訪れ，時を過ごし，自分のよく知っている場所にしておかなければならない．

おわりに

　場所の野外教育は，自然地域から農山漁村，そして都市まで，あらゆる場所で行うことができる．場所は，自然だけでもなく，人間だけでもなく，社会だけでもなく，活動だけでもない．場所に身を置き，場所の多様な物語の存在に自覚的になることで，それらすべての相互関係に焦点を合わせるように努める．無理なく．

注・文献

1）エドワード・レルフ著，高野岳彦，阿部隆，石山美也子訳（1999）：場所の現象学，筑摩書房，東京，123-124.
2）前掲書1)，128-131.
3）前掲書1)，130.
4）前掲書1)，135-136.
5）前掲書1)，139-141.
6）Brookes, A.（1994）：Reading between the lines: outdoor experience as environmental text, Journal of Physical Education, Recreation & Dance, 65, 28-39.
7）前掲書6)，32.
8）Wattchow, B., Brown, M.（2011）：A Pedagogy of Place, Monash University Publishing, Clayton.
9）前掲書8)，181.
10）前掲書8)，182-193.
11）前掲書8)，156-179.
12）前掲書8)，167-169.
13）前田和司，宮下桂，岡健吾ほか（2003）：地域に根ざした野外教育プログラムの構築，環境教育研究，第6巻第2号，61-71.

さらに学びたい人のための参考文献

・松村和則，前田和司，石岡丈昇編（2020）：白いスタジアムと「生活の論理」−スポーツ化する社会への警鐘−，東北大学出版会，宮城.
・Adams, W.M., Mulligan, M.（2003）：Decolonizing Nature, EarthScan Publication, London.
・Smith, G.A., Sobel, D.（2010）：Place-and Community-Based Education in Schools, Routledge, New York.

14章 野外教育学における研究と その展望

　3章でも触れたが，野外教育は実践の方針，目標，生活の指針など（位相2）が示され，それらにもとづくさまざまな教育実践（位相1）が行われることが多いため，研究においてもこれらに関する主題が多く扱われてきた．ここでは，それらの研究動向を概観し，基礎理論（位相4）やメタ理論（位相5）に関する研究の現状と課題，さらには野外教育学の研究の展望について考えていく．

1．国内の研究動向と課題

1）教育的・生活的実践に関する指針および目標（測定概念）からみた研究動向
(1) 野外教育学会設立以降の研究動向

　井村[1,2]は，日本野外教育学会所有のデータベース Resouces in Outdoor Pursuits（ROP）に収録されている論文について，学会が設立された1997年から2016年までの動向をまとめている．それによると，野外運動種目区分のその他を除く，キャンプ，登山，スキー，水辺活動，氷雪活動，野外運動全般の6領域で分類したところ，最も多いのは野外運動全般（1,078件，31％），次いでスキー・スノーボード（813件，23％），キャンプ（779件，23％），登山（528件，15％），水辺活動（274件，8％）であった．野外運動全般の内訳としては，野外教育（608件，57％），野外活動（381件，35％），環境教育（89件，8％）であった．このように野外教育は，山域ではキャンプをはじめとして登山やスキー・スノーボードなど，また水域では遠泳やダイビングといったさまざまな野外活動による教育的実践，生活的実践が行われ，その指針や目標に関連する変数の検証が行われてきた．
　また，以前から幼児保育においては日常的に子どもたちが野山を駆け回り，泥

んこになって遊ぶ自然保育や野外保育の実践が行われている．そのような活動を近年では「森のようちえん」とよび，野外教育や環境教育の分野で実践や効果の検証が広まっている．前田ら[3]は，オンラインデータベースサービスの CiNii を用いて野外保育の効果に関する研究動向をまとめている．その結果，2000 年から 2019 年の間で客観的な指標を用いた分析を行っている研究は 18 件であったとし，子どもの大脳機能に与える効果，子どもの生きる力に及ぼす効果，子どもの身体感覚の向上に及ぼす効果の 3 つに分類している．このように野外教育や自然体験活動の低年齢化に合わせ，幼少期の自然体験の教育的実践，生活的実践における効果検証も積極的に行われている．

さらに，井村[1]は日本野外教育学会が編集している研究誌「野外教育研究」（1997年〜2016 年の 123 編を対象）と，日本野外教育学会の学会大会の発表研究（1998年〜2016 年の 797 件を対象）を 9 領域に分類している．ここに著者が 2017 年〜2023 年のデータを追記した（**表 14-1**）．2016 年までの井村の分類項目にはその他はなかったが，論文が多様化していることから，2017 年以降はその他の項目を追加して分類を行った．1996 年から 2023 年の 28 年間で最も多いのは参加者の心理効果（507 件，39.5 ％）で，次いで実践報告（163 件，12.7 ％），指導者・指導法（153 件，11.9 ％），哲学・歴史・理論（148 件，11.5 ％），動向（94 件，7.3 ％），環境保全（57 件，4.4 ％），地域活性（43 件，3.3 ％），尺度開発（34 件，2.6 ％），ハードスキル（22 件，1.7 ％）であった．

以上のことから，野外教育における参加者の心理的効果に関する研究が多く行われていることが確認できる．これまでの研究から，野外教育の効果は，心理的効果を自己，社会的効果を他者とのかかわり，環境・行動的効果を自然とのかかわりとし，3 つに集約されて示されることが多い．加えて，それらの研究動向に関する資料を概観すると[4-6]，張本・向後のレビュー論文が測定概念を網羅していると考えられる[7]．張本・向後は，1979 年から 2019 年までの国内の冒険教育に関する評価研究のシステマティック・レビューを行い，113 件の研究を対象に分析を行った．それによると，自己は全体の 69 ％を占め，他者とのかかわりは 17 ％，自然とのかかわりは 4 ％，その他は 11 ％であった（**表 14-2**）．

これまでの野外教育研究においては，参加者の心理効果や指導者・指導法といった研究が多く，教育的実践に関する指針および目標に関する効果検証の蓄積が認められる．このことは，人を育てるという観点から野外教育の社会的な認知

表14-1　「野外教育研究」および「日本野外教育学会大会」に掲載された論文の分類と推移

分類項目	1997~2016（Ⅰ期） 合計	割合	2017	2018	2019	2020	2021	2022	2023	2017~2023（Ⅱ期） 合計	割合	1997~2023（Ⅰ期＋Ⅱ期） 合計	割合	Ⅰ期とⅡ期の割合の差
1. 参加者の心理効果	383	41.6	32	28	21	12	8	10	13	124	34.1	507	39.5	-7.5
2. 尺度開発	31	3.4	1	0	1	1	0	0	0	3	0.8	34	2.6	-2.6
3. 指導者・指導法	118	12.8	4	6	5	11	0	4	5	35	9.6	153	11.9	-3.2
4. ハードスキル	19	2.1	1	0	1	0	0	1	0	3	0.8	22	1.7	-1.3
5. 哲学・歴史・理論	88	9.6	7	12	9	5	13	4	10	60	16.5	148	11.5	6.9
6. 動向	87	9.5	2	0	1	0	2	1	1	7	1.9	94	7.3	-7.6
7. 環境保全	46	5.0	3	2	1	1	1	2	1	11	3.0	57	4.4	-2.0
8. 地域活性	35	3.8	1	1	2	1	0	2	1	8	2.2	43	3.3	-1.6
9. 実践報告	113	12.3	10	5	12	7	7	2	7	50	13.7	163	12.7	1.4
10. その他			13	7	6	7	9	7	14	63	17.3	63	4.9	17.3
合計	920	100	74	61	59	45	40	33	52	364	100	1,284	100	

（井村仁（2018）：野外教育研究の動向と課題，日本野外教育学会編，野外教育学研究法，杏林書院，東京，15-19より改変）

表14-2　冒険教育研究の測定概念

自己の領域	研究数 78	他者の領域	研究数 19	自然の領域	研究数 4	その他の領域	研究数 12
自己成長性	23	社会的スキル	4	自然に対する連想語数	2	大脳活動	4
一般性セルフエフィカシー	9	集団凝集性	4	自然に対する態度	2	信頼感	2
生きる力	8	コミュニケーション力	2			自然体験効果	2
状態不安	3	シャイネス	2			指導スキル	1
情動知能（EQS）	3	リーダーシップ	2			性差感	1
HC創成マインド	3	ソーシャルサポート	1			食意識	1
レジリエンス	3	友だちづきあい	1			キャンプ効果	1
社会人基礎力	2	グループ志向	1				
特性不安	2	チームワーク能力	1				
首尾一貫感覚（SOC）	2	居場所感	1				
自尊感情	2						
有能感	2						

※「自己の領域」の研究数1件は省略
（張本文昭，向後佑香（2023）：日本における冒険教育の評価研究に関するシステマティック・レビュー，野外教育研究，第26巻，1-19）

や評価を定着させ，発展を担ってきたといえる．他方，文部科学省の施策については，青少年の体験活動の推進として1996年に「青少年の野外教育の充実について」が報告された[8]．2022年には日本野外教育学会が主体となり，国に対して政策提言を行っている[9]．また，文部科学省の「子供たちの心身の健全な発達のた

めの自然体験活動推進事業」や独立行政法人国立青少年教育振興機構運営費交付
金の「子どもゆめ基金」には多額の補助金が交付されている[10]．このように，野外
教育の研究と実践の双方の蓄積により，わが国における野外教育は発展してきた．

（2）野外教育研究における哲学・歴史・理論の研究動向

近年，研究が増えている分類を表14-1から確認すると，哲学・歴史・理論
があげられる．1997年から2016年の20年間の割合は9.6％であったのに対して，
2017年から2023年の7年間は16.5％であり，ほかの項目と比較しても飛躍的に
増えている．これまで「野外教育研究」誌に掲載された哲学・歴史・理論に関す
る論文は22件であった（表14-3）．

これらの研究が増えている背景には2つのことが考えられる．1つは，参加者
の心理的な効果があることは明らかになったものの，その効果の要因を明らかに
するためには，哲学的，理論的な視座が必要となるからである．これまでの研究
の多くは量的研究が大きな割合を占め，実践の前後で変数の測定を行い，そのプ
ログラムの有効性が示されてきた．しかしながら，量的研究では変化の要因を明
らかにすることは難しいため，量的研究と同時に質的研究を行う混合計画の手法
が用いられる．質的研究ではインタビュー調査や観察によって得られた記述デー
タを分析し，仮説やモデルを構築し，事象の解釈を行うが，解釈をする際には記
述データの意味を読み取る必要がある．深く意味を読み取るためには，人と人の
関係性はもちろんのこと，人と自然の関係にも目を向ける必要が生じる．「自然
のなかで過ごすと，どうして人は仲良くなれるのか」「なぜ自然のなかでストレ
スが緩和されるのか」という疑問に対しては，現象学や解釈学，生態学や生理学
といった幅広い視座が必要となってくる．

2つ目は，野外教育が発展していく過程において，プログラムの目標の明確化
や指導方法が確立されてきたものの，一方で自然を教育目標達成の手段・道具と
して捉える考え方から脱却するために，人間のあり方や自然とのかかわり方を改
めて問わざるを得なくなってきていることである．本書の意義にもつながるが，
「野外とは何か」「教育とは何か」「野外教育とは何か」という原初の問いに改め
て向き合うことが野外教育の新たな可能性につながっていく．野外教育は自然と
人の体験が織りなす営みであるため，一つ一つの用語の定義や解釈を見直すこと
や野外教育の意義や原理を追求することは，研究のみならず実践においてとても
重要である．たとえば土方[11]は，野外教育が客観的自然・自然科学的自然に傾

表14-3　野外教育研究に掲載された「哲学・歴史・理論」に関する論文

タイトル	発行年	著者
1. メルロ＝ポンティの身体論を手掛かりとした野外教育における「体験」	2023	土方圭，張本文昭
2. 体験概念の整理に基づく野外教育の再定義	2023	土方圭，張本文昭
3. 自然環境での個別的リスクに対するリスクマネジメントの枠組みの提案	2022	村越真
4. デューイの教育論的視座から見た野外教育の現代的意義 －民主主義的態度の育成と総体としての成長の可能性－	2021	髙橋徹
5. 野外教育の「教育特性」についての理論的解明の試み －「労作教育」の思想概念との比較による理解から－	2021	西島大祐
6. 野外教育実践の可視化－「教育」と「野外」の概念整理に基づく二次元マッピング－	2019	土方圭，張本文昭
7. イニシエーションとしての冒険教育－冒険教育とイニシエーションの構造比較－	2019	張本文昭
8. 風土概念により再解釈された野外教育の原理の明文化	2016	土方圭
9. 「場所に感応する野外教育」は何を目指すのか －「地域に根ざした野外教育」の理論化を見すえて－	2016	前田和司
10. 学牧が身近な森林で体験活動を行うための実施プロセスに関する理論研究	2016	井上真理子，大石康彦
11. 野外教育における「野外」概念の再解釈 －風土概念を手がかりとして－	2016	土方圭
12. 「教育」および「体験」に関するレビューと野外教育における課題と展望	2016	張本文昭，土方圭
13. 野外教育の分析枠組による青少年の自然体験活動遂行と自然体験蓄積の関係	2014	白木賢信
14. アウトワード・バウンドの創始者クルト・ハーンの教育思想について －ザーレム校での教育実践と新教育運動・青年運動との関連－	2013	西島大祐
15. 森林体験活動の体系的整理実践者の認識に基づく分類	2012	大石康彦，井上真理子
16. コメニウスの自然観から学ぶ自然環境体験活動	2008	田中廣喜
17. わが国において「野外教育」という用語が初めて使用された時期とその内容について	2008	井村仁
18. わが国における野外教育の源流を探る	2006	井村仁
19. わが国で初めて用いられた「野外教育」の意味と歴史的背景	2006	井村仁
20. インタープリテーションの背後にある理論 －自然資源管理に効果的となりうる理論的説明－	2005	仙田菜緒子
21. 少年団日本連盟の練習船と少年たち第二次世界大戦前夜における海洋教育	2003	圓入智仁
22. 野外教育，環境教育，及び環境解説の三分野間の関連についての考察	2002	中山恵一

倒することへ危惧を示し，自然の解釈や身体を介することの具体性から生じる問題に目を向け，新たな野外概念を検討する必要性を述べている．

　このように，研究および実践が野外教育の真の価値を追求し，さらなる発展を

求めている現実が，これらの研究分野の増加に表れていると考えられる.

2) 基礎理論からみた研究動向

ここからは3章でも触れた基礎理論としての野外学，教育学，自然科学の研究を概観する.

(1) 野外学に関する研究動向

野外学は，人間のあり方に関する自然との「かかわり・交感・相互作用」の不可欠さに紐づいている．土方[12]はメルロ＝ポンティの身体論から野外教育における体験に言及している．また，吉松ら[13]は身体性に課題を抱える青年期前期の長期冒険キャンプの意義について，市川浩の身体論にもとづきながら論じている．これらの研究は，野外教育が生身の人間の赤裸々な身体活動であるという特徴に着目し，その現象について検討を行っている.

風土論の観点では，束原[14]が風土概念を導入することにより，野外教育の対象としての自然に替わる概念を検討している．また土方[11]は，和辻哲郎の風土概念を契機として野外教育の原理を探っている[15]．両者に共通するのは，野外をどのように捉えれば現実の現象を説明でき，また開かれた可能性を帯びることができるのかに言及していることであった.

また高野や前田は，場（場所），place，地域の観点から野外教育に新たな視座を与えている．高野[16]は「人びとが関係性を持ち活動する「場」は，地域の概念とも重なる部分がある.」と述べ，野外教育を場やplaceの視点から考察する必要性に触れている．前田[17]は，場所に自ら身を置き，そこに生起することの意味深さに関心を向け，場所との相互依存状態を自覚することを「場所に感応する」と説明し，野外教育における場所と人のかかわり，場所の捉え方について言及している．これらの視座は「地域に根ざした教育」「場の教育」「place-based education（PBE）」「場所に感応する教育」をキーワードとして，野外学の基礎を再構築する重要な研究分野であろう.

(2) 教育学に関する研究動向

自然性を尊重し，体験を重視したコメニウス，ルソー，ペスタロッチらの思想的系譜から野外教育を紐解く研究は，本質的，不変的な教育の観点から野外教育の特徴や意義が示されている[18,19]．また，体験について言及した論文がみられる．高橋[20]は教育哲学者のJ. デューイの「experience」の概念から野外教育の意義を

考察し，「デューイによれば，人間の成長とは環境との相互作用によって生じる経験を累積し続ける発展過程であるとされ，その経験を生むための教育手法として仕事（occupation）と呼ばれる手作業での創作活動が活用されていた．」と述べている．ここで示された活動とは野外教育における種々の活動へとつながるものであり，総体としての教育，総体としての成長につながると捉えられている．野外教育における教育と体験の扱いにくさ，概念定義の困難さは，野外教育の実践の場が日常生活の延長線上にあることで，意図的な教育の側面と無意図的な教育の側面とが混在していることや，それによる成長も総体的なものであることに起因していると考えられている[20, 21]．

　野外教育における意図的な教育の側面としては，体験学習理論に基づく実践が行われ，それらに関する研究も行われている[22, 23]．無意図的な教育の側面として矢野[24]は，「むしろ，体験を教育の手段としてのみ捉えることは，体験がもっている重要な側面を見落としてしまうことになる．」と述べ，有益性に還元できない体験を生成と呼んでいる．チクセントミハイによるフロー体験も自己目的性が根本にあり，登山などで研究がなされている[25]．また小森・束原[26]は，人格要素を有機的，総体的に捉えるホリスティック教育と野外教育の関連について言及している．

　効率化が叫ばれ，無駄を省き即効的な結果や成果を求める現代社会の風潮は，子どもたちの教育にも及んでいる．意図的な教育は評価の観点も明確で，科学的な研究との相性もよいため，特に研究の初学者には扱いやすさがあるが，無意図的な教育の評価は総体的であり，無意図的であるが故に評価の観点を定めることすら困難である．実践においても，目的が明確でそれを達成するためのプログラムや指導方法は，参加者の具体的な成長を担保するかのように映る．しかし自然という舞台での学びは，それらが限定されたものなのだろうか．このような問いは，野外教育が人間の本来の営みと親和性が高く，豊かであるが故に生じているとも考えられる．意図的な教育，無意図的な教育の実践および研究はどちらも重要であり，両者が補完し合う，あるいは批判し合うことで，社会がどのように変化しようとも野外教育の意義を示すことができると考える．

（3）自然科学に関する研究動向

　野外教育における科学技術，すなわち原理原則の理解や体験の補完のための研究や実践報告として，丸山[27]は火打金による火付け方法について，渡辺[28]はハ

ンディ気象計を用いた山岳でのリスクマネジメントの可能性を検討している．ま
た，スキーやスノーボード，カヤックなど野外活動の技術向上のために，動作分
析などの観点から原理原則を明らかにしている研究も多くみられる[29-31]．近年
では SNS（Social Networking Service）の活用が一般的であることから，髙橋・
渡邉[32]は登山者の SNS の利用実態を明らかにしている．今後は科学の進歩に伴
い，メタバース，VR（バーチャルリアリティ），身体拡張，感覚提示などにより，
実際に自然のなかへ行かなくとも，リアルな危険に身体を晒さなくとも，野外活
動（らしきもの）を間接的に体験することができるようになるだろう．このよう
な社会背景を踏まえながら，自然に触れること，自然のなかに身を置くことの意
味や価値を改めて示す必要性が出てきている．

▌2．海外の研究動向と課題

　Thomas ら[33]は，野外教育，冒険教育および体験教育の分野の研究につい
て，Australian Journal of Outdoor Education（AJOE），Journal of Adventure
Education and Outdoor Learning（JAEOL），Journal of Experiential Education
（JEE）の 3 誌の 1998 年から 2007 年までの 343 の論文を整理した．その結果，
論文種別では実証研究や構成的研究が増加し，ポジションペーパーと呼ばれる特
定の問題やアイディアに対して意見を述べる内容のものは減少していることを報
告している．対象としているテーマは，プログラムの設計およびファシリテーショ
ンが 16 ％，学習効果やプログラムの成果が 16 ％，指導および教員のかかわり方
が 14 ％と大部分を占めている．Thomas らのデータを用いて，1998 年から 2002
年までの 5 年間と 2003 年から 2007 年までの 5 年間の研究数を比較すると，増加
しているのは，実証研究，構成的研究，野外教育，学習効果やプログラムの成
果，サービスラーニングであり，減少しているのは，ポジションペーパー，体験
教育，冒険・ウィルダネスセラピー，指導および教員のかかわり方であった（表
14-4）．
　さらに Poff ら[34]は，Thomas ら[33]が整理した 3 誌に，Journal of Outdoor Recre-
ation, Education, and Leadership（JOREL），New Zealand Journal of Outdoor
Education（NZJOE）を加えた計 5 誌の 2009 年から 2012 年までの 197 の論文を
整理し，カテゴリー化した分野を示している（表 14-5）．その結果，プログラ

表14-4　1998年～2007年のAJOE，JAEOL，JEEの研究分野の推移

	1998-2007 合計		1998-2002 （Ⅰ期）		2003-2007 （Ⅱ期）		Ⅰ期とⅡ期の 割合の差
Number of refereed papers	343	(%)	175	(%)	168	(%)	
Type of paper							
Position paper	109	31.78	76	43.43	33	19.64	-23.79
Literature review	47	13.70	21	12.00	26	15.48	3.48
Reseach report(positivist)	63	18.37	25	14.29	37	22.02	7.74
Reseach report(constructivist)	98	28.57	40	22.86	58	34.52	11.67
Reseach report(transformational)	4	1.17	1	0.57	3	1.79	1.21
Reseach report(action reseach)	16	4.66	9	5.14	7	4.17	-0.98
Research methodology	6	1.75	3	1.71	4	2.38	0.67
Context							
Outdoor Leadership	42	12.24	22	12.57	20	11.90	-0.67
Outdoor Education	70	20.41	27	15.43	44	26.19	10.76
Outdoor Environmental Education	25	7.29	12	6.86	12	7.14	0.29
Adventure Education	65	18.95	31	17.71	34	20.24	2.52
Adventure/Wilderness Therapy	48	13.99	30	17.14	18	10.71	-6.43
Experiential Education	45	13.12	31	17.71	14	8.33	-9.38
Service Learning	28	8.16	11	6.29	18	10.71	4.43
Expeditions	9	2.62	3	1.71	5	2.98	1.26
Outdoor Recreation	11	3.21	8	4.57	3	1.79	-2.79
Focus							
Safety management	8	2.33	6	3.43	3	1.79	-1.64
Risk management	8	2.33	5	2.86	4	2.38	-0.48
Curriculum issues	30	8.75	16	9.14	13	7.74	-1.40
Teaching and teacher issues	49	14.29	29	16.57	20	11.90	-4.67
Theoretical foundations	25	7.29	13	7.43	13	7.74	0.31
Gender, race, social justice issues	11	3.21	6	3.43	5	2.98	-0.45
Special needs	11	3.21	5	2.86	5	2.98	0.12
Environmental/ecological/spiritual	11	3.21	6	3.43	5	2.98	-0.45
Adventure	6	1.75	4	2.29	3	1.79	-0.50
Program design/facilitation	54	15.74	26	14.86	29	17.26	2.40
Profession/professional issues	32	9.33	17	9.71	14	8.33	-1.38
Outcomes/effects/participant exp.	56	16.33	23	13.14	32	19.05	5.90
Relationships with nature/self/others	33	9.62	15	8.57	17	10.12	1.55
Research processes	9	2.62	4	2.29	5	2.98	0.69

(Thomas, G., Potter, T.G., Allison, P.(2009): A tale of three journals: a study of papers published in AJOE, JAEOL and JEE between 1998 and 2007, Journal of Outdoor and Environmental Education, 13(1), 16-29)

ムの成果，カリキュラム，オリエンテーションプログラム，場に関する研究が多いことを報告している．海外における研究の特徴としては，環境倫理や土地の管

表14-5　2009年～2012年のAJOE，JAEOL，JEE，JOREL，NZJOEの研究分野

program outcomes	12	environmental education	3
curriculum	8	nature	3
outdoor orientation programs	8	solo	3
place	8	teachers	3
environmental ethics	7	therapy-other	3
experiential education/learning	7	Dewey	2
leadership development	6	facilitation	2
learning(misc)	6	gender	2
risk	6	inclusion	2
service learning	6	journals journaling	2
therapy - wilderness	6	land management	2
culture	5	learning styles	2
fatal accidents	5	mindfulness	2
learning transfer	5	motivation	2
staff	5	resilience	2
sustainability education	5	rock climbing	2
therapy-adventure	5	trust development	2
content-research analysis	3	youth	2
decision making or judgment	3		

Topic Areas Categorized Listed by Frequency（Number of Articles）
（Poff, R., Stenger-Ramsey, T., Ramsing, R., et al.(2013): Outdoor Recreation Journals: a topical analysis from 2009-2012, Journal of Outdoor Recreation, Education, and Leadership, 5(2), 151-154）

理，意思決定やファシリテーションなど研究分野の多様性がうかがえる．

　海外の研究においても日本と同様，参加者への教育効果やプログラム効果，指導法といった研究が多い．先述のThomasらは，哲学的研究は新しい視点を提供したり，これまで統合されなかったものを統合することにより新たな体系化を生み出す可能性があると示唆している．海外の哲学的研究については，土方[35]がレビューを行っており，持続可能性や場所に根差した教育（Place Based Education）といったテーマについての議論が活発に行われていることを報告している．

3．野外教育学における研究の展望

　河野[36]によれば，「シャロー・エコロジーとは，自然を人間にとっての有用性－この有用性は，狭い経済的な価値ばかりではなく，生態系としての価値や美的

価値も含んでいる‐によって価値を持つとする思想である．これに対して，ディープ・エコロジーによれば，自然の価値は，人間的価値や意味づけから独立であり，それ自体の固有の価値をもっている．（p139‐140）」．

　野外教育は自然と人の体験が織りなす営みであることから，少なからず有用性が働くことは否定できない．しかしながら，これまでの野外教育の研究や実践は，シャロー・エコロジーに傾倒しているのは事実であり，それに伴いわれわれが重視している体験も同様に有用性に翻弄されている．このディープ・エコロジーの観点で，自然そのものの価値や体験そのものの価値，野外教育とは何か，これらについて私たちはどのような研究ができるだろうか．

1）「自然のなかで過ごすと，どうして人は仲良くなれるのか」の解とは

　久保[37]は，自然の中で過ごすと，どうして人は仲良くなれるのかについて，ティム・インゴルドのウェザー・ワールドの概念，西田幾多郎と木村敏の時間論，大田堯のたくらみの共有，エリクソンの思想を用いて解釈している．

　1つ目の答えは「動いている環境のなかに，ともに身を置いている．」からである．自然の環境は絶えず動き，予測できない複雑系であり，さらには人の意図を超えたところで動いている．この環境が動いていることについて述べたのがティム・インゴルドのウェザー・ワールドの概念である．この概念を用いて河野は『境界の現象学』[38]において，大気や大地といった流体の運動は典型的な複雑系であることを示し，さらには経済や政治など人間の社会的生活も同じく複雑系であると述べている．われわれ人間はそうした複雑な相互作用のなかに巻き込まれており，この巻き込まれている感じこそが内在者であり，故に仲良くなることにつながると久保[37]は説明している．また，河野[39]は剛体の存在論に立った家は内部と外部の明確な境界があるのに対して，ウェザー・ワールドの流体の存在論に立つのはテントであると説明し，テントは鳥の巣のようでもあり，衣服の延長でもあると述べている．「どうして施設ではなくテントで寝るのか」，この答えもこのような概念を用いることで説明できるかもしれない．

　そして，巻き込まれながら時間を共有することにより，人は仲良くなっていく．久保[37]によると，西田幾多郎は『私と汝』のなかで「時は一瞬一瞬に消え，一瞬一瞬に生まれる」と述べ，小林敏明は西田が「生まれて死ぬ」という順序ではなく「死んで生まれる」という順序で時間を考えているという点に着目し，さらに

木村敏の時間論と結びつけ，死への傾斜と生への意思の感覚が働いていることを解説している．自然の波は一瞬にして消えていく，昇った太陽も夕方になると消えていく，仲間の歓声も生まれては消える．そのとき，人は，一瞬一瞬，小さな死を見届け，それに逆らうように，生への意思が芽生えてくる．この楽しさをもっと長く味わいたい，という気持ちが時間を共有することである．

久保[37]の記事は，大学でのゼミ活動に子どもたちを連れて行ったときに，磯でカニやハゼの子どもをみんなで捕まえる体験を解説している．大きなカニが現れ，「すげぇっ！」と口走る子がいる．「すごいねー」とゼミ生が応じて，「つかまえよう！」というたくらみが共有される．大田[40]は，自然がくり広げてくれる姿から，たくらみが共有されるまでのプロセスを，①自然はくり広げる，②センス・オブ・ワンダーが触発され，不思議だな，と感じる，③不思議だね，と応じてくれる相棒たちがいる．④その相棒たちとたくらみを共有する，という4つのプロセスで示した．2つ目の答えは「動いている環境に身を置いている人間が，ともに驚きあう人間どうしである．」からである．

このように，現象学，時間論，空間論，発達心理学といった多角的な一般理論やメタ理論から，冒頭の問いの解に迫ることができる．「なぜ自然のなかでストレスが緩和されるのか」「なぜ人は焚き火の炎を見つめてしまうのか」といった自然そのものの価値，体験そのものの価値を追求する問いは，このようなメタ理論によって解に迫ることができる．

2）野外教育学におけるメタ理論

3章でも触れたメタ理論は，野外教育研究を発展させる意味において，これまでの研究に対して批判的視点に立つ機会を促す役割と，「野外教育とは何か」という原初の問いを改めて論考する機会を促す役割がある．

前者に関する研究では，張本・土方[21]が改めて野外における体験の意味に言及している．そこでは体験学習理論を援用した振り返りが，生成としての体験や生の感情を見落としている可能性が指摘され，総体的，本質的な理解のためには，文化人類学や宗教学，現象学や哲学など，多様なメタ理論からのアプローチの必要性が述べられている．

今村[41]は，「環境教育学において，教育実践を評価する際に用いる「物差し」が妥当かどうか検討する，つまり理論レベルを評価するのがメタ理論であり，あ

る種の環境教育理論が妥当かどうかが吟味されるのがメタ理論である.」と述べている. 今村に倣い例をあげるなら, どのように野外教育の評価方法を評価するかがメタ理論である. さらに, 今村の言葉を借りると, 野外教育論のなかの共通点を探し出して哲学化する理論の哲学化, その逆で, 野外教育とは関係のないある種の哲学や思想を野外教育の理論形成に応用する他領域からの他の理論の応用という学理論形成の可能性の余地も残されている.

張本・土方[21]の研究も今村[41]の考察も問い直すこと, 問い続けることで硬直化を避け, 研究や実践を刷新していくことを可能にしている. 河野[36]は「自己に対しても, 環境に対しても, 徹底的に意味を剥奪することが, 原初の存在との出会いを復活させる.」と述べている. 流動的な世界のなかで内在者になることにより研究や実践の新たな領域や本質を見出すことができるのではないだろうか.

📖 注・文献

1) 井村仁 (2018):野外教育研究の動向と課題, 日本野外教育学会編, 野外教育学研究法, 杏林書院, 東京, 15-19.
2) 野外教育や野外運動に関連する学会誌や学会大会発表論文, 大学紀要, 博士・修士論文などで, 2016年9月8日時点での総データ数は7,469件である.
3) 前田泰弘, 小笠原明子, 加藤孝士 (2020):野外保育が幼児の発達に与える効果に関する研究の展望と課題-移動運動と姿勢制御の発達に与える効果を中心に-, こども学研究, 第2巻, 39-50.
4) 岡村泰斗 (2002):冒険教育における冒険的研究のはじまり, 野外教育研究, 第6巻第1号, 10-13.
5) 西田順一 (2011):野外教育の効果-どのような研究がされているか-, 星野敏男, 金子和正監修, 自然体験活動研究会編, 野外教育の理論と実践, 杏林書院, 東京, 23-34.
6) 黒澤毅 (2014):冒険教育の効果, 星野敏男・金子和正監修, 冒険教育の理論と実践, 杏林書院, 東京, 19-27.
7) 張本文昭, 向後佑香 (2023):日本における冒険教育の評価研究に関するシステマティック・レビュー, 野外教育研究, 第26巻, 1-19.
8) 青少年の野外教育の振興に関する調査研究協力者会議 (1996):青少年の野外教育の充実について(報告), (https://www.mext.go.jp/b_menu/shingi/chousa/sports/003/toushin/960701d.htm, 参照日:2023年12月25日).
9) 日本野外教育学会 (2022):野外教育を通じて子供の育ちを支える～すべての子供が豊かな自然体験を享受できる社会を目指して～, (https://joes.gr.jp/joes2022/wp-content/uploads/2022/07/%E6%94%BF%E7%AD%96%E6%8F%90%E8%A8%80%E6%9

B%B8.pdf，参照日：2023 年 12 月 25 日）．

10）文部科学省（2022）：文部科学省における体験活動推進に関する令和 5 年度概算要求事項，（https://furusato.jp/wp-content/uploads/2022/11/0c202b2fdece6028b3c5cf4df9464725.pdf，参照日：2023 年 12 月 25 日）．

11）土方圭（2016）：野外教育における「野外」概念の再解釈－風土概念を手がかりとして－，野外教育研究，第 19 巻第 1 号，14-26．

12）土方圭，張本文昭（2023）：メルロ＝ポンティの身体論を手掛かりとした野外教育における「体験」，野外教育研究，第 26 巻，21-44．

13）吉松梓，渡邉仁，大友あかねほか（2023）：身体性に課題を抱える青年期前期の事例における長期冒険キャンプの意味－市川浩の身体論に着目して－，野外教育研究，第 26 巻，69-87．

14）束原昌郎（1990）：野外教育における風土概念導入に関する一考察，東京学芸大学紀要第 5 部門芸術・体育，第 42 巻，109-115．

15）土方圭（2016）：風土概念により再解釈された野外教育の原理の明文化，野外教育研究，第 20 巻第 1 号，1-11．

16）高野孝子（2013）：地域に根ざした教育の概観と考察－環境教育と野外教育の接合領域として－，環境教育，第 23 巻第 2 号，27-37．

17）前田和司（2016）：「場所に感応する野外教育」は何を目指すのか－「地域に根ざした野外教育」の理論化を見すえて－，野外教育研究，第 19 巻第 2 号，1-13．

18）小畠哲（1989）：野外教育における体験の意味－青少年教育施設のあり方－，スポーツ教育学研究，第 9 巻第 1 号，37-47．

19）田中廣喜（2008）：コメニウスの自然観から学ぶ自然環境体験活動，野外教育研究，第 11 巻第 2 号，1-12．

20）髙橋徹（2021）：デューイの教育論的視座から見た野外教育の現代的意義－民主主義的態度の育成と総体としての成長の可能性－，野外教育研究，第 24 巻，1-14．

21）張本文昭，土方圭（2016）：「教育」および「体験」に関するレビューと野外教育における課題と展望，野外教育研究，第 19 巻第 1 号，27-40．

22）林綾子，飯田稔（2002）：アメリカにおける体験学習理論を取り入れた野外教育指導法について，野外教育研究，第 5 巻第 2 号，11-21．

23）高畑裕司，岡田成弘（2015）：大学キャンプ実習におけるふりかえりが参加者の集団凝集性に及ぼす効果，野外教育研究，第 18 巻第 2 号，55-66．

24）矢野智司（2003）：意味が躍動する生とは何か－遊ぶ子どもの人間学－，世織書房，神奈川，112．

25）張本文昭，大村三香，平良勉ほか（2000）：登山におけるフロー経験，野外教育研究，第 4 巻第 1 号，27-37．

26）小森伸一，束原昌郎（2006）：ホリスティック教育についての一考察－野外教育との有機的関連の視点から－，東京学芸大学紀要芸術・スポーツ科学系，第 58 巻，113-122．

27）丸山博（1999）：青少年キャンプにおける火打金による火付け法とその活用，野外教育研究，第3巻第1号，63-68.

28）渡辺直史（2015）：ハンディ気象計による気象リスクマネジメントの可能性－ムラウシ山遭難事故（2009）報告書より－，キャンプ研究，第18巻，21-28.

29）中里浩介，池上康男，湯浅景元（2016）：カービングスキーにおける中回りターンの3次元動作分析，スキー研究，第13巻第1号，13-21.

30）内藤堅志，恩田哲也，岡本武志ほか（2023）：スノーボードの基本姿勢に関する基礎的研究－上級スノーボーダーの異なる意識下での上下運動と荷重配分との検討－，スキー研究，第19巻第1号，17-23.

31）栗本宣和，吉田章，小池関也（2011）：カヌー競技スプリントのパドリング動作に関する一考察－女子カヤック選手の肘関節角度と骨盤の動きに着目して－，筑波大学体育科学系紀要，第34巻，119-129.

32）高橋達己，渡邉仁（2022）：登山者の登山に関するソーシャルネットワーキングサービスの利用実態，野外教育研究，第25巻，123-132.

33）Thomas, G., Potter, T.G., Allison, P.（2009）: A tale of three journals: a study of papers published in AJOE, JAEOL and JEE between 1998 and 2007, Journal of Outdoor and Environmental Education, 13（1），16-29.

34）Poff, R., Stenger-Ramsey, T., Ramsing, R., et al.（2013）: Outdoor Recreation Journals : a topical analysis from 2009-2012, Journal of Outdoor Recreation, Education, and Leadership, 5（2），151-154.

35）土方圭（2018）：哲学的研究のレビューと今後の課題，日本野外教育学会編，野外教育学研究法，杏林書院，東京，57-61.

36）河野哲也（2014）：境界の現象学，筑摩書房，東京，139-140.

37）久保健太（2019）：自然の中で過ごすと，どうして人は仲良くなれるのか，発達，第159号，11-19.

38）前掲書[36]，115-117.

39）前掲書[36]，118.

40）大田堯（1992）：今，「子どもの幸せ」とは，子どものしあわせ，1月号，12-27.

41）今村光章（2016）：環境教育学の基礎理論構想のための予備的考察，今村光章編，環境教育学の基礎理論－再評価と新機軸－，法律文化社，東京，11.

📖 さらに学びたい人のための参考文献

・日本野外教育学会編（2018）：野外教育学研究法，杏林書院，東京.
・河野哲也（2014）：境界の現象学，筑摩書房，東京.

和文索引

あ行

アイデンティティ　30, 75, 156, 185, 207,
　211, 215
アウストラロピテクス・アファレンシス
　112
アウトワード・バウンド　175
　――・スクール（OBS）　9
　――・プロセス・モデル　76
遊びと人間　78
アドベンチャーセラピー　200
アニミズム　91, 117
アバター　89
アフォーダンス（affordance）　189
アメリカ先住民　172
アルディピテクス・ラミダス　112
アロスタシス　124

生きている死者　150
生きられた世界　55
生きる力　70, 133, 230
畏敬の念　93
意識（精神）優位　206
意識的運動　188
一元論的　141, 148
遺伝　52
　――子　127
　――的要因　127
移動教室　16
「いま」「ここ」　57
インタープリテーション　178
インフォーマル　32, 176

ウィルダネス　168
　――エクスペディション　175
　――教育協会（Wilderness Education
　　Association）　10
　――セラピー　199

ウェザー・ワールド　239
宇宙　102, 103
　――カレンダー　102

エコシステム　105
エコセラピー　200
エスキモー　125
エッジワーク　77
エネルギー　96
　――代謝　101
エプロン・ダイアグラム　30
園芸療法　199
遠行運動　14

オノズカラシカル　121, 203
オリンピック記念青少年総合センター
　15
温度　100, 113

か行

ガールスカウト　9, 171
解釈学　232
概日リズム　123
海洋科学　43
カオス　123
科学　82
　――革命　119
　――技術　82
かかわり・交感・相互作用　50, 234
学際性　26, 27, 43
学理論　34, 37, 241
隠れたカリキュラム　37, 72
過去志向の倫理観　150
過去はそれなりの正当な理由を持ってい
　る　152
仮想空間　88
仮想現実　95
花鳥風月的自然観　91
学校登山　14, 18

ガナリースクール　8, 171
感覚受容器　108
感覚センサー　123
感覚提示　236
環境学　35, 43
環境革命　120
環境教育　9, 25, 167, 173, 229
　　──法　174
環境・行動的効果　230
環境思想　163
環境社会システム　43
環境政策　43
環境世界　191
環境的要因　127
環境との相互作用　146
環境内存在　147
環境破壊　92
環境負荷　152
環境問題　4, 9, 160, 174
環境倫理　171, 185, 237
関係概念　58
完結性　29
感情移入的内側性　217
完新世　114
環世界　55, 99
観天望気　84

機械論的自然観　92
気候変動　46, 150
技術　82, 107
機能環　99
キャンプカウンセラー　199
キャンプセラピー　199
キャンプ療法　199
旧石器時代　114
旧約聖書　140
旧暦　105
教育-治療のスペクトラム　200
教育に関する若干の考察　64

共主体　106
共振　106
共通了解　139
極地探検　162
漁労　114, 130
キリスト教　140, 158
　　──主義教育　63
均一化　166
近代自然科学　84

空間　32, 58, 191, 200, 240
　　──の履歴　88
空気　101
偶発性　72
偶発的学習　74
偶発的な学び　37
クライエント　199
グループワーク　14
グローバル化　20, 53, 179

経験教育協会（AEE）　176
経験主義教育　144, 173
経験の相互作用　144
経済格差　71
形質　3, 51, 127
啓蒙主義　64
夏至　104
ゲノム解析　106
研究・論・学の区分　26
現象学的地理学　57, 191
現象学　77, 232, 240
原生自然　168, 187
　　──とアメリカ人の精神　168
　　──法　171
権力　117

光合成　105
行動欲求　184
功利主義　168

公立少年自然の家　15
公立青年の家　15
呼吸　101
国土保全　45
国立公園局法　170
国立少年自然の家　15
国立青少年教育振興機構　16
国立青年の家　15
心のビッグバン　115
古事記　129
古代文明　118
コト　42
子どもゆめ基金　17
固有性　212
混合計画　232
コンパス　107

さ行

サーフセラピー　199
サーミ人　157
採集　114
再中心化　207
最適者生存の原理　141
サイボーグ　89
サキタリ洞遺跡　128
錯綜体　55, 206
作用世界　99
山岳信仰　18
産業革命　85, 122, 168
酸素　101
三内丸山遺跡　128

死　114, 151
ジェネプロアモデル理論　193
時間　102
自己複製　102
最終氷期　113
システマティック・レビュー　230
自然解説　178

自然科学　27, 37, 48, 58, 84, 191, 202, 235
　　――的世界観　141
自然観　5, 19, 33, 91, 121, 141
自然教室推進事業　16, 70
自然享受権　155
自然人類学　111
自然水準　186
自然体験活動　68, 184
　　――推進協議会（CONE）　17
自然体験療法　199, 200
自然淘汰　52
自然と感覚統合・小児作業療法　199
自然の多様性　24
自然・ひと・体験　3, 23, 31, 41
自然保護　9, 137
持続可能な開発目標　150
実際科学　45
実践知　23
実践の知　212
実践報告　230
実存　57, 206
　　――主義教育　64
実体概念　58
質的研究　138, 232
徒弟制度　79
自転　99
指導方法　232
自然（じねん）　121, 206
　　――モデル　203
磁場　108
社会科学　35, 84
社会的効果　230
社会批判論　150
尺度開発　230
シャロー・エコロジー　238
宗教　18, 30, 114, 142, 168, 240
　　――改革　63
修験道　18
集団宿泊活動　16

秋分　104
集落（ムラ）　114
重力　99
主客未分　148
儒教　68
主体と客体　120
種の起源　141
狩猟　114
　　──採集　52, 85, 107, 113, 133, 160
春分　104
生涯学習審議会　68
乗馬療法　199
縄文時代　114
事例研究　56, 208
進化学的　50
進化心理学　2, 50
進化の論理　141
進化理論　2, 51
新教育運動の展開　66
人間学　43
人間行動進化学　2
人間行動生態学　50
信号性プログラム　27
人工知能　95
人工物システム科学　28
心身一元論　55, 206
心身二元論　55, 206
新石器時代　115
身体拡張　236
身体機能を拡張　88
身体性　33, 54, 185, 206, 212
　　──認知科学　192
　　──の喪失　88
　　──を拡張する技術　94
　　──を無視する技術　95
身体的履歴　88
身体論　35, 55, 185, 234
神道　68
人文科学　50, 58, 84

シン・野外教育の木　36, 134
心理効果　230
心理療法のモデル　203
森林科学　43, 44
森林学　46
森林教育　48
森林の5原則　49
森林療法　199
森林レクリエーション　45
人類学　43, 111

スカンジナビア　156
スコレー（scholē）　62
スペシャルニーズ・キャンプ　17
スポーツ振興法　167

生活科　68
生活環　106
生活的自然　33
青少年の野外教育の充実について　12, 31, 231
精神革命　118
精神としての身体　55
生態学　43, 232
　　──的　4, 5, 32, 50, 59, 177, 219
　　──的な野外教育　1, 32
生態系　47, 105, 177, 238
生態心理学　204
正統的周辺参加　74
生物学　35, 43, 84, 99, 128, 140
生物圏　164
生物多様性　46
生命科学　43, 106, 123
生命誌　106
　　──絵巻　106
西洋科学　84
生理学　232
設計科学　27
説明知　23

セツルメント運動 172
センス・オブ・ワンダー 240
全米環境教育法 174
全米保健・体育・レクリエーション協会 7
全米野外教育指導者学校（National Outdoor Leadership School） 10

総合科学 45
総合的な学習（探究）の時間 68
創造性 192
測定概念 229
組織キャンプ 8, 13, 168, 171
ソフィスト（sophist） 62

た行
ダーウィン進化論 51
ダーウィンの学説 142
ダイアローグ 139
体育学 43
太陰太陽暦 105
体系性 29
体験学習サイクル 38, 76
体験学習理論 37, 38, 75
体験教育協会（Association for Experiential Education） 10
体験とテクノロジー 37
体験の多義性 24
大脳新皮質 112
太陽 100
隊列行進 14
対話 139
多義性 212
焚火 101
多神教的精神文化 18
脱中心化 207
タブラ・ラサ 64
ダブルバインド 77

地域に根差した教育 19
地域に根ざした野外教育 221
知覚・作用・意味生成の連関 108
知覚世界 99
知覚の現象学 55
地球温暖化 48, 86, 126
地球カレンダー 85
治山治水 46
秩序原理 27
窒素 101
注意回復理論 204
中央教育審議会 68
潮位変化 132
長期遠征 175
潮汐 104
調和的自然観 91
直立二足歩行 111
直感教育 14
地理学 43, 57, 186, 221
治療的キャンプ 199
沈黙の春 9

通過儀礼 18
通態性 57
月の満ち欠け 104
釣り針 128

ディープ・エコロジー 163, 239
――運動 30
定住 113
訂正可能性 153
定性的研究 1
ディベート 139
定量的研究 1
適応 52, 119, 141
哲学 137
――的思考 138
伝統的自然観 92
転用可能性 212

道教　67
東京山林学校　45
道具主義　146
動作分析　236
冬至　104
淘汰　52, 141
同調　106, 207
動的適応能　124
動物介在療法　199
東洋科学　84
東洋的アプローチ　206
討論　139
徳育教育　14
都市革命　118
土地倫理　170
トポフィリア　57

な行

内省　76, 176
内的世界　99
ナヴィゲーション技術　107
長野県尋常師範学校　14
　　──生徒第三修学旅行概況　14
長野高等女学校　14
那須竜洲　14
ナチュラル・ペダゴジー説　79

肉体　54, 63
二元論的な世界観　141
二酸化炭素　101
二重過程理論　189
二十四節気　105
日常と非日常　20
日本書紀　129
日本人の自然観　91
日本森林学会　45
日本人類学会　111
日本野外教育学会　23, 41
ニュートン力学　124

人間観　1, 50, 63, 140
人間行動生態学　2, 50
人間中心主義的思想　168
人間は 2 度死ぬ　151
認識科学　27, 45

ネアンデルタール人　112
ネイチャーベースドセラピー　200
ネイティブ・アメリカン　67

農学　43
農耕革命　116, 118
脳の巨大化　119
ノルウェートレッキング協会（Den
　　Norsk Turistforening：DNT）　161
ノルディックスキー　157
ノンフォーマル　32, 176

は行

パースペクティブ　26
バーチャルリアリティ　4, 88, 236
バイオヒストリー　106
バイオフィリア　4
バイオフィリア仮説　204
場所　19, 32, 58, 191, 215, 234
　　──愛　57
　　──が手段化　218
　　──に感応する野外教育　218
　　──のアイデンティティ　216
　　──の現象学　215
　　──の野外教育　224
バタフライ効果　124
場の教育　234
パルメニデス的自然観　121

火起こし　95
美学　37, 147
ピグミー　125
非決定論的　141

非体系性　31
ビッグバン　102
美的感覚　137
美感　149
美の意識　148
ヒューマニズム　63
表象性プログラム　28
標準化　166

ファシリテーション　238
フィヨルド　157
風土　5, 19, 57, 157, 234
　　──論　35, 42
フェリーンコロニー　69
フォーマル　32
不確実性　72, 123
複雑系の理論　123
付随的外側性　216
仏教　68, 92, 121
普遍的　137
フュシオロギア（physiologia）　122
プラグマティスト　143
プラグマティズム　143
プラットフォーム原則　29, 97
振り返り　76
フリルフツリーブ（Friluftsliv）　156
フレッシュ・エア・ムーブメント　172
フロー理論　78
フロー体験　188
プロジェクト・アドベンチャー（Project
　Adventure）　10, 175
フロンティア　168
　　──アドベンチャー事業　16
文化人類学　111
「文」と「理」　27

ヘラクレイトス的自然観　121
変異　52
方位磁針　107

冒険教育　9, 76, 175, 188
ボーイスカウト　9, 13
保健体育審議会　68
保存主義　170
没場所性　57
ホメオスタシス　124
ホモ・エレクトス　112
ホモ・サピエンス　52, 112
ホモ・ネアンデルタレンシス　112
ホモ・ハビリス　112
ホモ・ルーデンス　78
ホリスティック教育　235
ホルモン分泌　123

ま行

マグマ　101
磨製石器　115
マッピング（布置）　133
万葉集　91

身（み）　55
身知り　207
未来志向の倫理観　150
ミレニアムエコシステム評価　46

無意識的運動　188
無意図的な教育　235
無機的環境　105

メタバース　236
メタ理論　26, 37, 80, 240

網羅性　29
モノ　42

や行

野営　159
野外運動　79, 107, 182, 184, 229
野外学　35, 42

野外活動　12, 68, 94, 184, 229
　──法　156, 158
野外教育学の全体構想　35
野外教育学の体系化　24
野外教育研究　24, 230
野外教育史　7
野外教育の木　10, 177
野外教育の源流　18
野外教育の理論と実践　12, 25
野外教育を通じて子供の育ちを支える
　93
野外炊事　95
野外スポーツ　184
野外療法　199
弥生時代　117

遊戯論　78
ユースホステル運動　9
有用性の原理　138
豊かな体験活動推進事業　16
ゆらぎ　123

溶岩流　101

ら・わ行
ライフサイクル　106
ランド・エシック　170

リゾート法　167
量的研究　232
臨海学校　16, 68
臨海キャンプ　14
林学　45
林間学校　16, 68
林産学　46
倫理観　137

類人猿　111
ルーブリック　133

ルネサンス　63

霊魂　117
暦　104

ロマン主義　169

惑星科学　43
わび・さび　91
ワンダーフォーゲル運動　9

欧文索引

A Pedagogy of Place　218
about　11, 31, 176
AI　4, 86
anthropocentrism　168
Australian Journal of Outdoor Education
　（AJOE）　236
by　11, 31
CiNii　230
co-agency　106
Community-based Outdoor Education
　221
DEI　179
dual process theory　189
evolution　51
Expedition　175
e スポーツ　95
flow experience　188
for　11, 31, 176
Friluftsloven　158
GIGA スクール構想　93
heredity　52
hidden curriculum　37, 72
Holocene　114
human well-being　89
ICT　4
in　11, 31, 176
incidental learning　37, 74

Institute for Outdoor Learning　201

IT　85

Journal of Adventure Education and Outdoor Learning(JAEOL)　236

Journal of Experiential Education(JEE)　236

Journal of Outdoor Recreation, Education, and Leadership(JOREL)　236

Learning by doing　18, 67

LPP　74

milieu　57

National Outdoor Leadership School (NOLS)　175

National Park Service Act　170

nature　121

New Zealand Journal of Outdoor Education(NZJOE)　236

out-of-door　8

Outdoor Education　7, 8

Outdoor Therapies　199

philosophia　138

place　58

place-based education(PBE)　32, 234

Place-Responsive Outdoor Education　218

preservationism　170

Resouces in Outdoor Pursuits(ROP)　229

SDGs　150

selection　52

SNS(Social Networking Service)　236

Society5.0　86

source(源)　99

space　58

Teaching in the Outdoors　8

Urban Outdoor Education　224

variation　52

wilderness　168

Wilderness Education Association

(WEA)　175

YMCA　8, 13

人名索引

アルネ・ネス(Arne Næss)　30, 163

アレクサンダー(Alexander)　69

飯田稔　25

イーフー・トゥアン(Yi-Fu Tuan)　57, 191

市川浩　55, 206

ヴァイナル(William G. Vinal)　173

ヴァレリー(Paul Valery)　152

ウォーラス(Wallas, G.)　193

エドワード・O. ウィルソン(Edward Osborne Wilson)　4

エドワード・レルフ(Edward Relph)　57, 215

江橋慎四郎　11, 24

エマーソン(Ralph W. Emerson)　169

オギュスタン・ベルク(Augustin Berque)　57, 191

オルテガ(Ortega Gasset)　150

カール・セーガン　102

カール・ヤスパース(Karl Theodor Jaspers)　117

ガリレオ(Galileo Galilei)　141

河合隼雄　201

ガン(Frederick W. Gunn)　8, 171

キケロ(Cicero)　63

ギブソン(Gibson, J.J.)　189

ギルバートソン　177

キルパトリック(William H. Kilpatrick)　173

クルト・ハーン(Kurt Hahn)　9, 175

桑子敏雄　88

Kolb, D.A.　75

佐藤臣彦　139

シーグムン・クヴァーレイ　163

ジェイムズ(W. James)　143

ジェローム・ブルーナー（Jerome Bruner） 66
シャープ（Lloyd Burgess Sharp） 7, 31, 146, 173
ジョージ・マロリー 190
ジョン・デューイ（John Dewey） 66, 143, 173, 234
ジョン・ロック（John Locke） 64
R. Schirrmann 9
J.W. Smith 7
ソロー（Henry D. Thoreau） 169
ダーウィン（Charles Darwin） 51, 140, 170
ターナー（Frederick J. Turner） 169
M・チクセントミハイ 78
ティム・インゴルド 239
デカルト（René Descartes） 54, 141
ドナルドソン（George Warren Donaldson） 8, 11, 31
苫野一徳 138
中井正一 147
中村桂子 106
ナッシュ（Roderick Frazier Nash） 168
ニュートン（Isaac Newton） 141
ニルス・フォールン 163
パース（C.S. Peirce） 143
Harper, N.J. 200
ハイデガー（Martin Heidegger） 42, 83
B. Powell 9
Hammerman 8
ピアジェ 79
ピンショー（Gifford Pinchot） 170
K. Fischer 9
Brian Wattchow 218
フランシスコ・ヴァレラ（Francisco Varela） 192
Priest, S. 10
フリードリッヒ・フレーベル（Friedrich Fröbel） 65, 79
フリチョフ・ナンセン 162

ベイリー（Liberty H. Bailey） 173
ペッツォ（Paul Petzoldt） 175
ホイジンガ 78
星野敏男 7
Mike Brown 218
マリア・モンテッソーリ（Maria Montessori） 66
ミューア（John Muir） 170
メルロ＝ポンティ（Maurice Merleau-Ponty） 38, 55
ユクスキュル 55, 99
ヨハネス・コメニウス（Johannes Comenius） 64, 234
ヨハン・ペスタロッチ（Johann Pestalozzi） 65, 234
ヨハン・ヘルバルト（Johann Herbart） 65
リー・ギリス 201
ルイーズ・バレット（Louise Barrett） 192
ルソー（Rousseau） 64, 234
レイチェル・カーソン（Rachel Louise Carson） 9
レオポルド（Aldo Leopold） 170
ロスロック（Rothrock） 171
ロビン・ダンバー（Robin Ian MacDonald Dunbar） 112
渡辺敏 14
和辻哲郎 42, 57, 234

数字

1/f ゆらぎ 124
3 大学習観点 12
4 元素 121
7 自由科 63

あとがき

　本書の執筆者の多くは大学や研究機関に所属し，野外教育について研究しつつ，また野外教育を実践している．研究も実践も，それぞれの背景となる思想や価値観，またキャリアや経験に影響されているところが大きいと思われる．このことは，野外教育に関する研究と実践の多様性を保障するものであり，それに異を唱えることではない．

　ところで，フルサイズのピアノには 88 の鍵盤（7 オクターブと 3 鍵）があり，多様な音を奏でることができるようになっている．そしてピアニストは，楽譜を参照しながら，日々の修練（実践）を通して「いかにピアノを弾くか」を追求（研究）している．実はこの構造は，野外教育にも共通しているように考えられる．ピアノの楽譜はたくさん存在しており，また野外教育を取り扱う書籍はこれまでにも多く出版されている．そしてピアノと野外教育の違いはあるが，それぞれ日々の研究と実践がなされていると考えてもよいのではないだろうか．

　では，ピアニストは「どうして鍵盤を押すと音が出るのか」や「優れた演奏を聴くとなぜ人は感動するのか」，あるいは「ピアノとは何か」や「音楽とは何か」，こういったことを考えているだろうか．

　同様に，野外教育の実践者や研究者は，「どうして野外教育には一定の効果があるのか」や「自然のなかに身を置くとなぜ人は心が安まるのか」，あるいは「野外とは何か」や「教育とは何か」，こういったことを考えているだろうか．

　『野外教育学の探究』は，この問いに正面から向き合おうとするものである．88 の多様な鍵盤の一つひとつは軽いが，ピアノそのものは重く，4 本の脚によってずっしりと支えられている．野外教育もそのようにありたいと願う．多様な実践や研究のことを鍵盤と同じように軽いとはいわないが，日本の野外教育もより重く，しっかりと大地に根を張りたい．シン・野外教育の木になぞらえるなら，野外教育学を太く支えるための幹や根について論じてきた本書が，それぞれの実践や研究の一助となれば幸いである．

　本書が「野外教育学」を確立していく端緒となり，また，これから野外教育を学んだり実践や研究をする多くの方々にとって，旧くて新しい理論的な楽譜となることを願って結びとする．

2024年7月10日　第1版第1刷発行

野外教育学の探究—実践の礎となる理論をめぐる14章—
定価(本体2,800円+税)

検印省略

編著者　土方　圭・張本文昭
発行者　太田　康平
発行所　株式会社　杏林書院
　　　　〒113-0034　東京都文京区湯島4-2-1
　　　　Tel　03-3811-4887(代)
　　　　Fax　03-3811-9148

© K. Hijikata & F. Harimoto

http://www.kyorin-shoin.co.jp

ISBN 978-4-7644-1602-4　C3075

印刷・製本：三報社印刷

Printed in Japan
乱丁・落丁の場合はお取り替えいたします.